從牙門到衙門

官場制度的歷代演變

張程 著

官員待遇、官二代捷徑、死後謚號……

解析權力如何塑造官僚體系與政治運作

「微服私訪」可以伸張正義、體察民情？其實超不現實！

官身為政治糾察隊，連你穿錯衣服走錯路都會管？

官員年終獎金怎麼算、欽差大臣在幹嘛、改朝換代要殉節嗎……

上到帝王下至百姓，看官場制度如何在朝代更迭中演變！

目錄

目錄

導言
衙門的千古嬗變

　　政府的合法性最初來源於武力。誰的力量大，誰的拳頭硬，能夠鎮服其他人，誰就能建立對其他人的統治，組建政府。因此在早期政治史中，各個政權都尚武，統治者很重視麾下能征善戰的猛將，大家都用「爪牙」來形容那些猛將，把他們比作猛獸的爪牙利器。《詩經·小雅》中有「祈父，予王之爪牙」一說；《漢書·陳湯傳》則說：「戰克之將，國之爪牙，不可不重也。」不消說，官府中人都希望自己是「國之爪牙」，往往將猛獸的爪牙擺放在辦公場所，刻意顯示自己的身分地位。這成為官府的裝飾風尚後，真的猛獸爪牙就供不應求了；加上一些官府中人覺得真實的獸爪、尖牙還不能彰顯自己的權力與氣派，於是藝術化的爪牙象徵就出現了。人們用金屬、木頭等製成誇張、醒目的猛獸爪牙，來裝飾官府、軍營等處。比較常見的是，軍旅營門的兩側，排列著數個木雕虎頭，張著血盆大口、露出鋒利的巨齒，逼視著往來者。人們形象地把如此裝飾的營門稱為「牙門」，進而指代整座建築。

　　後來，武力的政治重要性漸漸降低，政府合法性的來源多元化了。文官與武將最終分野，形成了強大的文官集團。儘管排斥赳赳武夫的形象，但文官集團繼承了對猛獸爪牙的裝飾偏好，各級官府保留了「牙門」的造型和稱謂。當然其中也有一些變化，最明顯的變化可能是從唐代開始「牙」字逐漸演變為「衙」字。「衙門」代替「牙門」，成為中國古代

官府乃至整個政治體制的代稱。中國的歷史是古代文明中少數沒有中
斷、一以貫之的歷史。中國的「衙門」也保持了連貫性。朝代有興衰更
替、人事有起伏代謝，後一代的政治制度總是在前一代的基礎上調整、
發展。中國式衙門制度為人類歷史貢獻良多。比如，中國古代高度成熟
的文官制度，為現代各國的文官制度提供了諸多遺產。其中的文官考試
制度更是直接借鑑了古代科舉制度。又比如，中國古代政治制度對「仁
政」的宣揚，對道德的重視，與現今「德政」的呼籲有異曲同工之處。
硬邦邦的制度、法律和柔性的道德、人性的結合，可能會導向優良的政
體。當然，對中國古代政治的批評之聲也不絕於耳，比如抨擊君主專制
獨裁，又比如批評骯髒的官場伎倆等等。幾千年的政治制度演變下來，
優劣並存，泥沙俱下。為裨益閱讀，對中國古代政治制度的概況做一扼
要分析。

如何了解中國古代政制？

　　按照現代政治學的分類，中國古代政治制度長期是中央集權的君主
專制政體。這套制度草創於秦始皇。秦始皇之前的先秦政體，則是典型
的「封建制度」。天子分邦建國，權力下放；諸侯治理轄區，權力繼續
下放給大夫。以宗法制為基礎的政治制度，等級很分明，各級之間存在
明確的權利與義務關係。秦始皇統一六國之後，中央集權代替了分邦建
國。儘管還有人被授予各種爵位，建立名義上的諸侯國，但授予爵位的
理由不全是宗法血緣，更傾向於貢獻與功績。貴族政治被賢能政治所取
代；受封的諸侯不能分裂立國，也不能直接治理轄區，僅僅是接受榮譽，
按照爵位享受相應的待遇而已。早先，諸侯國還有實實在在的封地，比
如長沙王的封地就在長沙、靈寶侯的封地就在靈寶，到後期爵位完全榮
譽化，和封地徹底脫鉤，比如福王、鄭親王、輔國公、毅勇侯等。其

次，秦始皇被尊稱為「皇帝」，取代了周天子。之前上下的權利與義務關係被打破，老百姓們直接對君主承擔義務、卻享受不到權利，最高統治者開始了專制獨裁之路。

以秦始皇建制為界，先秦的政治思想和一些管理制度被秦朝之後的政治體制所繼承，但前後政體存在明顯的差別。我們關注更多的是秦朝之後的政體，它呈現出以下幾大特點：

第一，君主專制和中央集權的趨勢基本同步，都在不斷加強。

中央集權，指的是中央政府（朝廷）對地方政府（州縣）的控制，是一種縱向的關係。如果說先秦中國類似於如今一些國家的聯邦制，那麼秦朝之後中央政府越來越集權化。中央集權成了官民心目中的常態，分裂割據不得人心，強而有力的中央政權被視為理所當然的存在。某個地方的老百姓，對朝廷的苛政忍無可忍，生活過不下去了，想到的不是起義，不是地方法規的自我改善，而寄希望於朝廷的幡然醒悟，寄希望於某項全國性的法律或政策的修訂。朝廷對州縣的控制也日漸加強，一個從九品巡檢的任命權都掌握在首都朝堂之上。州縣官府在理論上沒有一丁點的財權，一分一厘的錢糧都要繳送國庫。朝廷與州縣為此進行了多次博弈，比如西漢初年的削藩、唐初的分封辯論、明朝的三司制和巡撫制，結果都以朝廷的勝利而告終。

全國的權力匯聚到朝廷，朝廷的大權操於皇帝之手。專制君主竊取了中央集權的成果。和君主立憲政體下的虛君不同，專制君王握有實權，不僅決策，還把手伸到各個方面。秦朝宰相李斯就勸秦二世要「獨制於天下而無所制」，發展到後來皇帝乾綱獨斷，「一切俱決於君」。皇帝的決策錯了，那也是「聖意」、「聖裁」，皇帝要你自盡也是「隆恩」。後期的皇帝生殺予奪，決定臣民的悲歡離合喜怒禍福，臣民只有匍匐在

龍椅之下的份了。君王和一般人的地位天壤之別，皇帝完全脫離了人群，成了異類。即便有的皇帝表現得平易近人、虛懷若谷、從諫如流、勤儉節約、愛民如子，那也是出於統治的目的，使了幾招「帝王術」而已。比如史家趙翼在《廿二史札記》中評唐太宗李世民納諫，說他是「蓋親見煬帝之剛愎猜忌，予智自雄，以致人情瓦解而不知，盜賊蜂起而莫告，國亡身弒，為世大僇。故深知一人之耳目有限，思慮難周，非集思廣益，難以求治，而飾非拒諫，徒自召禍也」。李世民目睹了隋煬帝剛愎自用、施政殘暴，最終身首異地，還落下了千古罵名的下場。為了避免重蹈覆轍，李世民納諫，目的是藉助大臣的智慧鞏固自己的江山，免得「招禍」，並非真的是一位和藹、親民的老爺爺。

　　君主專制總體趨勢是不斷加強的，但過程並非直線，各代情況各有不同。秦漢是君主專制肇始之際，但皇帝還談不上獨裁。以宰相為首的朝廷能夠與皇帝平等對話，相權制衡君權。皇帝對宰相以禮相待。即便強硬如漢武帝者，也只是利用內朝近臣，逐步攝取外朝的權力，試圖架空宰相而已。到了三國兩晉南北朝，君權倒退。權臣和豪強常常挑戰皇帝。世族力量惡性膨脹，皇帝非但沒有能力夷平地方、壓制世族，還要仰仗世族大家們的支持。隋唐重建大一統，君權走出谷底，迅速攀升。三省六部的建立，集體宰相制代替了單人宰相制，變相地分割了相權，便利皇帝插手外朝。同時，科舉制大規模推行。其一大功效就是打擊世族大家。加上戰亂的摧殘，世族大家在唐末勢力無存。北宋奉行「重文輕武」、「強幹弱枝」的國策，人為製造制度複雜性，分割相權，控制地方，君權急速上升。而理學的興盛，內斂了讀書人的思想，進一步保障了君權。「君要臣死，臣不敢不死」的觀念，就出現在宋朝。明初，君主專制進一步加強，乾脆廢除宰相，朝臣直接聽命於皇帝。內閣名為皇帝

的顧問團隊,在實踐中卻是皇帝的祕書,一切唯皇帝馬首是瞻。皇帝還設立錦衣衛、東廠、西廠等特務組織,監督臣民。如此做法,就有些過分了。清朝的皇帝有過之而無不及。雍正連祕書都不需要,只要奴才。他架空內閣,成立了「跪聽聖旨」的軍機處作為最高政務機構,來落實自己的指示。清朝還廢除了監督皇帝的「諫臣」系統(合併入都察院,臺諫合一),大興文字獄,使得在明末多多少少還存在的知識分子的氣節、讀書人的抗爭精神,蕩然無存。

秦漢時期,宰相進出宮廷,皇帝都要起身迎送。雙方相互行禮後,相對而坐議事;清朝,軍機大臣要隨叫隨到,對皇帝三跪九叩,得到皇帝「恩准」後才能站到一旁「垂聽聖訓」。

總之,古代君權強度呈現出一個長勾型,南北朝時期是勾底,明清是長勾的右上方、最高點,但這只是大致情形。在同個朝代不同時期,君權各有強弱。皇帝個人素養的優劣、宦官和後宮的專權等,都會影響君權的強度。比如,明朝的開國皇帝極大抬升了君權,但子孫們慵懶倦怠,導致大權旁落。內閣大臣勾結宮廷,利用祕書替主子代擬意見(票擬)的權力分割君權(如張居正);監控外朝的宦官狐假虎威,權傾朝野(如王振、劉瑾、魏忠賢等),君權反而羸弱不振。

第二,中國古代政治體制富有流動性,並沒有形成階層固化或貴族政治。

中國傳統社會有士農工商各階層,卻沒有貴族階層。秦朝之後,中國政治制度富有流動性,權力沒有為某個階層所壟斷。即便是世族勢力惡性膨脹的魏晉南北朝時期,世族大家也沒有壟斷一切官職,更不能壟斷政治權力。一般的寒門子弟還有上升的管道,且掌握實權。

陳勝吳廣說:「王侯將相,寧有種乎?」五代軍閥說:「帝王本無

種，兵強馬壯者為之耳。」說的是透過暴力改變社會階層。古代歷史每兩三百年就來一次天下大亂，造成社會階層大洗盤，土地和財富近乎重新分配，政府權力幾乎顛覆重塑。西方社會大變亂後，原先的貴族大體上還是貴族，變動有限，而中國古代是大換血。鄉間的流氓當了皇帝，他的痞子朋友們都封侯拜相；遊方和尚殺上了金鑾殿，他的兒時玩伴和行伍兄弟都開府就藩。前朝舊勛，頑抗的殺頭，剩下的不是隱居山林做遺民，就是跌落底層為販夫走卒，重新開始奮鬥。

　　販夫走卒們，只要肯奮鬥，就有希望從最底層躍升到最頂層。這要感謝隋唐開創的科舉制度。科舉制在理論上，向全社會敞開大門。鄉野村夫和市井小民都可以透過讀書考試，分享政治權力。中國歷史上不乏「布衣卿相」，「十年寒窗無人問，一朝成名天下知」，書寫了不少草根神話。相信現在各地都留有相關的傳說或者古蹟。一個有才華的人，如果不能進入一個政治體制分享權力，就可能成為體制外的反對者；如果不能在體制內正常流動，就可能成為體制內的批評者。一成不變，帶給政治體制的不是安全和穩定，而是僵化和死亡。科舉制大體上做到了能者進、優者上、庸者下，籠絡了人才，增加了整個體制的流動性和穩定性。有進取心的人首先想到的是努力進入現行體制，而不是造反。唐太宗曾看到天下士人蜂擁至長安趕考，感嘆：「天下英才盡入吾彀中！」後人也稱讚：「太宗皇帝真良策，賺得英雄盡白頭。」古代政治體制能夠連貫延續，科舉制貢獻良多。

　　科舉制存在上千年，後來也出現了不少問題，但基本得到了社會的認可和尊重。主要原因就是它給了最廣大的無權階層一個希望，一個改變地位、獲取權力和財富的希望，也就是說大眾都承認社會階層是流動的。權貴之門固然令人羨慕，一旦子孫平庸，旁人就會直言：「可惜可

惜，富貴將不保矣！」既得利益階層也相信，留給子孫黃金萬兩，不如傳下詩書一屋。富不過三代，成了社會共識，也展現了古代社會流動性之強。延續千百年的權貴家族，極難產生。

貴族產生之難，還和皇帝的專制獨裁有關。獨裁君主不會允許存在貴族階層，制約君權。因此，皇帝是排斥權貴世襲的。漢高祖劉邦的江山是一幫兄弟和功臣幫忙打下來的。當了皇帝後，劉邦就大肆屠戮功臣，還立誓：「非劉氏不得封王！」即便是封了王的兄弟叔伯們，皇帝們也不放心。因此有了漢景帝時的六國之亂，皇帝用暴力收回宗室諸王的實權；到了漢武帝，他整天思索著找藉口剝奪宗室的爵位。同胞骨肉都如此，異姓功臣更是不能永保富貴。衛青、霍去病家族功在社稷，還出現了皇后與太子，結果只傳了兩代就被誅滅滿門。「盛極而衰」、「月盈則虧」，被權貴們視為真理，後者深諳韜光養晦之道。東晉的王導家族、唐朝的郭子儀家族，莫不如此。貴族人家自己都不敢世襲權貴，以免惹禍上身。

如果一定要說中國古代存在貴族，那麼勉強湊數的只有「皇室」了。皇室子孫可以世襲爵位，且有可能染指龍椅，但這不是絕對的。專制君王要防範一切權力威脅，對至親的兄弟子姪也不放過。如何管束皇族，是歷代皇帝考慮的重要問題。一般情況下，對皇室寬容，優待宗室並授予實權的王朝，往往禍起蕭牆、同室操戈，比如西晉、南北朝、明初；對皇室嚴防，苛待皇族甚至軟禁皇族的王朝，皇帝往往又在關鍵時刻找不到可以依靠的力量，比如遭人篡國的曹魏就苛待皇族。清朝對皇族的態度相對中性，做法比較成功。它只授予近支宗室爵位，不拒絕皇族擔任官職，但有嚴格的規定，和他人一視同仁。結果，清朝皇室骨肉相殘的程度最輕，皇權沒有在家族內部受到衝擊。需要指出的是，皇室

成員的人口比例是相當小的，構成不了所謂的「貴族階級」。貴族政治的缺失，有利也有弊。弊的一面就是中國社會缺乏「貴族精神」。貴族精神，似乎是一個類比西方歷史的概念。西方的貴族不全是建立在爵位和財富之上，更主要是與榮譽和責任相掛鉤。真正的貴族視榮譽為生命，獨立正直，勇於擔當，勇於衝鋒陷陣，富有號召力，被視為社會的中流砥柱。一個衣著光鮮的暴發戶和一個破落寒酸的貴族同時走到大街上，西方民眾會向後者致敬。這就像民國時期的雲南彝族，有黑彝和白彝之分。白彝是普通大眾；黑彝是領袖，是戰士，服務鄉里，操持公務，貢獻智慧，類似於西方的貴族。當時，儘管黑彝生活困苦，為生計奔波，但依然把舊衣服洗得乾乾淨淨，穿著打扮整整齊齊，走路挺直腰板。遇事，黑彝急公好義，掌握鄉里的主導權，白彝服從黑彝。中國傳統社會就缺乏類似的貴族，少的是領袖、多的是看客，少的是公義、多的是私利。地方鄉紳扮演了類似角色，但鄉紳家族本身流動性很大，極難世襲成為貴族家族。

第三，政治體制內部蘊含制約精神和制度設計，保持了體制的生命力。

古代帝王雖然專制獨裁，但程度並不絕對，面臨軟硬兩種制約。儒家思想可能是對專制君主最大的軟性制約。從漢武帝獨尊儒術開始，歷代帝王都改造儒家思想為我所用，標榜以儒治國。既然標榜了，不管帝王的真實心思如何，就得做足表面文章，接受儒家思想的約束。儒家講求「仁政愛民」，帝王就要跟著呼喊仁政口號，做出親民舉動，掩飾自己不仁不義無孝無良的言行。而用儒家思想武裝起來的士大夫群體，也用同樣的標準來要求帝王。「臣事君以忠」，反過來要求「君待臣以禮」。君臣各有道，君無君德、臣無臣道，就會被朝野視為天下將亂的徵兆。

總之，如果帝王不遵照儒家思想仁政愛民，就會喪失執政的合法性。

儒家影響之深廣，經後人闡發，衍生出了更多的制約思想。比如，既然仁政愛民是帝王的職責，那麼後世就發展出「暴君可伐」的思想。那些殘暴無道的君主，也就喪失了繼續執政的合法性。這一點甚至成為了王朝更替的口號。許多暴君的統治合法性，追根溯源，可以追溯到他們開國老祖宗高喊的「暴君可伐」。又比如，「社稷為重君為輕」的思想，使得國家的分量很重，並不輸於帝王。清初，顧炎武提出「天下興亡，匹夫有責」，不把皇帝死活、朝代更替作為興亡表現，而把思想文化之變作為天下興亡的指標。這就把帝王的地位排在了思想文化、國家天下之後。再比如，讀書人以天下為己任，有參政議政的熱情和動力，這就限制了帝王對權力的壟斷，抵制帝王的獨斷專行。南宋著名御史劉黻說：「天下事應當於天下共商議，非君主一人可以私下處置。」意思就是皇帝要選賢用能，分權給賢能之士。「賢能政治」是古代的一大政治理念。君主要親賢能遠小人，如果疏遠賢能迫害好人，也會損害政治合法性。當然，上述思想和現代民主思想是有差別的。

帝王言行有錯，臣民是可以規諫的。這不僅有理論上的制約，更有制度設計。比如大臣們對帝王的政策、舉止、作風有意見，可以勸諫乃至指責。歷史上就不乏犯顏上奏甚至冒死極諫的大臣。唐代的魏徵、明代的海瑞，就因訓斥皇帝而出名。一些腦袋「冬烘」的讀書人，還以勸諫皇帝來博出位、立名節，拿著放大鏡查皇帝的紕漏，樂此不疲。打屁股、蹲大獄甚至砍腦袋都無所畏懼，甚至歡迎，只要能「名垂青史」就可以。古代政治制度中始終存在「諫官」系統，專門負責糾察勸諫皇帝。因此，《甄嬛傳》裡的雍正，好不容易去清涼臺看望病中的弟弟，還來去匆匆，說：「出宮一趟不容易，多少言官的眼睛盯著朕呢！」

制約雖多，但並沒有達到實效。一來，這些制約缺乏強制力，不能對皇權產生實質性的衝擊；二來，所有制約的前提觀念是承認皇權，承認皇帝的與眾不同和無上權力，只是要求皇帝不能做得太差，不能背離原則胡作非為。這和現代的權力制衡思想有本質的區別。因此，當一個皇帝不怕輿論、不畏懼文官集團的死纏爛打，拒絕接受制約，儒家思想也好、文官集團也罷，就都束手無策了。歷史上還真出現不少這類的胡為帝王，比如南朝宋代的前廢帝、後廢帝，比如明朝的正德皇帝。

第四，政治權力和社會力量存在博弈，官府強而民間弱，但基層自治力量不容忽視。

古代官員似乎很空閒，出現了不少「官員旅行家」。後人在名勝古蹟中常常能看到他們的身影。北宋的蘇東坡就是眾多官員旅行家之一。比如，他主政杭州期間，修了一條蘇堤方便觀賞西湖風景，白天跑到西湖群山上和僧人們喝茶談詩，晚上約一票客人夜遊西湖。後人有言「東坡到處有西湖」，可以理解為蘇東坡處處點景、造景。他宦海沉浮，「歷典八州，行程萬里」，今人對他的施政舉措知之甚少，倒是隨處可見「東坡肉」和與其相關的風景。這說的是古代官員政務的清閒。史書中經常出現能臣幹吏長年累月不處理政務，一旦處理起來，龍飛鳳舞，手寫口授，在短短時間內就處理完積壓政務的記載。古代官員人數不多，但朝廷每每能以有限官員控制廣袤的領土。這說明政府活動有限，遠未到達無時無處影響社會的程度。

因為技術限制，古代官府對全國的治理，更多的是觀念上的，而非數字上的精細化管理。廣度和深度都有限度。黃仁宇在〈中國社會的特質〉一文中指出：「由於缺乏所謂的技術精細化，中國的官僚政府通常表現得廣度有餘而深度不足。這一點給人留下的印象很深刻。」一個人如

果真正做到不被權力所誘惑，還是能夠找到一塊世外桃源，自食其力，過上清貧簡單但卻獨立自由的生活的。

需要指出的是，雖然古代中央集權不斷加強，政權卻在收縮。秦漢有相當於現在鄉政府的亭里政權——劉邦就當過亭長，但從宋朝之後，公權力收縮至縣一級。之後，最基層的政權是縣政府。縣級以下的地區，完全放手由百姓自治。而控制廣大農村和絕大多數人口的就是士紳階層。他們主要由退休或者在鄉的官員、有功名的讀書人和一部分有文化的富裕人士組成。他們既立足鄉土，又明瞭儒家思想和政權運作，介於官與民之間，表率鄉土，處理基層糾紛，主持公益事業，協助官府徵收賦稅。州縣衙門也優待鄉紳，重大政策也要徵詢後者的意見。重大節日、隆重慶典、教化百姓、傳達要聞等等，也缺不了士紳代表到場。可以說，鄉紳階層分割了相當一部分基層權力。

基層的另一大自治力量是宗族勢力。宋朝之後，宗族力量高漲，把越來越多的人口網羅其中。與鄉間百姓生活最密切的，首先是宗族，之後才是鄉紳，再就是官府。很多人遇到問題，首先找宗族長老商議；宗族中也有一套法律觀念來評判是非，處理糾紛；宗族有祠堂，有聚會，有執事，有族田，基本上能解決族人生老病死的多數事務。真的出現了大事，人們也習慣於在宗族內部解決，比較排斥直接讓官府插手內部事務。

因此，雞犬之聲相聞，老死不相往來，才有可能。男耕女織的傳統社會，只要不遇到大災大亂，鄉間百姓可能終生都沒見過父母官。這種世外桃源式的生活，直到近代科技和社會結構的侵入，才被打破。

第五，政治制度日漸繁密。這一方面是加強社會管理的需求，另一方面是為了強化統治。

從秦到清，政治機構越來越多，規章制度越來越嚴，官是越來越難當的。「治官重於治民」是古代朝廷的一大認知。歷朝歷代都透過驅動官僚群體來統治億萬百姓，嚴密政治制度就成了重中之重。漢朝的官制還只有職、爵、品級等少數名目，官員從縣令縣長或者郎官起步，上升一級就是太守，太守調入中央即為九卿級別，再上升就是位極人臣的三公了，層級少、入仕管道也多。到了明清，官制多了階、差、加官等許多名目，層級更是擴展到九品十八級。清朝的衙門和規章制度之多，使得制度成了一個專門的學問。一般人幾乎沒有可能了解掌握難以計數的大清律、格、令和則例的條文，僅一部《欽定六部則例》就夠人讀個十年八載的，而且規章制度時刻都在增加。比如，制度再嚴，比不過皇帝的一句話。老皇帝做了某項指示，新皇帝又發了相關的指示，其中有相同的意見、也有不同的旨意。如何處理新舊皇帝的旨意，就是一道難題。各個衙門都有專門的書吏研習此道。他們終生埋首卷宗，熟悉制度的來龍去脈。官員們依賴書吏協理政務，幾乎言聽計從，以至於有「本朝與胥吏共天下」之說。

制度要完善，就要創新。古代政治制度在延續發展中，出現了新的制度，但舊的制度並沒有完全被拋棄，而是保留了下來，表現出保守的特點。比如，清朝設定軍機處來處理中樞政務，就沒有廢除原來的內閣。內閣大學士依然存在，只是成了榮譽虛職。更典型的要算中央各寺，如鴻臚寺、太常寺、太僕寺、光祿寺、大理寺等，職名起自先秦，確立於秦朝，數代之後職權就被其他衙門侵奪，甚至淪為可有可無的閒曹冷衙，但它們一直存在到清末。鴻臚寺掌管對外交往事務，隋唐後禮部負責具體的朝貢與外交事務，清朝又增加了理藩院參與外交，後期還有總理衙門，後三者都比鴻臚寺重要，但這並不妨礙鴻臚寺存在兩千多

年。這些「化石衙門」的主要作用，是安置官僚，養官僚的資歷和品級。

政治體制內部的權力分配不可能平均，有些機構的權力要遠高於其他機構。隨著皇權專制的強化，權力始終傾向於和皇權結合緊密的機構。從兩漢的尚書，到隋唐的三省六部，到兩宋的政事堂和樞密院，到明朝的內閣，再到軍機處，無一不是各自時期由皇帝掌握、處理政務的中樞機構。它們是權力的核心。機構增減、官員沉浮，皇帝看在眼裡，卻不記在心裡。他真正在意的只是核心權力部門的執行和人事情況。千百年來，政治制度日漸繁密，核心權力機構始終處在聚光燈下，是後人觀察古代政治的便捷視窗。

何謂「衙門邏輯」？

古代政治制度在千百年的實踐運轉中，產生了自己的邏輯。千古衙門在實踐中逐漸背離締造者和設計者的初衷，產生了獨立的、強大的執行規律，誕生了新的標準和規則，自動運轉下去，我們可以稱之為「衙門邏輯」。衙門邏輯往往是有違常理的。它沒有明文的規定，卻真實存在；它獨立於人們，卻讓衙門內外的官員、百姓都深陷其中。

這就好比人們設計了機器人，希望機器人為人類服務。結果機器人有了自己的思維，自行活動起來。人類非但操縱不了機器人，反而受到了機器人之害。做一個可能不太恰當的比喻，古代衙門就是那個機器人。

在古代，任何一個立志改革政治弊端的人，必須進入現行體制博取高官顯位，才有可能實踐抱負。但結果都不是他改變了體制，而是體制改變了他。在攀登高位的過程中，他逐漸變成了體制的一分子，變成了現行體制的「產品」。梁啟超在《少年中國說》中，尖銳批評晚清體制中的高官「非哦幾十年八股，非寫幾十年白折，非當幾十年差，非捱幾十年俸，非遞幾十年手本，非唱幾十年喏，非磕幾十年頭，非請幾十年

安，則必不能得一官、進一職」，等位高權重、大權在握，「握國權者皆老朽之人也」。他們不僅年老體衰，而且不願意改革了，「彼輩者，積其數十年之八股、白折、當差、捱俸、手本、唱諾、磕頭、請安，千辛萬苦，千苦萬辛，乃始得此紅頂花翎之服色，中堂大人之名號，乃出其全副精神，竭其畢生力量，以保持之。如彼乞兒拾金一錠，雖轟雷盤旋其頂上，而兩手猶緊抱其荷包，他事非所顧也，非所知也，非所聞也」。要知道，如今的老朽高官，倒退幾十年也是熱血青年，激揚文字、革故鼎新，滿口變革。進入體制之日，他們以為自己踏上了實現理想的征程，殊不知最終走到了理想的對立面。

下述例子，也許能更形象、更直觀地說明「衙門邏輯」的概念：

例一：天下官員，無論職位高低，在理論上都是朝廷命官，都上對皇帝負責、下為百姓造福。大家是平等的。職權的大小並不代表素養和人品的高低，權力更不能侵犯人格尊嚴。但在實踐中，權力扭曲了人格。官大一級壓死人，官職高者欺壓職位低者，權力大者侮辱權力小者。可悲的是，這種欺壓與侮辱為上下所接受，官卑職小者彷彿覺得自己就低人一等、理應受欺負。而對他人頤指氣使、飛揚跋扈的高官，自身往往受過被侮辱、被打壓、被迫害的創傷。秦漢時期，官員關係還相對平等，縣令能參見宰相，侃侃而談；唐宋時期，下官小吏敢跟主管爭辯政務，並不唯唯諾諾；明清時期，不要說縣令，就是巡撫也要上下運作才能見內閣大學士，大學士一問巡撫一答。有位知縣老爺跪在和珅門口求見，和珅罵道：「知縣是什麼蟲豸，也來見我？」總理衙門處理外交，外國使臣說一句話，清朝官員面面相覷，下級看上級、資歷淺的看資歷深的、大臣看親王，親王說一句，大家紛紛響應。在場職位最高的人不說話，其他官員就一片沉默。

不知從幾時起，官員相見的禮節也惡化成了跪拜禮，下官拜見上官。如果兩人官職相差太大，下官還要行三跪九叩大禮，謹小慎微、連大氣都不敢出一個，彷彿奴才見主子一樣。這種不正常的官場禮節，直到清末才從南方省分開始逐步糾正，改為官員相互行作揖禮。官職低者先行禮，高者再還禮。

　　例二：人類對於疾病，總抱著「早預防、早治療」的態度，希望把疾病消滅在萌芽之初。

　　諱疾忌醫是不對的。政治體制和人體一樣，也會出現各式各樣的問題。為了體制的長遠健康發展著想，這些問題也要早預防、早治療。然而，古代官員對於衙門內外的問題，往往採取明哲保身的態度，事不關己高高掛起，事既關己也視而不見聽而不聞。對於暴露出來的問題，官員們的慣常做法是行文發函，似乎用幾封文書就能解決問題。其實，文書並不能解決問題，只是推卸了自己的責任而已。古代官員，尤其是達官顯貴們，是社會菁英，視野、思路甚至智商都比黔首愚民們要高。他們理應發現潛在的問題，並有責任處理掉。可惜，多數官員任由衙門外狂風暴雨，端坐廳堂之上無動於衷，只盼著問題別惡化到不可收拾的地步 —— 起碼別在自己任期內惡化。

　　究其原因，一來是官員們不願意做事。多做事就多出事，少做事則少出錯。勇於做事的古代官員有，但仕途順暢的極少。他們中的絕大多數做了很多事，經受了很多挫折，最後即便列入正史、名垂千古了，但在生前幾十年沉溺於州縣下曹，不得升遷。相反，中庸無為的同僚們，則「無病無災到公卿」，飛黃騰達去了。那誰還願意去攬事、去面對問題呢？第二，很多問題並不是官員個體力量能解決的。衙門內外的很多頑疾和突發問題，是系統性的、根本性的問題。比如閉關鎖國、橫徵暴

斂、皇權擴張、軍人干權等等。政治體制有問題，體制中人比一般百姓的感覺更敏銳，也更深刻。他們深知不改變現行體制，就不能根治問題。而根本性的變革，談何容易？大家坐視衙門病入膏肓，最終無藥可救，只好在血雨腥風中又來一次改朝換代。

例三：凡事都有是非曲直；做人要有對錯觀，做正確的事情、拒絕錯誤的事。

相信每個人從小都接受了這樣的教育。但是，古代衙門不論對錯，只看輸贏。比如，清代書畫家鄭板橋先後做過山東範縣及濰縣的知縣。他剛正不阿，不逢迎上司，卻深入民間，洞悉百姓疾苦。一年鬧饑荒，鄭板橋主動為民請賑，結果忤逆了上司，被參罷官。他去官的那天，百姓遮道挽留。應該說，鄭板橋做了正確的事情（勤政愛民），但卻是官場上的輸家（彈劾罷官）。鄭板橋在古代史中並不孤獨，官場輸家中有許多人做了正確的事情。同樣，許多仕途贏家，卻做了錯事，比如弄虛作假、阿諛奉承、你虞我詐、傾軋傷人、口蜜腹劍、厚顏無恥、趨炎附勢等。可嘆的是，當時的官民都羨慕後者；後來者，即使嘴上讚頌鄭板橋，心裡卻在羨慕同時期的和珅。

「官場莫論對錯」的本質是功利政治，拋棄了道德、真理和精神等等，只看是否對仕途有利，是否對處理政務有利。長官決策時，採納的往往是「可行」的意見，而不是「正確」的意見。因為意見雖然是「對」的，但與現有體制不吻合或者對鞏固自己的權勢無益，為什麼要採納呢？長此以往，「輸贏」綁架「對錯」。官場上最後的贏家，自封為或者被認為就是正確的、光榮的。贏家書寫歷史，強制推行自己的對錯標準。如果民眾對此熟視無睹，無異議不反抗，就很可能黑白顛倒，貽害無窮。

例四：靠本事吃飯、獨立且正直，應該是人類社會公認的正面形象、正能量。

但在衙門裡，真才實學並不是平步青雲的通行證；獨立與正直非但不為衙門認可，還可能對衙門、對守舊者造成傷害。我們在古代史上能找到許多例證。庸才青雲直上、尸位素餐的有，阿諛奉承、攀附權貴的官員也不在少數。真正有才華、有抱負的官場中人，免不了要花費大量的精力和時間去處理與行政無關的事情。很多時候，決定他們宦海沉浮的不是才能和品格，而是那些「無關的事情」。在施展抱負之前，官員們先要在人情世故、官場明規則潛規則等等編織的巨大網絡中縱橫捭闔，以求獲得做事的身分與地位。

中國歷史上並不缺乏有真才實學的賢臣幹吏，缺少的是既有真才實學，又能折衷緩和，把才學用到實處的能臣帥才。

凡此種種不合常理之處，都因為衙門邏輯的作祟。而衙門邏輯的核心，是「權力本位」，一切行為以獲取或保有權力為目的，一切考量圍繞權力的得失展開。在政治體制中，各個衙門考慮的是自己的部門利益，官員考慮的是個人的進退榮辱。天下安危、百姓禍福、仁義道德，都退居其次，甚至只停留在口頭。因為，品級的高低（權力的大小）是衡量一個官場中人成功與否的唯一標準。權力，是官員施展抱負、實現目標，甚至保全人身和財產的首要條件。官場中人必須鞏固現有的權力並不斷擴展權力，才能談及其他。這一認知，可能是剖析古代政治中種種消極與負面內容的利器。

越往後發展，衙門按照自身邏輯獨立運轉下來，離初衷就越遠。衙門本身發展得越強大，對衙門中人的異化就越嚴重，改革的難度就越大。

　　黃仁宇在〈中國社會的特質〉一文中認為中國的高度中央集權，是由地理環境造成的。「中央集權體制因為不得不持續地被加以完善並維繫，使中國的政治和倫理的成熟程度遠遠超過其他制度的發展，如多樣化的經濟制度、系統化的民事契約法、保護個人的司法體系等等。隨著時間的推移，後述的那些制度相對而言依然沒有得到充分的發展，反而確定無疑地被抑制，以免它們擾亂帝國的統一管理。」中國古代集權的強化，與衙門邏輯也大有關係。衙門邏輯的執行，離不開政府集權。集權環境是衙門邏輯的溫室，公平、公開和競爭則是衙門邏輯的「病毒」。集權的需求，塑造了衙門的穩固和規模。衙門為了自身利益，反過來要強化集權。它為了攝取更多的資源，就要跳出政府範疇，插手控制其他領域；為了壟斷權力和資源，它就要排斥平等的對話，拒絕妥協、開放和變革；保守是它的特質，僵化是它的趨勢，虛弱和奔潰是它的結局。遺憾的是，中國古代少有新意的改朝換代，使得衙門雖然能夠被摧毀，但衙門邏輯每每在新的王朝借屍還魂。

　　絕大多數時候，官民人等並非反對官府，反對朝廷，也不是反對官場中人，而是反對自私保守、封閉僵化的「衙門邏輯」。

一　皇帝也瘋狂

　　皇帝看似是天底下最幸福的人。中國古代是絕對的君主專制制度，普天之下莫非王土，率土之濱莫非王臣。皇帝有無窮的權力，生殺予奪，掌於一身，想做什麼就做什麼；他享受全天下物質，酒池肉林，無盡奢華，想要什麼就有什麼。在理論上，皇帝在任何情境中都處於主動地位。

　　皇帝卻是天底下最不幸的人之一。無窮的權利總是與無盡的義務相伴隨，為了做一個「正常的」皇帝，皇帝本人要承擔難以忍受的義務、責任、壓力。在襁褓之中，準皇帝們就不能享受常人所有的親情、悠閒與愉悅。登基之後，皇帝時時刻刻要面對威脅與挑戰，處理難以計數的工作 —— 恐怖的是，這些工作不能由第二個人來分擔，而且工作期限是無期的。老百姓工作做錯了，大不了失業而已。皇帝工作做錯了，是要皇冠落地、性命堪憂的。

　　在重重束縛和高壓之下，只有很少的皇帝盡心盡職，時刻端著皇帝的架子，夜以繼日地工作。大多數皇帝是「不正常的」，消極怠工、荒廢朝政，那是常事。沉溺酒色、肆意取樂，甚至挖洞抓老鼠、出宮找姑娘、上山擒猛獸等等，也不在少數。種種荒唐事、瘋狂事由此而生，根本原因就在君主專制制度。

古代帝王的幽默感

清朝的雍正皇帝是個「摺子控」，常常每天批十幾個小時的奏摺，樂此不疲，還在摺子上留下了不少有趣的「回覆」。

比如雍正言之鑿鑿地寫道：「朕生平從不負人。」可是後人都評價他是一個刻薄寡恩、冷酷無情的人。又比如，雍正在年羹堯的奏摺上親暱地批覆：「從來君臣之遇合私意相得者有之，但未必得如我二人之人耳。總之，我二人做個千古君臣知遇榜樣，今天下後世欽慕流涎就是矣。」結果沒幾年，雍正就把年羹堯給殺了，一點都不顧「君臣知遇」之情，更不要提什麼榜樣作用了。除了這些「黑色幽默」外，雍正皇帝也會講一些淺顯的笑話，比如他在摺子上說別人壞話：「此人乃天日不醒的一個人，朕當日在藩邸罵他玩，都叫他『球』，粗蠢不堪，於登極後不記出仕何地。」「朕將王嵩調到，看伊竟是一不堪棄物，滿面鄙俗之氣。」雍正罵人也很有一套，痛罵之中帶著諷刺挖苦：「你是神仙麼？似此無知狂詐之言，豈可在君父之前率意胡說的！」「朕這樣平常皇帝，如何用得起你這樣人！」「多賞你些，好為你夤緣鑽刺打點之用。」

正襟危坐、生殺予奪的帝王們，多少也有幽默感。只是帝王的幽默感有大有小，有的時候發作、多數時候潛伏著。更重要的是，帝王的幽默感是異於常人的。他們的幽默雖然也會讓凡夫俗子會心一笑、嗤之以鼻或者捧腹大笑，但背後的「笑點」另有一番深意。

▶ 帝王生來「幽默」

幽默，按笑點來源定義，可以理解為一門自嘲和挑戰常識的學問。一頭大灰熊穿著芭蕾裙扭扭捏捏地跳上舞臺，開口就唱：「我是一隻小蜜蜂。」這可以理解為自嘲，自己拿自己開玩笑。趙高指著一頭鹿說：「這是一匹馬。」這也很幽默，因為它嚴重侮辱了旁人的智商。如果旁人都附和說這的確是一匹馬，那就更幽默了。因為它挑戰了整個社會的常識。

我們先來說說帝王們「自嘲」方面的幽默。高高在上的帝王們斷然不會允許其他人嘲笑自己，也不會拿自己開玩笑。他們幾乎都自視極高，自信到自負的程度，認為我是上天之子，哪裡有什麼可笑之處？雍正皇帝在這方面就很典型，他喜歡在奏摺上炫耀自己的英明偉大。比如他寫道：「朝中黨援亦皆由此分門立戶而生恩怨也，看透此者亦唯當年雍親王（就是他自己）一人耳。」「朕早知其非端人矣，今種種欺隱俱已敗露，服朕之明鑑否？」

雍正的兒子乾隆，比父親更上一層樓，覺得自己武功古今第一、文章獨步天下。後人遊覽大江南北，到處可以看到乾隆皇帝的「御筆」和大作。據說他還誇口，如果比拚文才，自己也應該是讀書人中的皇帝。（類似的大話，據說宋徽宗、康熙皇帝和明武宗朱厚照也曾說過。前兩人覺得自己參加科舉考試，一定能考中狀元；明武宗則認為自己不當皇帝去當兵，也能當個大將軍。）乾隆皇帝一生寫了四萬首詩，差不多是唐朝所有詩人作品的總和。他平均一天寫兩首詩，出了十幾卷印刷精美的御製詩集，但很遺憾，乾隆的四萬首作品中沒有一句流傳開來，如今的文學史都懶得提及這位皇帝詩人。這算不算是一種幽默？

明太祖朱元璋原本大字不識幾個，造反以後開始識字看書，坐在龍

椅上也能處理公文。不過，朱元璋顯然認為自己文才了得。洪武七年，朱元璋舉行詩文大會，對大臣們創作的作品都不滿意，親自動手寫了兩篇，作為範文，言下之意是自己的文才比天下文臣都要高。此外，朱元璋對文學史也有興趣，寫文章批判過文學史上赫赫有名的韓愈、柳宗元等人，認為他們只會賣弄幾個辭藻，不通人情。幾百年之後，朱元璋的範文沒有流傳下來，文學史對他這個人也不屑一顧。可見，帝王雖然不會自嘲，一旦自負、自戀起來，更有「笑」料。

帝王在「挑戰常識」方面的笑料更多，不勝列舉。最著名的可能是晉惠帝司馬衷，大臣們向他匯報老百姓沒有飯吃，司馬衷反問：「他們為什麼不去吃肉粥呢？」他的後代子孫、晉安帝司馬德宗，長江後浪推前浪，非但不知道米和肉的區別，連雪花和棉花都分不出來。不過，帝王的無知，情有可原。因為錦衣玉食的司馬衷，吃的肉遠遠比米要多，自然就以為肉比米便宜、常見了。而司馬德宗根本不需要知道雪花和棉花的區別，衣來伸手飯來張口就可以了。

同樣，帝王們的自負，也情有可原。乾隆寫了一首詩，肯定是喝采聲、叫好聲響成一片；朱元璋的「範文」，明朝大臣和秀才們也是群體「學習體會」過的。乾隆的詩集，猜想銷量差不了，外省的州縣官吏說不定還要靠關係才能弄到一兩本。皇帝得意洋洋之時，誰敢指出他其實沒有「穿新裝」？因此，在主動或被動的阿諛奉承聲環繞中，帝王們自信滿滿，逐漸變得剛愎自用起來。

無上的權力和制約的缺失，導致帝王們言行失常。而與生命相伴隨的政治壓力、權力威脅、感情淡薄，又助長了帝王們的反常言行。舉個極端的例子：南朝宋代山陰公主淫恣過度，對皇兄劉子業說：「我與陛下，雖男女有別，可都是先帝的子女。陛下後宮佳麗上萬，可我卻只有

駙馬一人。這太不公平了！」劉子業身為哥哥，竟然為山陰公主安排了面首三十人。山陰公主還不滿足，看到吏部郎褚淵體壯貌美，請求劉子業把他賞給自己當面首。劉子業竟然同意了，將大臣賞給妹妹。褚淵在山陰公主身邊十日，雖然被公主苦苦逼迫，但仍「守身如玉」。山陰公主最後沒辦法，才把褚淵放回去。這對兄妹已經失常到了變態的地步，完全不顧親情倫理了。究其原因，南朝是一個「父殺子子弒父」、今日兄弟相殘明天叔姪屠殺的動亂時代，劉子業等人「可憐生在帝王家」，從出生到入墳墓都生活在一個沒有親情、沒有溫暖，只有猜忌和殺戮的環境中。他們的心態怎麼能正常呢？怎麼能不演出一些搞笑到匪夷所思的鬧劇來呢？

劉子業的母親病重了，派人去叫兒子來。劉子業卻說：「病人房間多鬼，哪能去呢？」不願意去看望太后。太后大怒，高呼：「快拿刀來，剖開我的肚子，看是怎麼生出這樣的不孝兒的！」《宋書》是宋代的正史，罕見地承認任何人只要犯了劉子業罪行的其中之一，就足以玷汙宗廟、辱沒社稷，而劉子業居然把所有罪惡集於一身！《宋書》對劉子業的死持慶幸的態度：「其得亡亦為幸矣！」同樣的「幽默」也發生在北齊文宣帝高洋身上。高洋臨終時，對弟弟常山王高演說：「你要奪我的位子就奪吧，別殺我兒子。」他很清楚自家王朝勾心鬥角、刀光劍影，腥風血雨湧動。而一個個搞笑的獨裁暴君，正是被這樣的環境給毀了的。

體制和環境決定，不管是誰坐在龍椅上多少都會自負和無知。幽默感幾乎是帝王與生俱來的特性。帝王都不正常，搞笑似乎是常態。《晉書》記載前涼的割據君主張天錫縱情聲色，荒廢政務，就有大臣上疏勸諫。張天錫給了一個相當幽默的解釋：「我不是喜歡行樂，而是從中很有收穫。我看到晨花就敬重才華俊秀的高士；觀賞芝蘭，就愛慕德行高

潔的大臣；目睹松竹，就思念忠貞節操的賢才；面對清流，就器重廉潔的言行；一看到蔓草，就鄙視貪官汙吏：迎著疾風，就痛恨凶狠狡詐之徒。引申開來，觸類旁通，為人從政的道理，都在這裡面啊！」不得不承認，張天錫是個天才，貪圖玩樂還有一套自圓其說的謬論。不過他的「心得」顯然不能讓國富民強。前涼很快就被前秦滅亡，張天錫本人成了末代君主。

▶ 有人情味的幽默

　　說完體制和環境塑造的幽默，我們來看看另外的帝王幽默。

　　皇帝是一個嚴肅得有些枯燥的職業，要承擔諸多的責任，包括許多形象和工作生活上的義務。意識形態、體制和臣下都要求皇帝在各方面都是楷模。這就造成皇帝的工作和生活都很「悲摧」──不僅不能為所欲為，一言一行還要受到各種規章的約束。我們似乎習慣了皇帝一本正經的樣子，一旦某個皇帝表現出常人的喜怒哀樂，就有「喜劇效果」了。

　　歷史上有不少皇帝追求常人的樂趣。明武宗朱厚照可能是其中的代表。他更出名的稱呼是正德皇帝。他禁止民間養豬，因為「豬」、「朱」同音，老百姓天天「殺豬」，朱厚照心裡受不了。

　　朱厚照一心想出宮玩玩，可是被大臣們死死限制在紫禁城裡，不讓他出門，還老在他耳邊唸叨要讀書、勤政、親賢臣遠小人。朱厚照煩死了，就「精神分裂」出一個「朱壽」來，讓朱壽做大將軍、做太師，大誇朱壽。其實，朱壽就是朱厚照。機會終於來了，寧王造反。他大喜過望，馬上要求「御駕親征」。這回，大臣們不好攔他了。朱厚照高高興興地「郊遊」去了，孰料縱馬過盧溝橋時，大意把寵妃劉氏相贈的簪子掉

了，朱厚照按兵不行，讓三軍將士趴在地上找簪子。找了三天沒找著，朱厚照悻悻地繼續南行。

到了涿州，前線傳來「噩耗」：南贛巡撫王守仁 —— 就是後來大名鼎鼎的王陽明，一點都不領會上級心思，竟然搶皇帝的風頭，不等御駕到達就獨立鎮壓叛亂、生擒寧王了。朱厚照聞報，頓足大罵王守仁，罵完後對王守仁的捷報不承認不宣傳，下令繼續南征 —— 很有負氣小孩子的作派。到了山東，朱厚照嫌當地安排的宴席不好，不吃，也不生氣，笑道：「慢我何甚！」到了揚州，朱厚照大索美女。不過，朱厚照也覺得拆散夫妻不對，所以只抓處女和寡婦。抓來做什麼呢？朱厚照不為色，不為享受，而是關起來當肉票，讓家人拿錢來贖。看來朱厚照不是貪戀美色，而是貪財。他在揚州釣了一條魚，以五百金的天價強賣給太守蔣瑤。蔣太守沒錢，把妻子的首飾都拿出來了，說：「臣沒錢，只有這些了。」朱厚照又想起隋煬帝楊廣的故事，要看瓊花。蔣太守說，那不是好東西，已經絕種了。朱厚照又要徵異物，蔣太守說揚州不產異物。朱厚照笑了，問蔣瑤揚州產不產白布？蔣太守這回給皇帝面子，進獻白布五百匹。但隨駕的太監們不像朱厚照這麼厚道，索賄不成，就用鐵鏈把蔣瑤綁了好幾天。揚州官府去求朱厚照，朱厚照立刻下令釋放，成全蔣瑤的賢名。

朱厚照這麼一路鬧下去，花了八個多月才到南京。王守仁早在六個月前就把寧王押到這裡等著了。半年來，王守仁多次苦求皇上受俘，朱厚照一概不准。後來，王守仁終於開竅了，重新報捷，說太師「朱壽」運籌帷幄、指揮若定，迅速平定寧王叛亂，對自己苦戰惡戰之情形一字不提。捷報遞上去，朱厚照高興地准奏。不過他下令在南京玄武湖上重新「平亂」：把寧王安置在一艘船上，自己指揮大軍再把他抓一次。受俘之後，大軍北返。同樣的道路朱厚照再玩一遍，覺得無聊，竟然要釋放

寧王，要和寧王再玩「打仗遊戲」。大臣們瞠目結舌，好在朱厚照在清江浦捕魚時，自己駕的船翻了，落水著寒，玩不了了，只好迅速返回北京，第二年初春就死了，年僅三十一歲。

朱厚照的所作所為，笑點很多。但如果朱厚照是一個普通人，其言行就是貪玩了些，並沒有可笑之處。有人認為，朱厚照是明朝最具人情味的皇帝。可惜皇帝身分不適用常人的標準。比如貪財，就是人之常情，但皇帝貪財就惹人笑話。漢靈帝就貪財，賣官籌錢，把官職按照高低定價，其中地方官因為直接管人管錢，又比同級的京官要貴。因為定價偏高，買賣不好做，漢靈帝就變通先首付後貸款，可以當官後慢慢還，但售價要提高一倍。一次，漢靈帝用五百萬把司徒賣給了某人，見他很爽快一次就付清了，對他說：我後悔了，賣你便宜了，本來可以賣一千萬的。

古代許多搞笑皇帝或者荒唐皇帝，都是青少年。他們正在貪玩、叛逆又精力充沛的年紀，無上的權力讓他們沒有約束地揮灑汗水、追逐欲望。這在後人看來不可理喻，但他們其實是被權力寵壞的孩子，並非瘋子或者暴君。一些通達人情、老成持重的重臣就看清了這一點，方法得當，能正確勸諫少年皇帝的荒唐舉動。比如唐中期的敬宗皇帝，十五六歲即位，白天熱衷玩馬球，宮裡宮外都踢，晚上就帶一幫子人去找狐狸洞（史載「抓夜狐」），時常還有一些額外動作。比如一天突然要巡幸東都洛陽。大臣們長篇累牘地勸諫都沒用，老臣裴度則說：「國家設立東都，本來就是讓皇上巡幸的。但東都因為連年戰亂，荒廢不堪，皇上要巡幸，得讓他們好好修繕個一年半載再說。」唐敬宗覺得很有道理，停止了巡幸計畫，改讓官府復建洛陽。裴度的勸諫，把一件勞民傷財的壞事變成了對洛陽百姓有利的好事。類似的例子，在古代還有不少。

▶ 攀附權力助長皇帝搞笑風

　　專制體制固然可以解釋帝王們搞笑的部分原因，一般人的攀附權力、阿諛奉承，也讓帝王們在幽默的道路越走越遠，客觀上造成了「起鬨」的作用。後人在對搞笑帝王肆意大笑的時候，板子不能全打在帝王的屁股上，旁人也難辭其咎。

　　做大臣的，明知道皇帝寫的詩詞狗屁不通，還大張旗鼓地捧臭腳，皇帝隨手寫一個字就恨不得立一座碑亭供起來。拍馬屁的好處是立竿見影，卻不想想後世人看到皇帝的臭字到底是罵皇帝還是罵你？

　　南陳末年，楊廣率領隋朝六十萬大軍浩浩蕩蕩殺向江南。邊關的告急文書雪片般飛到陳後主陳叔寶面前。尚書僕射袁憲冒死勸諫，認為務必在長江渡口增兵把守，做好防禦。但是陳後主左擁張麗華、右抱孔貴嬪，膝上還坐著個龔貴嬪，一邊聽〈玉樹後庭花〉，一邊飲酒作樂，對大臣們說：「北齊侵我三次，北周侵我兩次，結果怎麼樣？還不是被我們打得大敗而歸。為什麼？建康有王氣在，小小楊廣能奈我何？不理他！」話剛說完，丞相孔范就獻媚附和：「是呀，長江天險，自古隔斷南北。楊廣黃口小兒，難道能插翅飛過長江來嗎？我一直嫌我官小爵低，萬一楊廣飛渡長江，那我就有了封侯拜爵的機會了。」孔范的話，說得陳叔寶哈哈大笑。不過沒幾天，隋軍就攻破建康，陳叔寶躲在井底，被人拉上來時發現和張麗華、孔貴嬪擠在一個筐裡呢！而孔范，早不知道跑到哪裡「封侯拜爵」了。這個孔范最擅長替陳叔寶文過飾非，憑著一套拍馬屁的本領當上丞相。如果沒有孔范，陳叔寶這個笑話的「笑果」就大打折扣：沒有孔范，陳叔寶也不會在搞笑的道路上一奔到底。

　　末代皇帝溥儀在《我的前半生》中回憶了一個笑話：

　　有一天，我在御花園裡騎腳踏車玩，騎到拐角的地方，幾乎撞著一個人。我的車子在那裡打個圈子，準備繞過去了，不料這個人卻跪下來不走，嘴裡還說：「小的給萬歲爺請安！」我瞅了他一眼，看見他嘴上還有一抹鬍渣子，知道他並不是太監。我騎著車打著圈子問他：「幹什麼的？」「小的是管電燈的。」「剛才沒摔著，算你運氣。幹嘛你老跪著？」「小的運氣好，今天見到了真龍天子。請萬歲爺開開天恩，賞給小的個爵兒吧！」

　　我一聽這傻話就樂了。我想起了太監們告訴我的，北京街上給蹲橋頭的乞丐起的諢名，就說：「行，封你一個『鎮橋侯（猴）』吧！哈哈……」我開完了這個玩笑，萬沒有想到，這個中了官迷的人後來果真找內務府要「官誥」去了。內務府的人說：「這是一句笑話，你幹嘛認真？」他急了：「皇上是金口玉言，你們倒敢說是笑話，不行！」……

　　如果說陳叔寶是笑話的主角，那麼發生在紫禁城的這個笑話，主角是那個管電燈的。如果他沒有攀附權力、官本位的思想，就不會有笑點。同樣，捧臭腳的大臣也好，拍馬屁的孔范也好，違背常理，讓自己成為笑話的一部分，也是屈服於帝王手中的權力。一來是避禍，避免帝王的絕對權力傷害自己。比如雍正皇帝曾在阿克敦的奏摺上批道：「今到廣西，若仍皮軟欺隱，莫想生還北京也！」一般人都如同阿克敦一樣，是有七情六慾的凡夫俗人，能不屈服雍正的威脅，揣摩雍正的意旨辦事嗎？二來也希望專制權力能造福自己，在搞笑中追名逐利。比如雍正就說過：「朕說你好，你才得好。」底下的人只有屈服於他，才能「得好」。

　　正是上述絕對的權力、殘酷的環境和底下人的攀附奉承，讓帝王這個「行業」笑料頻出，帝王本人卻渾然不覺。這不能不說是歷史的悲哀。

皇帝做不了主

晚清大太監李蓮英有四個養子，分別是福恆、福德、福立、福海。李蓮英自己不是正常人，就特別希望四個假兒子能夠過上正常人的好日子，平步青雲，光宗耀祖。他們四人都花錢買了郎中的官職，在戶、兵、刑、工四部候補。

但是候補畢竟不是實職，空有其名而已。李蓮英就請慈禧太后替養子謀個實職。慈禧給李蓮英很大的面子，親自找來刑部尚書葛寶華說情，要求在刑部為李蓮英的一個兒子安插實職。葛寶華回答：「補缺當遵部例，臣何敢專？」他藉口國家有一系列的幹部人事制度，自己不敢做主，明確拒絕了慈禧走後門。慈禧沒辦法，只好對李蓮英說：「這事兒辦不了。」

在晚清，竟然還有慈禧太后辦不了的事情？這事就記載在胡思敬的筆記《國聞備乘》中。

胡思敬認為，革命者張口閉口就罵「君主專制」，其實是不對的。不論是用人還是花錢，君主都不能專制獨行。胡思敬在朝廷當言官多年，知道不少這樣的段子。一個是魯伯陽向珍妃行賄了四萬兩銀子，珍妃吹光緒的枕邊風，魯伯陽就謀得了上海道的肥差，走馬上任。頂頭上司兩江總督劉坤一知道後，不等魯伯陽到任滿一個月就把他彈劾罷免了。劉坤一變相否決了皇帝的任命。另一個是同治皇帝大婚，開銷很大，內務府的錢不夠，就向戶部借錢給皇帝娶老婆。戶部高層集體商議後，決定

不借。理由是：內務府和戶部，一個負責皇室開支，一個負責政府開支，界限分明，不能混淆。慈禧太后要修圓明園，錢也不夠，想挪用戶部的錢，戶部也不肯，最後才不得不挪用海軍費用去修比圓明園小得多的頤和園，權當補償。可見，在帝制體制下，皇帝的用人權、財政權都有局限，並不能一意孤行，為所欲為。

有位擔任領導職務的長者訴苦說，上級不是好當的。大家只看到皇帝端坐金鑾殿，一言九鼎，卻沒想到歷史上有多少皇帝每天醒來第一件事就是發憷上朝。坐在龍椅上的不一定是主事的，可能只是個傀儡；站在下面的不一定是奴才，可能是幕後操縱者。或明或暗的根根絲線，編織成一張大網，把龍椅上的人包裹得嚴嚴實實。

歷史上哀嘆生在帝王家、不願意當皇帝的人還少嗎？翻閱中國古代史，後人不止一次看到皇家父母對子女感嘆「奈何生在帝王家」，聽到有亂世皇帝祈求「來生不再降生帝王家」。東魏時，大臣祝孝靜帝元善見「長命百歲」，元善見聽了，感慨：「自古沒有不亡之國，朕怎麼能受用這樣的話！」在場的權臣高澄發怒了：「朕，朕，狗腳朕！」高澄罵完還不解氣，讓親信崔季舒上去打了元善見三拳。當眾毆打了皇帝後，高澄這才拂袖而去。這樣的皇帝連尊嚴都沒有，談何威嚴？

有人可能會說，大權旁落的皇帝畢竟是少數，多數皇帝是大權在握的。其中的秦始皇、漢武帝、唐太宗、成吉思汗等人更是乾綱獨斷，獨裁專制得很。其實，即便是再強勢的人物，也不能做到乾綱獨斷，仍然受到諸多的權力羈絆。（開頭的慈禧就是個例子。）下面詳細從幾個方面來說明：

首先，專制帝王受到官僚體系的權力羈絆。官僚體系中的強權大臣對皇帝的權力構成嚴重威脅和限制。典型的例子如西漢末年的王莽對漢

平帝、孺子嬰，東漢末年的董卓、曹操對漢獻帝，顯然後者的權力遠遠弱於前者，前者才是無冕之王。

皇帝只是一個人，皇權要發揮威力離不開官僚體系的貫徹落實。這就自然造成了皇權和相權（政府權力、官僚體系的權力）的分野，兩者既相互依存，又存在分歧和制約。皇權從一開始就想壓制相權，降低相權的羈絆，表現為皇帝對以丞相為首的朝臣集團的防範。

漢武帝創造了「內朝」與外朝對立，還頻繁更換丞相。和他合作的丞相，沒一個人得以善終。倒不是丞相們做得不好，而是漢武帝的猜忌心重，刻意和他們過不去。隋唐以後，丞相制變成了集體負責制，尚書、中書、門下三省的「首長」都是丞相，而且皇帝還提拔很多「參知政事」、「同中書門下平章事」，成為隱性丞相。原來一個人領導朝臣，與皇帝對話，如今變成了一群人分割丞相權力，分別與皇帝對話。到了明朝，朱元璋乾脆廢黜丞相制，成立內閣作為皇帝的顧問。皇帝總攬決策、行政大權。清朝雍正皇帝做得更絕，另立軍機處。軍機處大臣們只是跪聽旨意、抄抄寫寫的祕書而已。但是，無論如何限制官僚權力，唐宗宋祖那樣的強權帝王也好、雍正這樣的工作狂也好，遇到股肱重臣的抵制，也不敢貿然推行大政方針。

其次，專制帝王受到太監群體的權力羈絆。相比官僚群體，皇帝更離不開太監。皇帝的衣食住行、日常行動活動都離不開太監們的伺候。太監是陪伴皇帝時間最長的人，絕大多數皇帝在感情上和近侍太監是親密的。太監或多或少就沾染了實權，分享了皇權。

在和官僚體系的鬥爭中、在面臨內憂外患兵臨城下的危機時，孤立無援的皇帝第一眼看到的就是身邊的太監。他們往往利用太監來剷除跋扈的權臣和外戚，比如在東漢末年，幾代皇帝利用太監勢力來消滅蠻橫

不法的外戚勢力，成功後封爵許願，導致宦官專權問題比外戚干政問題更嚴重。有幾個朝代的皇帝甚至派太監監督軍隊和百官，比如唐朝中期以後任命太監為監軍，明朝進一步建立由太監主持的東廠、西廠特務組織。這幾個朝代的太監勢力蔚為大觀，極大削弱了皇權。東漢、唐朝兩代末期，太監甚至掌握了廢立皇帝的實力，爆發黨錮之禍、甘露之變，令人心驚。

清朝吸取前朝宦官專權的教訓，嚴格限制太監，不僅降低太監的等級、設立內務府管理太監，還嚴禁太監出宮，私自出宮者斬首。據說為了預防太監干政，宮廷還不許太監讀書認字。清朝是將太監的權力威脅降到最低的朝代。可是，清朝後期依然出了安德海、李蓮英、小德張等干政攬權的大太監。

道光時期有個「皇帝鬥太監」的笑話。道光皇帝喜歡吃「粉湯」，下令御膳房進獻粉湯。等了好幾天沒見到粉湯的影子，他就招來太監質問。管事太監訴苦，做粉湯的成本太高了，奴才們正在籌措資金呢！道光大怒：一碗粉湯要幾個錢？答：御膳房要成立專門做粉湯的機構，要增加相關的編制，加上原料採購運輸，每年需要增加六萬兩預算。道光才不會為了一碗粉湯多花六萬兩銀子呢！他冷笑道：「不必了，朕登基前在前門大街吃過粉湯，兩個銅板一碗，你安排一個小太監，每天去買回來就是了。」

又過了好幾天，道光還是沒見到粉湯。他再次招來太監訓斥。太監答：「奴才近日去前門大街找遍了，沒找到有賣粉湯的攤販，就跑遠點去買。可是跑得太遠了，粉湯端回來又不好吃了。奴才正煩惱著呢！」真實情況是，內務府派人把前門大街賣粉湯的所有攤販和店鋪都給趕跑了，要逼道光下撥「粉湯預算」。道光又恨又惱，咬牙說：「罷罷罷，朕

從此不吃粉湯了。」為了一碗粉湯，皇帝竟然鬥不過幾個太監！

　　第三，專制帝王受到後宮和宗室內部的權力羈絆。皇帝在自己家也不能一個人說了算，很多事情要和親人商量。皇權的重要基礎就是封建宗法制度。皇帝是天下大宗、皇族之長。在宗法制度下，宗族利益至上，而非宗長利益至上。大宗與小宗之間有一系列的權利與義務關係，小宗也有機會取代大宗。皇帝不能違背宗法，明朝嘉靖皇帝繼承堂兄皇位，想為死去的生父弄一個皇帝待遇，招致宗室、朝臣的集體反對，爆發「大禮儀之爭」，最終兩敗俱傷，在皇帝和大臣之間造成巨大分裂，進而影響了明朝政局的發展。

　　皇帝對母親、妻子和叔伯兄弟們的感情異常複雜。一方面，他需要親人的感情慰藉，親人們在政治上是最自然、最親近的倚靠對象；另一方面，親人們比其他任何人都更威脅皇位。宗法決定，太后、皇后們可以干政，叔伯兄弟們更是有問鼎皇位的合法性。事實證明，皇室內部骨肉相殘、同室操戈的慘劇在浩淼史海中時隱時現，從未絕跡。因此，古代王朝在皇族政策上，徘徊在厚待重用和嚴格限制之間。曹魏嚴格限制宗親藩王，皇帝規定禁止叔伯兄弟們從政，禁止串門，禁止遠行，沒有人事權和財權，還派官兵名為保護實為軟禁。後人只要看看曹丕和曹植兩兄弟的惡劣關係，就能窺知一二。晉朝篡奪曹魏天下時，宗室諸王雖然有心反抗，但無力迴天。晉朝建立後，吸取教訓，開始大肆封王建藩，只要和皇室有些關係的都封王封侯，有封地、有軍隊、有實權。很快，八王之亂就爆發了，親戚之間殺得不亦樂乎，西晉因此滅亡。

　　明朝和清朝重複了類似的政策搖擺。朱元璋重親情，分封諸子為王，連早死的哥哥的兒子也封了王。為了防止朱家大權旁落，朱元璋規定藩王有「清君側」的權力和責任。他一死，兒子燕王朱棣就是以此為法

律依據，起兵造反，最後奪了姪子建文帝的皇位。明朝時，宗室親王待遇極其優厚，爵位世襲，子孫繁衍極多，生育王子數十人甚至上百人者也不在少數。結果，明朝後期，供養這些龍子龍孫就要花費朝廷半數以上的收入。到了清朝，宗室政策又一大變，皇子並不必然封王。宗室不能輕易入閣參政。除了屈指可數的幾個鐵帽子王，爵位不是世襲的，而是逐代遞減。有的皇子龍孫，因為世系逐漸疏遠，到清末淪落為街頭小販。

就是在清朝，皇帝對宗室內部的事情，也不能獨斷專行。根據清代筆記《十葉野聞》記載，同治臨終前留有「遺詔」，要傳位給宗室載澍。因為軍機大臣李鴻藻的背叛，遺詔落入慈禧手中，被慈禧撕得粉碎。毫不知情的載澍也就成了慈禧的眼中釘肉中刺。

載澍是康熙長子胤禔的六世孫，光緒四年過繼給道光第九子孚郡王奕譓為嗣，封為貝勒。他娶的福晉是慈禧的小姪女——慈禧弟弟桂祥的小女兒。婚後夫妻感情不和，經常吵架。載澍年輕氣盛，難免講氣話，說了一些對葉赫那拉氏不敬的話。老婆把話傳回娘家，桂祥夫人又添油加醋傳給了慈禧。慈禧勃然大怒，把所有宗室親貴都請過來，要為載澍「議罪」。

於公於私，慈禧都欲置載澍於死地。載澍的幾個伯伯明確反對。六伯恭親王奕訢、七伯醇親王奕譞、八伯惇郡王奕誴不和慈禧爭論載澍到底犯了什麼錯，而是搬出宗法來。他們說，九弟孚郡王奕譓沒有兒子，過繼的載澍是他唯一的嗣子，如果殺了他，孚郡王這一脈就「絕嗣」了。面對延續皇家小宗血脈的大道理，慈禧不得不讓步。載澍保住了性命，被革去貝勒爵位，杖責八十，永遠圈禁。據說慈禧在頤和園的島上修建了一座天牢，把載澍關在裡面坐井觀天，生不如死——可見她有多恨載澍。

　　僅僅四年後，載漪就被釋放了。顯然這是宗室諸王施加壓力的結果。不過，載漪不准回府。一等慈禧死後，載漪就回到了王府，雖然沒有了爵位，但有一等侍衛的虛銜，帶頭品頂戴，解決了收入問題。

　　第四，輿論也對皇權構成了制約。皇帝教化萬民，對官民有生殺予奪大權。單個臣民微不足道，可是千萬個臣民用同一個聲音說話，也能作用於皇權。

　　西元一八四三年四月，道光皇帝下旨起用鴉片戰爭中禍國殃民的罪臣，任命琦善為熱河都統、奕經為葉爾羌幫辦大臣、文蔚為古城領隊大臣。這些人之前都因為在鴉片戰爭中，一味妥協、舉止失措，或者欺君謊報，被革職、流放。起用消息傳出，輿論譁然。御史陳慶鏞上疏，說「行政之要，莫大於刑賞」，「刑賞之權」雖「操之於君」，但卻「喻之於民」，所以懇請道光皇帝尊重輿論，「收回成命」。雖然只有陳御史一個人上奏反對，但道光皇帝還是把琦善等人革職，讓他們閉門思過。而且，道光皇帝本人在聖旨中也承認「朕無知人之明」。這就是輿論的作用。

　　同治皇帝親政後要「修復」圓明園，結果遭到了王公大臣幾乎集體性的激烈反對。輿論認為在國家內憂外患、財政窘迫之際，動用千百萬兩白銀大興土木，滿足一己之欲，是不道德的。皇帝既然是天下之主，自然也要是天下人的道德楷模。因此，朝野幾乎一邊倒地反對重修圓明園。君臣之爭持續了兩年，雖然同治處罰了幾個激烈反對的中級官員，但大臣們還是一有機會就往修圓明園上扯，直接間接地反對修園子。一次，君臣在殿堂上吵了起來，吵得面紅耳赤。小同治怒氣沖沖地指著皇叔、恭親王奕訢的鼻子罵：「此位讓爾如何？」這皇帝是你做，還是我做？同治盛怒之下將奕訢革職，奕訢也甩手而去。可是沒幾天，同治就

不得不恢復奕訢的職位，慈禧還出面替兒子道歉：六叔，皇帝年紀小，不懂事，你多擔待啊！

以上四種制約，讓任何皇帝都不可能獨裁專制。很多事情，皇帝做不了主。為什麼皇帝不能專制呢？這是有深層的文化和歷史原因的。

第一，儒家思想是傳統王朝的主流意識形態。儒家提倡「為人君則懷，為人臣則忠，為人父則慈，為人子則孝」，「君懷臣忠，父慈子孝，政之本也」，「君待臣以禮，臣事君以忠」。皇權不是單向度的，君臣存在一種相互制約、相互負責的關係。皇帝如果破壞這種關係，就會被視為「失德」。失德的皇帝，合法性隨之下降，言行會受到質疑。如果那樣，他的實權就要大打折扣，甚至可能被皇室內部的競爭者取代。因此，每一個皇帝都不敢輕視儒家道德。

值得一提的是，儒家思想包含明確制約君權的內容。亞聖孟子有言：「民為貴，社稷次之，君為輕。」百姓、國家和皇帝三者被清楚劃分，前兩者都重於「君」。這和西方政治學理論中國家與皇帝、國家與政府的分野，有異曲同工之處。對皇帝來說，他要盡量彌合三者的分裂，論證皇權和百姓、國家的統一，讓兩者為皇權所用。但是，三者的思想分野始終存在。南宋著名御史劉黻說：「天下事應當於天下共商議，非君主一人可以私下處置。」明末清初，顧炎武更是提出了「天下興亡」的概念，「仁義充塞而至於率獸食人，是為亡天下。天下興亡，匹夫有責」。在顧炎武看來，天下（國家）明顯比皇帝、比一家一姓的王朝要重要得多。皇朝的更迭事小，皇帝的生死事小，國家的發展事大。

到了晚清，制約皇權的思想更流行了。「天下之公，雖庶人而可議。」各省諮議局、中央資政院，因之建立。在資政院，有人說：「若說皇上的話沒有不是，這不是資政院議員應當說的，比不得作詩作賦，當用頌揚

的話頭……我們參預大政，一言系國家安慰，不應作頌揚語。」說這話的是清朝的末代狀元劉春霖。在這樣的氛圍中，皇權大大受限，皇帝不能再對官民生殺予奪。秦皇漢武、唐宗宋祖這樣的強權皇帝也不可能再出現了。

　　第二，傳統知識分子注重個人名節操守，並不是所有官員都屈從於皇帝的淫威和權勢的誘惑。幾乎所有朝代都設定了勸諫皇帝的言官。明代的給事中，就有封駁上諭的權力。御史等言官的職責雖是監察百官，但一談起官員賢否、為政得失往往離不開皇帝的因素，因此他們也常常觸犯龍顏，直言不諱。多數言官認為身在其位就要謀其政，如果不能拾遺補闕，革除朝政的弊端，就是自己的失職，就有損個人聲譽。晚清著名御史江春霖就說，自己「所以嘵嘵辯論不已者，非計一身利達，為國家前途慮久遠耳」。

　　歷史上不乏迎難而上，前赴後繼，冒死進諫的文人官員。刀山火海、血腥屠殺，都不能動搖他們的腳步。他們以「死諫」為榮，以明哲保身為恥。讀書人對因冒諫而罷官、殺頭的官員們，大舉褒獎，以能和他們拉上關係為傲。不少皇帝意識到這點，對冒死進諫的大臣們，乾脆不搭理，免得讓他們博得大名，成就榮耀。清朝皇帝對老愛抬槓、老和自己過不去的言官奏摺，往往「留中不發」，擱著不處理，讓它們石沉大海。害得江春霖在奏摺中寫明：如果皇上不贊成臣的意見，可以將奏摺散發給朝臣們討論，請不要「留中不發」。明朝海瑞寫奏疏痛罵嘉靖皇帝大搞宗教迷信活動不理國政、再不幡然悔悟就要被釘在恥辱柱上了。寫奏疏的同時，海瑞把棺材都準備好了。海瑞的清朝傳人們做得更絕，有在慈禧出宮祭祀路上舉著奏摺當眾自殺的，有把奏摺掛在脖子上懸梁的……這些執著、剛硬的官員的堅持，不能不震懾皇帝的言行。

　　第三，皇權的大小，能否說話算數，皇帝本人的素養很重要。一般
而言，開國帝王的集權專制程度比較高，越往後皇權越弱。因為開國帝
王的素養往往是最高的，越往後皇帝的素養越低。所謂「種下的是龍
種，收穫的是跳蚤」。開國帝王是提著腦袋，刀尖舔血得來的天下，素
養不高的話，早就成了他人的墊腳石、權力鬥爭的犧牲品。而他們的後
代，生於深宮，長於婦人之手，錦衣玉食，不識世事人情。他們的見
識、能力、手腕等，完全不能和開國祖先相提並論。一些守成的平庸帝
王，端坐在金鑾殿上，對大臣們的爭論、政策默然不語。這不是老成穩
重，不是成竹在胸，而可能是這些守成帝王因為淡薄人情世故、對政策
得失無知愚昧，不明對錯，無話可說，只好等大臣們爭出結果後，再予
以追認。這樣的皇帝，怎麼可能做得了主？

　　在中國古代，雖然皇帝是名義上的天子，擁有至高無上的獨裁專制
大權，但他的權力遠未達到「君要臣死，臣不得不死」的地步。違抗皇
帝的命令，並非都有性命之憂，很多時候反而是常態。

皇帝的檢討書

　　君主專制的一大前提假設就是皇帝英明偉大、絕對正確。皇帝是天子，代天牧民，在能力和道德上都無懈可擊，不僅愛民如子，還能安邦定國。不然，那些學富五車的袞袞諸公們，那些奔波勞動的鄉野村夫們，為什麼要絕對服從於那個坐在龍椅上的同類呢？

　　皇帝也是人，是人就會犯錯。況且中國那麼大，這裡出點情況、那裡爆發衝突，都是難免的。所以，君主專制政體下問題頻發，有時甚至是災難、是危機。人們自然會問：為什麼會出問題呢？哪裡出問題了呢？這時候，朝野常做的就是「捉壞蛋」，找出一兩個大奸巨惡來，把政治黑暗、民不聊生、王朝傾覆等等屎盆子都扣在他的頭上。漢末的董卓、宋末的賈似道、明末的魏忠賢，不幸都曾當選過這樣的「奸臣惡人」。我們穿開襠褲時就玩「捉壞蛋」的遊戲，幾十年後還玩這一套，不嫌沒創意嗎？

　　很多事情，推出一兩個大惡人來，也解釋不了。還有些事情顯然是皇帝的錯，需要皇帝本人出面認個錯。對身為至高無上、乾綱獨斷的皇帝來說，這是非常艱難的。但是《左傳》上說：「禹湯罪己，其興也勃焉。」既然大禹、商湯這樣的遠古聖主明君都承認有錯，都要「罪己」，後來者們認個錯檢討一下又有什麼難為情的呢？話雖如此，皇帝們還是不願親口認錯，而是以詔書的形式，間接認個錯。這些皇帝們的檢討書，專用歷史名詞是「罪己詔」。

皇帝不到萬不得已，不下罪己詔。最常見的情況是「水旱累見，地震屢聞」，「冬雷春雪，隕石雨土」等自然災害頻發。古代科學不發達，人們將此理解為上天的憤怒與懲罰。以天命自居、代天巡牧的皇帝，自然是犯了錯，所以才天降災難。此時就需要罪己詔出場了。

漢明帝因為日食，下詔罪己；漢安帝因為大饑荒導致人吃人的悲劇而下詔罪己；咸豐皇帝因為四川大地震和黃河決口，在登基的第二年就下詔罪己，說自己「薄德」。客觀地說，這些災難的發生，並不是皇帝的錯。可是誰讓他們借超常規的力量來裝神弄鬼，為自己的統治塗脂抹粉呢？既然借用了，就要為超常規力量帶來的災難承擔責任。

皇帝下罪己詔的第二種情形是政局危急，王朝到了生死存亡關頭。不做點什麼，死路一條；下詔或許能挽回一些支持度，緩解矛盾。皇帝都可能做不成了，這時候還有什麼顏面需要顧及的呢？於是，窮途末路的皇帝也就「勇於」自我批評了。

安史之亂爆發後，唐玄宗狼狽逃往四川，途中落魄到和山野村夫同吃同住。有一位草民郭從謹就勇敢地說了一番實話：「皇上昏昧，不聽忠言，視反賊若寶貝，近臣阿諛，用假話討得皇上歡心，今日之禍，完全是您自食苦果。假如不是糟到這種地步，草民哪能面聖，哪能和皇上對話呀！」唐玄宗無法辯駁，不得不承認：「此朕之不明，悔無所及！」他的曾孫唐德宗，因為天下割據、長安失守，被叛軍一路追殺到奉天（今陝西乾縣），從皇帝跌落成一個縣令。退無可退了，唐德宗頒下〈罪己大赦詔〉。這份罪己詔不僅是自我批評，簡直是自我痛罵，說天下大亂，「萬品失序，九廟震驚，上累於祖宗，下負於蒸庶」，唐德宗「痛心靦面」，深刻反省，覺得都是自己的錯，「罪實在予」。罵完自己後，唐德宗承諾要革新政治，「將弘遠圖，必布新令」。史載，這份罪己詔振奮了

軍心民情，唐德宗最終扭轉了頹勢。

明朝崇禎皇帝朱由檢是歷史上少有的不大被責備的亡國之君，《明史》說他好話自不在話下，就連李自成、順治也替他講好話。主要原因是他最後自縊殉國。

崇禎接手的江山千瘡百孔，已經病入膏肓，如果好好勵精圖治，還能拖延時日。崇禎也想復興王朝，可惜剛愎自用、猜忌多疑，他的志大才疏加速了明朝的滅亡。但他敢自縊殉國，死得轟轟烈烈。崇禎似乎是歷史上下罪己詔最多的皇帝，隔個兩三年就涕淚交下地痛罵自己一頓，上吊的時候身上還藏著最後一封「罪己詔」。其中一句「任賊分裂朕屍，勿死傷百姓一人」，就賺得了不少同情分。

不過從結果來看，崇禎頒布了那麼多的罪己詔，都沒造成多大功效。這也是所有罪己詔的通病：效果不大。為什麼呢？這和皇帝們「罪己」的態度有關。

崇禎十年（西元一六三七年），天下大旱，屬於難以解釋的天災，喜歡下罪己詔的崇禎又下了一道「罪己詔」。這詔書哪是在自責，簡直是在痛斥文武大臣：「出仕專為身謀，居官有同貿易。催錢糧先比火耗，完正額又欲羨餘。甚至已經蠲免，亦悖旨私徵；才議繕修，便乘機自潤。或召買不給價值，或驛路詭名轎抬。或差派則賣富殊貧，或理讞則以直為枉。阿堵違心，則敲撲任意；囊橐既富，則奸慝可容。」接著，他分門別類，把地方督撫、勛臣貴戚、鄉宦士紳、不肖官吏、積惡衙蠹等逐一罵了個遍，得出一結論：民不聊生，都是你們害的！不是我皇帝做得不好，而是你們沒貫徹落實好我的英明決策。崇禎至死都是這樣的態度，遺詔還認為「諸臣誤我」，說什麼「朕非亡國之君，臣皆亡國之臣」。如此自負的人，哪能真正認錯改正呢？

　　自古君王不認錯，他們都是自負的人。可是深入來說，天下的事很多是君主專制政體造成的，不是皇帝個人對錯決定的。皇帝為了維護一姓專制，殺戮權力威脅，大興文字獄，由此帶來血雨腥風；君主專制政體的權力自上而下授予，導致官僚集團唯上不體下，對上鑽營奉承，對下橫徵暴斂殘酷無情；還有皇帝錯誤決策帶來的種種荒唐和浪費，供養皇室對國家財政造成的巨大壓力，哪一項不是體制本身的問題？只是由皇帝出面認個錯，至多道個歉，卻不反思整個君主專制體制，更談不上根據問題進行有針對性的改革，只能是治標不治本。罪己詔往往只有空話，沒有實際行動，或者問題揭露出來了，但改不了。光緒皇帝就在一九〇一年的罪己詔中承認：「臥薪嘗膽，徒託空言；理財自強，幾成習套。」一個又一個朝代在哪裡跌倒，又在哪裡重新跌倒，重複同樣的道路。古代政治也就陷入類似的低水準循環。這又是中國歷史的一大悲哀。

　　罪己詔不僅不會反思君主專制體制，從本質上說是要強化這個問題之源。它「小罵大幫忙」，用一份檢討書洗清皇帝的汙點，還為皇帝披上了知錯能改的光環，再次證明君主專制體制的清明、正確。

　　春秋秦穆公勞師遠征，慘遭敗績，面對數萬將士的犧牲下了「罪己詔」，因為他覺得自己「不能保我子孫黎民」，「邦之杌隉，曰由一人；邦之榮懷，亦尚一人之慶。」意思是國家有危險，是我一個人的過錯；國家安寧，也是我一個人的功勞。他明顯把君王個人擺在至高無上的救世主一般的高度，認為君王個人操縱國家大權和決策。《論語》記載周武王說過類似的名言：「百姓有過，在予一人。」老百姓生活的好壞，怎麼就決定於你一個人呢？君王要決定普通百姓的生活，勢必大權獨攬，控制各種資源，把公權力滲透到社會的各方面。秦穆公等人下如此

罪己詔，難道不是在重申君主大權神聖不可侵犯，為君主專制搖旗吶喊？這樣的罪己詔與其說是解決問題，不如說是強化問題。元朝皇統九年（一一四九年），雷電震壞寢殿，有火竄入皇帝的寢宮。這在當時人看來，是上天對皇帝不滿的表示。在位的金熙宗決定下詔罪己。任何以皇帝名義刊行於世的文字，幾乎都不是皇帝本人寫的，包括詔書、御作甚至是遺詔，都是他人代筆的。同樣，罪己詔也是大臣代筆的。翰林學士張鈞就受命為金熙宗代擬罪己詔。張鈞在詔書中寫了一句之前皇帝罪己詔中常用的套話：「顧茲寡昧，眇予小子。」金熙宗看了，大怒，覺得這是「漢人託文字以詈主上」，立即將張鈞拉出去砍頭了。可見，皇帝本人全無檢討的真心，滿腦子還是君權神授、國祚永久的想法。

　　所以，後人讀史書，對皇帝的罪己詔一眼掃過就行，當不得真，更不要以為它能解決什麼問題。

皇帝作秀

　　皇帝的話，是不能全信的。清朝乾隆皇帝下詔徵集天下書籍，說是修《四庫全書》用，希望天下人共襄盛舉。當時的圖書，尤其是為數不少的、並未公開發行的私人出版品，內容與清朝的意識形態和宣傳口徑不盡相同。特別是那些罵夷狄、講夷夏大防的圖書，還有那些念明朝的好、說清軍暴行的圖書，萬一交給官府，惹來麻煩，怎麼辦？

　　為了消除大家的疑惑，乾隆皇帝特地下詔說：「文人著書立說，各抒所長，或傳聞異辭，或紀載失實，固所不免。……兼收並蓄。……何必過於畏首畏尾耶！」在表達了對文學創作的尊重之餘，乾隆還發誓：「朕辦事光明正大，可以共信於天下，豈有下詔訪求書籍，顧於書中尋摘瑕疵，罪及收藏之人乎？」總之一句話：大家放心地獻書吧！

　　官民人等於是踴躍獻書，各種圖書紛紛匯聚到北京來。乾隆讀到其中的異己和反清內容，勃然大怒，向作者、出版者和獻書者，甚至是參與編輯、作序的人舉起了屠刀，大開殺戒，掀起了「文字獄」的血腥大幕。對於明末清初的歷史紀錄，乾隆尤其敏感，下令以此為線索，深挖細查，務必把對聖朝心懷不滿、造謠攻擊的隱蔽敵人一網打盡，絕不手軟。

　　踴躍獻書的地區，迅速成了文字獄的重災區。乾隆嚴令各省細查嚴打，改「獻書」為「逼書」，並威脅：「復有隱匿存留，則是有意藏匿偽妄之書，日後別經發覺，其罪轉不能逭，承辦之督撫等亦難辭咎。」他把逼書發展成一項常態化的群眾運動，要求各地「傳集地保，令其逐戶

宣諭，無論全書廢卷，俱令呈繳」。結果，地方官員寧嚴勿寬，「為查獲行蹤妄僻，詩句牢騷可疑之犯……諄飭各屬，不論窮鄉僻壤，庵堂歇店細加盤詰。」

　　一項「盛世修典」的文化工程變成了一場文化浩劫，一個公然宣稱「光明正大」的政府行為變成了陰謀論的又一血淋淋的例子。乾隆朝成了古代文字獄最嚴密、最血腥恐怖的時期。

　　皇帝不可信的例子還很多。最著名的可能是王莽。王莽在篡位前，簡直是道德完人。人類身上能找到的一切優點，似乎都閃耀在他的身上。難能可貴的是，離權力最近的王莽淡泊名利，每次都是在群臣和百姓的再三請求下才接受升遷的。王莽喜歡自比周公，常常為國事「惶懼不能食」，還發牢騷說自古賢臣多讒言，「大聖猶懼此，況臣莽之斗筲！」不料一年後，王莽就背棄誓言，廢漢自立，建立了新朝。現在我們知道，王莽也好，乾隆也好，都是在作秀，在表演。似乎所有的帝王，都是作秀高手，都堪比表演藝術家。問題就來了：帝王們為什麼會這樣呢？

　　楚漢爭霸時，劉邦從前線歸來，沿途不斷遇到告狀的老百姓，告的都是主持後方事務的丞相蕭何強買民田。告狀的百姓有數千人之多，劉邦自然表現得義憤填膺，接下訴狀，表示要嚴肅處理。那遇到蕭何後，劉邦怎麼處理呢？劉邦笑著對蕭何說：「相國也學會盤剝百姓了。」把所有的訴狀都交給蕭何，說：「你看著辦吧！」劉邦沒有後續的處理，更沒有懲罰蕭何。蕭何安然過關。事實上，蕭何並非貪財枉法之人，反倒是他人提醒：「你總領後方，離滅族不遠了。聽說君王在前線幾次談起你，這是他擔心你權傾關中。你何不多買田地，貪贓枉法激起民怨，以此自汙？那樣，君王才能安心授你大權。」蕭何覺得有道理，才兼併百姓田地，激起開頭一幕的。

在這裡，我們發現劉邦和老百姓立場不同。老百姓關心自身權益，希望官員廉潔愛民；劉邦關心自身權力，很在乎官員們是否對自己構成威脅。蕭何如果廉潔愛民，就會贏得百姓的讚譽與支持，反而挑動了劉邦敏感的權力神經。「自汙」以後，蕭何儘管惹得天怒人怨，但不再對劉邦構成威脅。對於這樣的蕭何，劉邦雖然向百姓表示要嚴肅處理，但不會認真，也就笑著讓他「自己看著辦」。君民利益不同，立場不同，就是帝王們在百姓面前頻繁作秀的原因所在。

需要指出的是，作秀是做給老百姓看的。政治體制內部的官員們，是沒資格做觀眾的，必須自行領會帝王的苦心，不然就會自討沒趣。北宋初年，丞相趙普也有與蕭何類似的處境，頗有貪財霸市的行徑。御史中丞雷德驤彈劾趙普，說他強買百姓宅第，聚斂財賄，結果遭到宋太祖趙匡胤的怒叱：「鼎鐺還有耳朵，你難道沒聽到趙普是我的社稷之臣嗎？」趙匡胤拿起柱斧擊折了雷德驤上顎的兩顆牙齒，命左右把他拽出去，還要處以極刑。最後，雷德驤被從輕發落，罷官去職。

歷史上，蕭何有多次類似的「自汙」，隨著和劉邦搭檔的時間越久、自己的官爵越高，蕭何貪贓枉法的頻率就越高。百姓多次告狀，都送達劉邦手中。劉邦多次表態要「嚴辦」，可是蕭何地位穩若泰山，得以善終。但有一次，蕭何站錯了立場，替老百姓說話，告訴劉邦：「長安地狹，皇家上林苑中多空地，浪費了也就浪費了，不如開放給老百姓營生。」劉邦大怒：「你是收了商人財物，要動皇家園林的主意吧！」為此，劉邦把蕭何關押了好幾天，直到有大臣求情才放出去。蕭何吸取教訓，放出來後不顧年邁體弱，光著腳就跑到劉邦面前承認錯誤（「徒跣入謝」）。劉邦不放棄任何作秀的機會，說：「相國為民請願，我做了一回昏君。我之所以把相國關起來，是要讓老百姓都知道我的過錯。」（「吾

故系相國，欲令百姓聞吾過。」）

　　長此以往，體制內的人都明白帝王們在作秀表演，都三緘其口，不戳破，而且還要配合對方表演。比如曹魏末年，掌權的晉王司馬昭想安排世子司馬炎當官，需要走一下中正評品的手續。此事讓中正官員很傷腦筋。為司馬炎評幾品，無須討論，肯定是「上上」；傷腦筋的是如果全州只評司馬炎一個上上品，未免太露骨，要找個綠葉來配。全州十二個郡的中正官共同計議，推舉鄭默出來「陪品」，襯托司馬炎的聰明睿智。評定前，司馬昭致書鄭默之父鄭袤，說：「小兒得廁賢子之流，愧有竊賢之累！」權臣如此表演，當時的士人和官場自然都要配合，連聲稱讚司馬昭父子的賢明！

　　上行下效，皇帝作秀帶動了底下官員的虛偽、無恥。既然以天予自居，高擎道德大旗的帝王都表裡不一，嗜權如命，下面的人作秀和表演起來，就沒有了道德壓力。於是，官場風氣大壞，表演藝術家們大行其道，表面上忠君愛國、兢兢業業、廉潔自律；實際上口是心非、男盜女娼、貪贓枉法。風平浪靜之時，人人都是正人君子、賢臣良將：一旦危機來臨，樹倒猢猻散，懦夫遍地，叛徒輩出。風平浪靜之時，朝野上下和睦，頌歌一片：一旦危機來臨，王朝土崩瓦解，毀於旦夕之間。

　　明朝是政治體制高度發達的朝代，朝臣眾多，以忠君報國自詡，以氣節操守相激。可是當李自成農民起義軍攻破北京之時，「衣冠介胄，叛降如雲」。在京的兩三千名官員自盡的只有二十人。國子監生陳方策塘報中說：「我之文武諸僚及士庶人，恬於降附者，謂賊為王者之師，且旦晚一統也。」

　　明朝官員爭先恐後地前往新的大順政權吏政府報名請求錄用，如明朝少詹事項煜「大言於眾曰：大丈夫名節既不全，當立蓋世功名如管仲、

魏徵可也」。給事中時敏聲稱：「天下將一統矣！」他趕往報名時吏政府大門已關閉，一時情急，敲門大呼「吾兵科時敏也！」才被放進去。吏部考功司郎中劉廷諫朝見時，新朝丞相牛金星說：「公老矣，鬚白了。」劉廷諫連忙分辯：「太師用我則鬚自然變黑，某未老也。」這才勉強被錄用。明朝的首席大學士魏藻德被關押在一間小房裡，還從窗戶中對人說：「如願用我，不拘如何用便罷了，鎖閉作何解？」史可法在奏疏中痛心疾首地說：「在北諸臣死節者寥寥，在南諸臣討賊者寥寥，此千古以來所未有之恥也！」

　　這的確是官僚集團的奇恥大辱，但這恥辱卻是體制本身釀成的，根本原因在於帝王專制。

官從天降：皇帝選官的荒唐事

　　古代官場之中，誰上誰下，牽涉無數人的興衰榮辱。一道聖旨，一封公文，乃至一則小道消息，都不知道要牽動多少人的神經。理論上，官員人事更關係到一方百姓的福祉，關係到王朝統治大局。於公於私都很重要的選官任職，在古代官場卻相當隨意、黑暗甚至荒唐。手持官員進退福禍大權的帝王們，在這方面鬧出了諸多匪夷所思、令人捧腹的荒唐事。

▶ 無故得官

　　一切官員人事制度都是浮雲，皇帝的意志是最關鍵的。皇帝想用誰就用誰，這是他的禁臠，用你不用你都沒得商量。

　　一天，慈禧太后讓翰林院提供有關江西情況的「內參」。當天值班的張履春就去匯報了。不管張履春匯報得怎麼樣，反正慈禧記下了「張履春」這個名字。第二天朝會，湖北武昌知府出缺，不等軍機大臣推薦人選，慈禧隨口說：「張履春可用。」軍機大臣們面面相覷，都不曉得張履春是何方神聖？但老佛爺已經發話了，大臣們不好反駁。張履春就這樣從七品的翰林編修，破格提拔為四品的知府。

　　張履春，草根出身，科舉考試的名次不高，好不容易留在翰林院，當編修又不到兩年，資歷最淺。按資排輩也好，擇賢選能也好，外放當

官都輪不到他。差役來向張履春報喜的時候，張履春壓根就不讓進門。他說：「這是下人們來詐我的賞錢！這等好事比中頭彩還難。」第二天上班，同僚們紛紛道賀、又見到了正式文書，張履春這才知道自己真中了頭彩。

可憐張履春的頂頭上司，四品的翰林院侍讀翁斌孫，兩個月後外放山西大同知府。翁斌孫出身常熟翁家，豪門才子，又在翰林院混了十幾年了，這才謀得了一個知府，不過是平級調動，又是偏遠、貧瘠的大同。想起張履春輕鬆到手的武昌知府，翁斌孫鬧了好幾天情緒，不願去上任。王政之基在州縣。州縣長官人選對於王朝統治至關重要。清朝原先很重視地方知府、道臺的人選，往往任命那些考核優秀、為官多年的老成持重之人。清朝中期以後，權臣、督撫保舉推薦的，皇帝、太后隨意任命的，越來越多，打亂了正常的人事秩序。連地處九省通衢的武昌知府人選都隨口任命，可見慈禧對州縣政權的輕視。她都不重視，還能希望那些隨手任命的州縣官員們重視嗎？

嘉慶年間，安徽桐城人龍汝言科舉不第，家境貧寒，不得已投身一個滿洲副都統家當家庭教師。一年皇帝萬壽，大臣按例要上賀表。這種官樣文章，副都統懶得做，就吩咐龍汝言代寫一份交差了事。龍汝言找來康熙、雍正、乾隆等人的御製詩集，東抄一句西抄一句，平湊而成。巧的是，嘉慶皇帝當年對賀表突然來了興趣，想看看大臣們是如何向自己表示忠心的。看到副都統的這一份，嘉慶拍案叫絕，認為構思精巧，忠心可嘉，召副都統來問話。副都統以為賀表出了問題，搶先說，這不是奴才寫的，是龍汝言寫的。嘉慶更高興了，說：想不到一個南方漢人，竟然如此熟讀先帝詩文，可見忠誠能幹、才堪大用。於是賜龍汝言舉人出身，參加當年科舉。

當年科舉結果出來，嘉慶翻閱後嘆道：本科金石才氣欠佳。事後，主考官拉近侍太監出來問：本科錄取的都是一時俊彥，程度不錯，皇上何出此言？太監問：你們錄取龍汝言沒？回答：龍汝言才智平庸，文章泛泛，故未錄取。太監說：問題就在這，皇上剛誇龍汝言才堪大用，你們卻置他不錄，不是說皇上不會識人嗎？考官們恍然大悟。下一次科舉，龍汝言一舉摘得狀元桂冠。嘉慶高興地說：朕果然沒看錯人！

如果帝王脫口而出的人事任命，是他們觀察多時、深思熟慮的結果，那麼隨口任命只是形式問題，並不會影響用人的品質。問題是，隨口任命在古代往往是草率用人的代名詞。慈禧「看好」的張履春，雖然起點高，但在晚清歷史上默默無聞，似乎止步於知府。當然，官職不能說明人的真才實學與品德操守。那麼，龍汝言後來的表現，則能說明嘉慶用人失誤。

龍汝言高中狀元後，起點也很高，出任南書房行走、實錄館纂修等清要之職，沒幾天就被革職了。原來，龍汝言幼年孤貧，託庇於岳父家，加上妻子潑悍，養成了懼內的毛病。一次，實錄館的吏員送《高宗實錄》到龍汝言家請他校勘。龍汝言和老婆吵架了，躲到朋友家避風頭，已經好幾天不敢回家了。龍妻簽收《高宗實錄》後，擱在了一邊，隔天衙門來取，龍妻原樣交回。龍汝言對此一無所知。不料，實錄草稿中有一處致命的錯誤，把「高宗純皇帝」（乾隆廟號）寫成了「高宗絕皇帝」。寫錯皇帝廟號是嚴重錯誤，而且錯的還是意思很不好的「絕」字，龍汝言沒有校出來，屬於「大不敬」。嘉慶雖然要立他為典範，也不得不承認「龍汝言精神不周，辦事疏忽」，把他革職永不敘用。直到嘉慶皇帝去世，龍汝言身為舊臣來哭靈。據說龍汝言在葬禮上哭得死去活來，暈厥過去多次。繼位的道光皇帝大為感動，給他一個內閣中書的閒職養老。時人評價龍汝言，兩次都因拍馬屁而起。

▶ 姓名得官

龍汝言、張履春的得官，是帝王一時隨興想出的決策，雖不是太嚴肅，畢竟還有些道理可循。有的人事任免則完全憑帝王一時喜好而定，毫無道理可言。典型的就如「姓名得官」。

中國最後一次科舉發生在光緒三十年（一九〇四年），為慶祝慈禧太后七旬萬壽，清廷特開恩科。會試排名出來後，請慈禧太后拍板確認。慈禧一看擬錄取的狀元是廣東考生朱汝珍，大為不悅。原來，慈禧一看到「廣東」就想起鬧太平天國的洪秀全，又想到了維新變法的康有為、梁啟超，到處革命起義的孫中山。廣東盛產「亂臣賊子」，連累慈禧對廣東的考生都沒好感。而「準狀元」又偏偏叫「朱汝珍」。「朱」讓慈禧想到明朝舊皇室，「珍」則是慈禧討厭的、被推下井去的珍妃的名號。於是，慈禧大筆一揮，朱汝珍和狀元失之交臂了。

那麼誰來當狀元呢？慈禧看到會試第二名的考生叫「劉春霖」。這是個好名字！久旱逢甘霖，「春霖」意味著明年開春會有好雨水。慈禧再看他的籍貫，直隸肅寧。「肅寧」又迎合了慈禧想肅靜天下、期盼安寧的心理。劉春霖就從第二躍居第一，成了中國的最後一名狀元。

不過，根據當事人朱汝珍編的《詞林輯略》記載，當年會試頭名是湖南考生譚延闓。他遭到了和朱汝珍同樣的噩運：先是慈禧發現譚延闓是湖南人，又發現姓譚，立刻聯想到了切齒痛恨的湖南「亂臣賊子」譚嗣同。不過，朱汝珍好歹留在一甲，得了個榜眼，而譚延闓則被踢出一甲，列位二甲第三十五名進士。還有一種說法是，大臣們知道慈禧重姓名彩頭，投其所好，會試結果出來後，不等慈禧發話，直接把譚延闓拉下來，淹沒在一大堆名字裡，免得觸慈禧的霉頭。

本次科舉的前一年，各省鄉試。主考官由朝廷在京官中挑選任命。因為雲貴兩省最邊遠，所以兩地的正副主考人選都是最先確定，好讓他們早準備、早出發。這一年，朝廷挑選李哲明為貴州正考官，劉彭年為副；張星吉為雲南正考官，吳慶坻為副。為什麼選這四個人呢？四人名字各取一個字，可以合為「明年吉慶」。個中原因就兩個字：獻媚。

▶ 墨水得官

姓名得官還不算荒唐，最荒唐的要算「墨水得官」了。

徐珂《清稗類鈔》記載，西元一八四三年翰詹大考，將決定翰林院、詹事府各位書生官員們的進退前途。有一位老翰林自知競爭力不強，找到考試負責人許乃溥，請求關照。許乃溥答應下來，和他約定在卷子空白處微灑數點墨水作為記號，以便辨認。老翰林欣然而去。

參加考試的有一位翰林院檢討，叫做曾國藩。曾國藩答完卷後，替毛筆蓋筆帽，無意中滴了幾點墨水到考券上。許乃溥閱卷時，誤以為曾國藩的考卷是老翰林的考卷，把它評為二等之末。更巧的是，道光皇帝親自翻閱擬定名次的考卷，翻到二等最後一份，也就是曾國藩的卷子時，沒來得及看就有事離開。他沒有更改擬定的排名，只是隨手把曾國藩的卷子放在卷首，下發了。皇帝無意，大臣有心。經手官員見皇上特意拿出了曾國藩的卷子，以為皇上要刻意提拔他，妄揣聖意，毅然把曾國藩定為二等之首。

事後，曾國藩由從七品的檢討越過編修、修撰連升三級，成為從五品的翰林院侍講了。而那位老翰林則在考試中淘汰出局了。無意中的數點墨水誤灑，省卻多少年的奮鬥啊！

　　更神奇的晉升發生在左宗棠的楚軍中。晚清時期，先是鎮壓太平軍、捻軍，之後又編練水師、收復新疆，湘軍、淮軍和楚軍等為了激勵官兵，褒獎極濫，一有功就保舉當官。僧多粥少，絕大多數人只能「記名」（有級別沒有實職），最後記名提督八千人，總兵不下二萬人，副將以下軍官車載斗量，不可勝數，遠遠超過了實際職數。清末高級官員要想得到實職，非地方實權督撫密保不可。龍汝言的同鄉、桐城人陳春萬，出身農夫，有一股蠻力，可惜大字不識一個，有勇無謀。同治初年，陳春萬投軍，隨大軍轉戰關隴，因功保舉至記名提督。因為不識字又缺乏謀略，陳春萬在左宗棠麾下當了十幾年營官，不要說獲得提督實職，就是想升為統領也無望。後來裁軍，陳春萬的部隊被裁掉了。陳春萬因此失業，窮得竟然沒盤纏回安徽老家，漂泊異鄉。

　　最後，陳春萬走投無路，去找左宗棠，希望能安排個工作，職位高低不挑，只要有口飯吃就行。誰知，左宗棠一見他，就連聲道賀。陳春萬吃驚地說：「標下是來求中堂賞口飯吃的，何賀之有？」左宗棠說：「你升官了，大印比我還大呢！」不等陳春萬明白，左宗棠就張羅著設香案，命陳跪聽聖旨。原來，聖旨特簡陳春萬升任肅州鎮（在今酒泉）掛印總兵，一品大員。掛印總兵，地位尊崇，和一般總兵不同，常常兼任將軍銜，可以專摺奏事，直接找皇帝，不受地方總督指揮。聖旨寄到左宗棠軍中好多天了，大家找不到陳春萬，正著急呢！陳春萬得官，出乎陝甘一帶官場所有人的意料之外，時人稱他為「意外總兵」。對於陳春萬的離奇得官，左宗棠以為陳春萬搭上了李鴻章這條線（陳李都是安徽人），是李鴻章祕密保薦的。肅州鎮總兵，一般由左宗棠這個陝甘總督保舉。左宗棠保舉了兩個人，並沒有陳春萬。所以他懷疑，極可能是李鴻章搞的小動作，要在自己的轄區內插入陳春萬這個楔子。左宗棠一心要

排擠掉這個楔子。而陳春萬既沒有官場根基，又沒有謀略，面對左宗棠的凌厲攻勢，只當了一年多總兵，就因為「健康原因」辭官了。

後來，左宗棠從近侍太監處得知，陳春萬也是「墨水得官」。軍機處列出了符合肅州鎮總兵任職條件的所有候選人，把左宗棠保舉的兩個人排在最前，奏請御筆圈定。皇帝一般選排名第一的人。這是例行手續而已。不料，同治皇帝提筆時，把朱墨蘸得太飽，筆還沒舉到左宗棠保舉的兩個人名字上面，就有一滴朱墨滴在了陳春萬名字上。皇帝只好下筆，在陳春萬名字上畫圈，說：「就他了。」

皇帝選官如此草率荒唐，是因為他們將政府與國家視作私產，想把官職給誰就給誰。他們卻不曾想到，恰恰因為政府與國家是皇家的私產，荒唐用人最終傷害的是他們的切身利益，吃虧的還是皇帝自己。荒唐用人於統治不利，只會空留笑柄。

皇帝做的傻事排行榜

　　皇帝也是人，也會做傻事。不同的是，皇帝犯傻，產生的後果要嚴重得多。中國古代，皇帝做的傻事可多了，小到白痴皇帝分不清楚春夏秋冬，封寵物狗為將軍、寵物鶴為大夫，大到一個朝代厚待皇室成員，只要是男的都封王，子子孫孫都世襲，結果造成一個王爺生出幾十個小王爺，朝廷一大半的收入要用來供養龍子龍孫們的吃喝拉撒。在這麼多的傻事中，筆者根據愚蠢指數、搞笑指數和後果指數三項指標，推舉出幾件傻得前無古人後無來者的大事，供讀者一笑。

▶ 齊後主高緯打仗

　　話說周幽王烽火戲諸侯，就為了博美人一笑，被後世當笑話說了幾千年。但是和南北朝時期的齊後主高緯比起來，周幽王的「幽默指數」明顯要低得多。高緯在位時期，北周和北齊激戰爭奪華北。雙方主力在交界的平陽廝殺得難分難解。這是決定王朝命運的戰役。不過，高緯才不管這些，他最寵愛馮淑妃，恨不得時時刻刻和她膩在一起。平陽城失陷的時候，他正在郊外和愛妃打獵。面對雪片一樣飛來的告急文書，高緯做出了一個艱難的決定：再圍獵一圈，就去處理軍務！

　　幾個月後，高緯帶著十萬大軍去收復平陽。齊軍日夜不停地猛攻平陽城，又扔石頭又挖地道，好不容易攻塌了一段城牆。齊軍官兵歡呼起來，

就要向缺口衝去。「停！」勝利在望之時，高緯突然下令停止攻城。因為如此有意義的、如此壯觀的場景，怎麼能不和愛妃一起分享呢？於是，高緯下令將馮淑妃請來，一起觀看齊軍攻進平陽城的勝利一幕。在後方，馮淑妃塗脂抹粉、輕移鑾駕，趕到前線一看：守城的敵人早已經用木板、沙石把城牆缺口堵上了。在場的齊軍官兵眼睜睜地看著敵人維修城牆，卻不能動彈，都認為高緯極端不可靠。於是，齊軍士氣渙散，在平陽戰役中慘敗。北齊王朝也很快壽終正寢了 —— 不然高緯就不會是「後主」了。

皇帝和常人一樣有七情六慾，重情重愛是帝王的一項美德。但愛情是私事，戰爭是公事，皇帝的公私要分明，切不可像高緯這樣誤國，最終也誤人誤己。高緯為了和愛妃一同見證勝利而中斷戰鬥的事，愚蠢指數三顆星、搞笑指數三顆星、後果指數四顆星。

▶ 梁武帝蕭衍築壩

梁武帝蕭衍信佛，不喜歡殺生，可是又不得不和北方打仗。那怎麼辦？蕭衍就希望以最少的鮮血來換取最大的勝利，最好能不戰而屈人之兵。有人就向蕭衍獻策，說淮河下游的浮山地勢很適合修築大壩，可以築壩抬高淮河水位，水灌北魏的軍事重鎮壽陽。蕭衍欣然採納，決定攔淮修築「浮山堰」。「浮山堰國家工程」正式啟動。

梁朝從江淮等地大肆徵發民工，每四戶出一人參加工程。此段淮河泥土鬆軟，堵塞河道很不容易，砂石填下去就被水流沖走了。官府就用鐵器堵塞河道，從後方徵用了上千萬斤的鐵器，效果也不理想：又想到伐樹做木籠，裝上石頭填埋河道，為此幾乎砍光了淮南的樹木。施工環境惡劣，監工催促又急，民工們不斷因為勞累、飢餓、疾病而死。工地上隨處可見屍體和奄奄一息的百姓。兩年後，浮山堰終於建成。堰壩總

長九里，高二十丈（三十多公尺），是當時世界上最高的土石大壩。大壩抬高了上游水位，形成了一個方圓幾百里的人工湖，相當壯觀。

北魏重鎮壽陽眼看就要被淹沒了。蕭衍太高興了。不過，他忘了一個基本問題：大壩怎麼洩洪？奔騰的淮河不斷來水，大壩上游一片汪洋，水面不斷擴大，水位持續上漲，很快就和壩頂相平了。浮山堰出現險情，日益嚴重。蕭衍想洩洪，都來不及了！

四個月以後，史上最大大壩——浮山堰轟然坍塌。壩垮之時，聲響如雷，三百里內都可以聽到。此段淮河及其下游的城鎮、村落幾乎無一倖免，全部被淹，數以十萬計的百姓被奔騰的洪水沖入大海，釀成了人間悲劇。

而北魏軍隊，只是在洪水水位最高時，乘船到附近的八公山上躲避，等壩垮後整整齊齊地回到了壽陽，一根汗毛都沒傷著。北魏統帥李平一開始就對蕭衍的大壩工程不以為然：「異想天開！這壩肯定要垮，我們就等著看蕭衍的洋相吧！」

浮山堰，是典型的上級隨興而起的工程。皇帝的決策，沒有真正的監督和論證，難免出笑話。不過蕭衍的這個錯誤決策，玩得太大了。愚蠢指數四顆星，後果指數五顆星，沒有搞笑指數，有的是後人對幾十萬無辜生命的哀悼！

▶ 雍正皇帝出書

雍正皇帝出的這本書，叫做《大義覺迷錄》，洋洋灑灑四卷本。起因是湖南書生曾靜，宣揚滿族統治者是蠻夷、散布雍正皇帝的壞話，還指揮學生張熙去策動漢族總督岳鍾琪繼承祖先岳飛的「優秀品格」，起兵造反，驅逐蠻夷。岳鍾琪被嚇壞了，趕緊把曾靜、張熙賣給雍正表忠

心。這是個謀反的大案，雍正審定後，把自己論述此案的十道上諭、審訊詞、曾張師徒二人的口供，以及曾靜服軟後一把鼻涕一把淚寫的「懺悔錄」兼「馬屁經」《歸仁說》合編成書，就是《大義覺迷錄》。

這本書都有些什麼內容呢？主要是兩大塊內容，第一是論證清朝統治的合法性。雍正從理論和現實兩方面，說明滿族人不是蠻夷，是中華正統；第二是論證雍正自己統治的合法性。曾靜不是散布雍正的壞話嗎？雍正覺得有必要來論證：「朕到底是不是謀父、逼母、弒兄、屠弟、貪財、好殺、酗酒、淫色、誅忠、好諛、奸佞的皇帝？」雍正一一駁斥了上述十項指控。他說自己是天底下最孝順、最善良、最慈愛的人，走路的時候都怕踩死一隻螞蟻、壓壞一根小草，怎麼可能做那些壞事呢？（原話是：「朕性本最慈，不但不肯妄罰一人，即步履之間，草木螻蟻，亦不肯踐踏傷損。」）雍正還說自己是清朝的柳下惠，坐懷不亂。（原話是：「朕常自謂天下人不好色未有如朕者。」）諸如此類等等，一反一正，配合起來看，內容相當勁爆。

雍正不僅公開出版這書，還下聖旨，要求各級官府、各級官吏人手一冊，群體學習，認真體會；要求全國的學校，都要保存這本書，當做教材教導學生。哪個機關、哪所學校沒有存書，哪個官吏沒有認真學習這本書，都要「嚴辦」。曾靜、張熙被放了出去，當做反面教材到全國各地巡講，說自己都散布了雍正的哪些「謠言」，再說雍正是多麼聖明、多麼慈祥的聖主明君，怎麼會是謠傳中的昏君呢！

這下可好，全國各地、官民上下，掀起了學習體會《大義覺迷錄》的熱潮！人們很自然地想：「原來滿族人和廣大漢族人一樣，都是炎黃子孫，都是中華正統啊？原來紫禁城裡還有那麼多勁爆新聞呢！原來皇上曾經如何如何啊！」這本書造成了「啟蒙」作用，促使人們去思考華夷之

辨和統治合法性問題。

　　按現代輿情傳播規律來說：謠言最需要的，就是傳播途徑！雍正恰恰為攻擊清朝和自己的謠言，提供了傳播的擴音器！全天下人都捧著這本不倫不類、似是而非的奇書熱議。雍正此事愚蠢指數四顆星、搞笑指數五顆星、後果指數五顆星。

　　雍正的兒子乾隆覺得老爸這事做得太丟人了，上臺一個月就以迅雷不及掩耳之勢，逮捕曾靜、張熙凌遲處死，把《大義覺迷錄》列為禁書，全國上下嚴令收回，有敢私藏者殺頭。書可以收回（其實也沒收乾淨，該書最紅的時候，遠銷日本、朝鮮。乾隆收不回這部分書），但已經深植在讀者頭腦中的想法是收不回的。

▶ 光緒皇帝打官司

　　其實，這官司是慈禧太后以光緒皇帝的名義打的。起因是上海租界的《蘇報》用「惡毒的言辭」咒罵皇上、太后，號召造反。

　　《蘇報》的膽子也太大了，仗著在洋人租界裡，一天不罵皇帝不罵朝廷就不舒服。報紙發表章太炎的文章，說要和「愛新覺羅氏相會於槍林彈雨中」，還罵光緒皇帝「載湉小丑，不識麥菽」。更過火的是發表了鄒容的〈革命軍〉。這篇兩萬餘字的長文，罵清朝歷代皇帝都是「獨夫民賊」、「無賴之子」，罵慈禧是「賣淫婦」，說所謂「皇恩皇仁」不過是「盜賊之用心，殺人而日救人」，說清朝官吏都是洋人的奴隸。鄒容直接號召革命：「巍巍哉！革命也。皇皇哉！革命也！」，最後高喊：「中華共和國萬歲！」、「中華共和國四萬萬同胞的自由萬歲！」

　　這還了得！慈禧太后和被罵的官吏們恨不得將《蘇報》的編輯、作

者滿門抄斬。可惜,《蘇報》是以日本僑民的名義註冊的,又在租界內活動,朝廷鞭長莫及,不得不接受洋人的遊戲規則,向租界當局控訴《蘇報》侵犯名譽,要求引渡。

報紙的所有人陳範和主筆章士釗早接到消息逃走了。寫文章的章太炎「好漢做事好漢當」,束手就擒;鄒容聞訊後,到租界當局「自首」,很夠義氣。這兩人就成了這起官司的兩大被告。在審訊時,清政府方面明顯對西方司法不熟,被章鄒二人鑽了漏洞。章太炎說,我說要和「愛新覺羅氏相會於槍林彈雨中」,意思是要拿起槍桿保衛皇上,應該嘉獎。章太炎還考證出「小丑」在古漢語中是「年輕人」的意思,是中性的。鄒容更絕,乾脆說〈革命軍〉是自己胡亂寫的,書稿早就被別人偷走了,自己根本不知情就被人發表了;市場上流傳的《革命軍》小冊子,都是盜版書。因此,鄒容哭訴「我也是受害者啊」,要求法庭維護他的著作權!

媒體爭相報導此案,輿論熱議,客觀上也造成了擴音器的作用。租界當局還是相當給清政府面子的,雖然章鄒二人在法庭辯論上占上風,最後還是裁定二人有罪!清政府太高興了,讓租界當局趕緊引渡二人,說要將他們「凌遲處死」。一聽這話,洋人們直搖頭,說你們的刑罰太殘酷太血腥了,不行,我們不會把這兩個人引渡給你們的。最後,章太炎被判監禁三年,鄒容被判監禁二年,在租界服刑。

在這場官司中,清政府只得到了小小的名義上的勝利。整個案子傳達了這樣的訊息:千百年來神聖不可侵犯的皇帝也好、看似威風凜凜的朝廷也好,都是可以罵的,罵得再狠也只要坐牢兩三年!於是,各種反政府和宣揚革命的小冊子、報紙如雨後春筍般冒出來。中國近代媒體的發展,還得感謝光緒皇帝的這場傻官司。晚清政府在此事的處理上,愚蠢指數、搞笑指數和後果指數都是七星級的。

大清國是怎麼亡的？

　　大清國壽終正寢一百多年了。在中國歷朝歷代當中，清朝的表現還算是比較優秀的：歷屆皇帝都很勤勉。清朝的中央集權和君主專制達到了歷史巔峰，皇帝們在工作量大增的情況下，沒有罷工、曠工，也沒有把工作量推給身邊的太監，甚至連荒淫無道、低能弱智的皇帝都不曾出一個，相當不容易；清朝尊崇儒學，弘揚儒家思想，並以此自我約束，公開承諾「永不加賦」，還真的在法律上、明面上做到了低稅負；清朝經濟繁榮，保持了兩百年的社會穩定。從明朝後期開始，中國人口開始急遽增長，清朝不僅比之前的朝代多養活了幾億人口，還貢獻了傳統社會的最後一個盛世：康乾盛世。

　　儘管清王朝表現優秀，但它卻是口碑最差的王朝之一，差到可以用臭名昭彰來形容。後人一想到專制王朝的反動、黑暗和腐朽，腦海中就浮現出清朝的例子。人們熟悉的是，近代中國積貧積弱，清政府面對頹勢，束手無策，讓國家任人宰割。後人普遍認為，清王朝要為近代中國跌入悲慘的深淵、錯失發展的良機負責。更惡劣的是，清王朝在晚期屠殺追求變革的仁人志士，與多場變革運動為敵，彷彿逆歷史潮流而動。這些都讓後人對它沒有好感。總之，清王朝是個傳統意義上的好王朝，卻不是現代標準下的好朝代。改革，是晚清的關鍵詞。即便是滿族統治階層，在內憂外患之中，也意識到非改革不足以挽救統治了。就連被很多人視為頑固派頭子的慈禧太后，也「何嘗不許更新」。她扼殺了維新變

法，卻主導了清王朝最後十年的新政運動；她廢除了維新派的變法主張，但她自己走得比維新派還要遠，就連維新派不敢提出的「設議院」、「立憲法」，慈禧也下令實施了。在一九○一年一月二十九日頒布的新政上諭中，慈禧把話說得很明白：「世有萬祀不易之常經，無一成不變之治法。」「法敝則更，要歸於強國利民而已」，她也是希望變法圖強的，畢竟國家強盛也符合慈禧及其滿族權貴的利益。她在上諭中坦率說道：「誤國家者在一私字，禍天下者在一例字。」

晚清改革進行得熱火朝天，卻沒有鞏固清王朝的統治，而是引發了更多的問題，把王朝引向了毀滅。改革官制、裁撤機構、清退冗員、廢除科舉、鼓勵留學、興辦實業、頒布新律，晚清似乎在向現代社會靠攏。難能可貴的是，清政府高舉「君主立憲」大旗，敕令建立了各級代議機構，制定了憲法大綱，主動進行著政治體制改革。最後在革命黨人的炮火中，攝政王載灃還代表愛新覺羅皇室，宣誓遵守「憲法重大信條十九條」。大範圍、深層次的全面改革為什麼會把改革者拖入死亡漩渦呢？

改革，意味著某種程度的妥協。為了更高、更大的利益，一些群體或者機構要放棄部分既得利益。高度集權和君主專制已經被證明不能挽救國家危亡，民主共和成了時代發展的潮流，那麼，為了國家富強和民族復興，掌權專政的滿族權貴就要適當放棄部分權力。而權力，恰恰是他們緊緊攥在手裡，不願意放棄的。

慈禧太后富有政治閱歷和權力手腕，長期的政壇搏殺讓她異常珍惜手中的權力。慈禧等滿族權貴還非常看重列祖列宗的江山社稷，希望能永保特權。他們改革的目的是維護占人口少數的滿族人的利益，這是改革的首要目的，其次才是富國、強民等。比如，晚清用人不重真才實

學，多用「出身純正」之輩。「官二代」、「爵二代」當道。慈禧臨終時，將政權和改革大業推給了不到三十歲的載灃。為什麼選擇載灃？載灃胞弟載濤的判斷是：「載灃是我的胞兄，他的秉性為人，我知道的比較清楚。他遇事優柔寡斷，人都說他忠厚，實則忠厚即無用之別名。他日常生活很有規律，內廷當差謹慎小心，這是他的長處。他做一個承平時代的王爵尚可，若仰仗他來主持國政，應付事變，則絕難勝任。慈禧太后執掌政權數十年，所見過的各種人才那麼多，難道說載灃之不堪大任，她不明白嗎？我想絕不是。她之所以屬意載灃，是因為她觀察皇族近支之人，只有載灃好駕馭，肯聽話，所以先叫他做軍機大臣，歷練歷練。慈禧太后到了自知不起的時候，仍然貪立幼君，以免別人翻她的舊案。但她又很明白光緒的皇后（即後來之隆裕太后）亦是庸懦無能、聽人擺布之人，絕不可能叫她來重演『垂簾』的故事，所以決定立載灃之子為嗣皇帝，又叫載灃來攝政。這仍然是從她的私見出發來安排的。」在慈禧等人看來，人的能力可以培養，經驗可以累積，而「正統」的出身卻不是人人都具備的。這是他們的「私見」。這種任人唯親的用人方針，注定了清王朝得不到多數人的認同和支持。載灃上臺後，一大群年輕氣盛、輕率妄為的滿族王公竊據了要職，成了改革的領導者。載灃組成「兄弟連」集體亮相，外行掌大權，內行靠邊站。對軍事一竅不通的皇親國戚占據要職，小材大用；有軍事才能和帶兵經驗的鐵良、薩鎮冰、良弼等人則退居其次，大材小用。

　　清末新政的一大重要舉措是成立貴胄法政學堂，招收王公世爵四品以上宗室及現任二品以上京內外滿、漢文武大員的子弟入學。此舉名義上是提高滿族權貴的法律和政治素養，服務新政改革。內閣學士、宗室寶熙在給慈禧太后、光緒皇帝的奏摺中坦言：「我朝本周室親親之仁，列

爵十四，錫封五等，屏藩帶礪，歷久常昭。憲政實行，此項親貴皆須入上議院議事。若復懵於學識，於外交、內治一切未諳，將來非故與下議院反對，即不免與下議院附和雷同，馴至才望軒輊，政策失平，不獨與憲政阻礙甚多……所以培植上議院才人意極深遠。」一語道破天機，清政府的種種改革就是為了「皇權永固」，為了滿族權貴能夠永遠掌握政權。

除了權力貪婪外，滿族權貴還以改革之名，行攬權牟利之實。他們迫使漢族地方實力督撫的代表袁世凱開缺回籍，由攝政王載灃親自出面掌握全權，出任了新的「全國海陸軍元帥」。改革後的新政府規定各省撥款均須戶部核定，並成立鹽務處，架空各地鹽運使，控制財權；將開礦、修路等權力都收歸中央，控制經濟命脈。引發辛亥革命的導火線「鐵路國有」政策，也是改革後的內閣的決策。不用說，這些新實權機構、官辦事業都掌握在「爵二代」、「官二代」及其少數親信手中。從清朝中期後，地方勢力就上漲了，中央政府實權下降。新事物湧現，新的力量已經茁壯成長。晚清政府卻想以貧弱之軀，不顧分權之實，重溫集權專制之夢。這就激化了政府和社會、中央和地方等各種矛盾。

重新集權最大的受益者是那些新晉王公大臣們。他們把改革當做自我表現、自我享受的盛宴。改革的成果沒有被百姓所共享，成本卻要由百姓承擔。滿族權貴們不去多方籌措資金推動改革，只會一味地增加百姓的負擔。正如梁啟超在革命爆發前的一九一〇年指出的：「教育之費取諸民也，警察之費取之民也，練兵之費取之民也，地方自治之費取之民也。甚至振興實業，所以為民間維持生計者，而亦徒取之民也。民之所輸者十，而因之所得者二三，此十之七八者，其大半皆經由官吏疆臣之首，展轉銜接，捆戴而致諸輦下矣。」這樣的改革，即便成功了，也不會得到廣大百姓的支持，只會加劇社會裂痕，激化矛盾。

　　少數滿族權貴幻想如此自私的改革能夠保住祖先的千秋功業，留給子孫一個穩固的江山。但是，變革的序幕一旦啟動，哪怕只是向前邁出了一小步，它就會像射出去的箭一樣，由不得揭幕者、弓箭手的意願了。改革很快脫離了滿族權貴們預想的軌道，孕育出了新式知識分子、商人群體，加速了近代社會思潮的傳播，產生了更多的矛盾和問題。五光十色、洶湧澎湃的變革大劇，轟轟烈烈地上演，你要麼順應潮流，參與到變革中去，要麼被變革的浪潮吞沒，成為歷史。直到革命爆發時，滿族權貴們仍不明白這個道理。

　　政治學家托克維爾在分析法國波旁王朝覆滅原因的時候，說：「革命的發生並非總因為人們的處境越來越壞……人們耐心忍受著苦難，以為這是不可避免的，但一旦有人出主意想消除苦難時，它就變得無法忍受了。當時被消除的所有流弊似乎更容易使人覺察到尚有其他流弊存在，於是人們的情緒便更激烈，痛苦的確已經減輕，但是感覺卻更加敏銳。」這段話移植到晚清身上，同樣很有說服力。

　　晚清的十年改革，最終走到了改革者 —— 滿族權貴們的反面，成了埋葬他們的洪水猛獸。「計畫之外」的大革命在一九一一年爆發了。「誤國家者在一私字，禍天下者在一例字。」「例」，慈禧等人倒是破了，「私」，他們始終沒有放下，因此最終誤了國家，也斷送了祖宗的江山社稷。清王朝難逃覆滅的噩運。

被權力壓垮的皇帝

　　皇帝，是中國古代史的關鍵詞之一。「古往今來，沒有比中國皇帝更巨大、更崇高、更煊赫的存在了。」同時，皇帝又是高危、高壓、高職業病的職業。多數皇帝不是好大喜功、狂妄自大，就是胡作非為、自暴自棄，總之是不正常的人。據統計，有史可查的古代皇帝，有接近一半非正常死亡。他們的平均壽命為三十九點二歲，低於刨除夭折人口後的中國古代平均壽命。

　　皇帝的威嚴享受，因權力而來，他們的問題與悲劇，也因權力而生。高度專制的皇權，是這一切的根源。套用一句時髦的話，絕大多數皇帝都是被權力壓垮的。

　　中國古代皇帝的專制，是絕對的專制，且程度不斷加強。在古代中國，皇帝支配一切、主宰一切，所有的權力都為皇帝一個人壟斷，社會的各方面都為皇帝一個人所牢牢控制。有人認為：「中國皇帝的權勢達到了人類所能達到的顛峰。不論是東方小國、非洲酋邦或者西方王國，其君主的聲威都遠遠不能望中國皇帝之項背。與中國皇帝比起來，世界上其他君主都顯得小氣寒酸。」可是，權力是一把雙刃劍，在給予所有者榮耀和平臺的同時，會不知不覺地扭曲人性。絕對的、沒有制衡的權力，則會毀掉專制帝王的人生。

　　中國歷代帝王，透過操縱社會，維持社會的超級穩定來鞏固皇權。要想把天下化為一家私產，世襲一切權力，皇帝們自然反對平等的對

話、變化與改革的傾向，進而反對自由的思想和寬鬆的文化。透過強化綱常倫理和等級制度，皇帝們強化了皇權專制，建立了自上而下的牢固統治。比如，增加等級數量、擴大等級差距，分割不同等級的地位、權力和資源配置能力，這樣上一個等級對下一個等級的控制就越有力，而皇帝與普通民眾的距離就越遠，自然更是高高在上，威不可及，皇帝的地位就更安全。朱元璋很典型，把天下人群劃分為不同等級不同類型，規定不同人的言行標準，甚至是建築裝飾的標準。他怕大權旁落，怕豪傑不服，怕地方不穩，又怕天災人禍、民不聊生，同時時刻受到「悲慘的童年」陰影的影響：對地主富豪的厭惡、對地方官員的不信任、對底層流動性的恐懼，自然也包括從極端貧窮和屈辱記憶中轉移而來的報復心理。這造成了朱元璋的猜忌多疑、殘暴嗜好和不切實際的「穩定」。他甚至規定，後代子孫必須在皇宮門口和京城各處城門，時刻準備快馬刀劍，以便遇險逃脫時急用。

天下一人的地位和不斷聚集的權力，對皇帝本人也是巨大的負擔。所有權力集於一身，也就意味著諸事不論大小，都要皇帝一人決策。越到後來，天下事務越繁雜，皇帝集權卻越深，皇帝的工作壓力也就越來越大。據說，雍正皇帝每天只睡四五個小時，其餘時間都在打理江山，而且每年只休息一兩天，常常抱病秉燭處理奏摺。他在位十二年，留下了上千萬字的硃批文字。可是，有幾個皇帝有雍正這樣的精力與毅力，且願意做這樣的工作狂。書中的嘉慶皇帝，每年只在生日的時候休息一天，平時日日天未亮就起床辦公，公務少了還要痛罵大臣們不勤奮不努力。即便如此，嘉慶還是無奈地看著國勢日非，弊端叢生，有心作為卻不知所措、無從下手，只好眼睜睜看著自己成了「嘉慶中衰」的主角。同時，對皇帝的神化、對儒家思想的假借與利用、森嚴的等級和繁瑣的

禮儀，讓皇帝這份職業缺乏人性，沒有絲毫的溫暖。

清朝對皇帝和后妃的男女之事都有嚴格規定。皇帝不能去后妃宮殿，只能召幸后妃來乾清宮；后妃如何來，如何上床，如何穿戴都有嚴格限制；甚至連男女之事的時間都有規定，時間一到就有太監來請皇帝「節勞」。金碧輝煌、美輪美奐的紫禁城，變成了一座不近人情、了無生趣、內容匱乏的權力紀念碑。明清時代，皇帝每天的言行，每年的日程，都是有章可循，有法必依的。

比如明朝皇帝除了戰爭、祭祀等極少數情況，不得離開紫禁城。你讓一個血氣方剛的小夥子天天端坐空蕩蕩的大殿上，面對一群鬚髮花白的老爺子喋喋不休，或者讓一個活潑好動的小孩子在大型典禮上扮演天子角色，一罰站就站好幾個時辰，怎麼不讓他們反感，怎麼不遏制他們的天性？於是，有皇帝喜歡抓老鼠爬竿，有皇帝喜歡微服私訪，有皇帝喜歡鬥狗走馬，有皇帝喜歡做木工活，再派人拿到市場上去兜售。明代的正德皇帝則嚮往塞外風光，渴望行伍生涯，不喜歡乾清宮喜歡另造房子住，不喜歡紫禁城喜歡在四九城裡閒逛，不喜歡宮廷大樂喜歡紅燈區的粗俗小調。他一生主要的「事蹟」就是和朝臣們鬥法，爭取到外面遊玩的機會，另一大「事蹟」就是自己任命自己為大將軍，親臨塞外前線與蒙古人作戰。他向文官們炫耀：「朕在槍林劍雨中手刃敵騎一人！」他的聽眾們則瞠目結舌。

我們於是看到，歷代王朝的開國君王大多像朱元璋那樣，嗜權如命，強勢多疑：後期的皇帝不是正德皇帝那樣任性胡為，自暴自棄，像個小孩子，就是嘉慶皇帝那樣既發現不了問題更提不出解決的辦法，一味求穩保守，是個中庸的「好人」。

如果說皇冠對多數皇帝來說是枷鎖，那麼更加可悲的是，戴上枷鎖

的那一刻，他的刑期就被確定為無期──不得假釋、不得請假，甚至不能偷懶。這不僅是儒家思想的刻板要求，更是皇帝這個高壓職業的客觀要求。絕對專制使得皇位爭奪變為了你死我活的殘酷遊戲。赤壁之戰前夕，曹操百萬大軍壓境，東吳內部戰和不定。魯肅的一句話，最終讓孫權下定了拚死一搏的決心：「我們這些臣子，投降曹操後還能混個一官半職；主公投降後，想得到什麼待遇呢？」魯肅沒明說，但凡讀過幾本史書的人都知道：死！不是被亂刀砍死，就是被下毒毒死，殘忍的還有被活活悶死、烤死、五馬分屍、挫骨揚灰，即便出於「懷柔」政策的必要，會在一開始得到短暫的善待與優容，也只是「緩期」幾年奔赴黃泉而已。專制為帝王宗室帶來無上榮耀和無窮享受外，也埋下了仇恨的種子。一旦權力衰落或者喪失，等待皇子皇孫們的只有悲慘的結局：用全家人的鮮血來為之前的享受還債；為了避免為人所辱跳井、懸梁、服毒自殺或者子弒父、父殺女（崇禎皇帝在北京城破後逼周皇后自盡，並手刃愛女長平公主，邊揮劍邊哭喊：「汝何苦生於帝王家！」）；喪盡人格尊嚴，跪爬乞命，依然被沉江、被燒死；崇禎皇帝的朱三太子隱姓埋名半個多世紀，年逾古稀依然逃不過羅網，先看著子孫一一被斬首，自己再被一刀刀凌遲至死。一句「願生生世世，不生帝王家」，道出了多少辛酸、悔恨和無奈。這從反面，促使帝王們緊攥權柄，不讓他人染指。

　　絕大多數人並非出生在帝王之家，更與皇位絕緣。他們對龍椅只有遠遠瞅幾眼的份，但這並不妨礙他們有驚羨、欲望、僭越乃至是「謀逆」之心。一旦兵強馬壯了（有時甚至只有一兵半卒），他們也會提出「天子寧有種乎？」的疑問。這可以理解為很多中國人的「皇帝情結」：儘管受到專制皇權的壓迫與侮辱，卻沒意識到要把皇帝專制制度連根拔起，相反還藏著取而代之的念頭。

　　皇帝輪流做，明年到我家，是古代男子最常做的白日夢之一。王莽剛上臺的時候，可能並沒有取而代之、自己當皇帝的想法，但無上權力的誘惑最終侵蝕了他。至於洪秀全，則是一開始就是抱著搏一把的念頭，想過過當皇帝的癮。因此，等起義略有斬獲，攻占一兩個市鎮，他就忙於封王建制，開始享受了。等到攻打長沙時，洪秀全乾脆當起了甩手掌櫃，躲進小樓成一統了。更多的人，則務實地選擇不爭皇帝，爭取當開國元勛。透過起義改變生活，如此現實的想法，無可厚非，也是古代農民起義的主要推動力。只是，他們在刀口上舔血，為子孫後代辛辛苦苦賺下的「血酬」，總要末代子孫用鮮血生命來償還。中國古代史就在如此的反覆中少有進步。

　　理論上，古代皇帝並非是絕對專制的。中國古代政治思想和制度設計中，都有對皇帝的制約。比如「民為重，君為輕」的觀念，比如王朝內部的諫官等等，又比如儒家思想對皇帝思想和言行的高標準與嚴格要求。這些原本是為了制約皇權的膨脹，達到政治的良性發展，在實踐中也的確造成了一些限制作用，但並沒有真正制約皇權。這些制約只是機械地束縛了帝王的生活和人生而已。比如，父子母子之情是人間最寶貴的感情之一，父母照顧子女是自然而然的。但皇帝皇后們卻不能親自照顧子女，尤其是皇子。因為王朝體制中的皇子不是正常人，而是關係王朝走向和天下安危的政治資源，皇帝的培養自然是重要政務，父子母子關係要讓位於政治需求，讓位於體制要求。（因此，皇帝們接受的往往是沒有人性關愛的機械刻板的教育，最終不是培養出正德這樣的孩子，就是嘉慶那樣的呆子。）又比如，正德皇帝畢生嚮往市井生活，他就想像普通人一樣和小商小販討價還價，卻被文官集團上升到天下安危的高度，極力加以阻攔。說來也可憐，皇帝更像是被政治體制團團包裹的木

偶。擺布他們的，往往是祖先設定的「為子孫萬代著想」的萬世不變之
法。之所以不能真正制約皇權，因為這些思想也好，制度也好，出發點
都是承認皇帝是上天之子，承認政治明暗百姓貧富都繫於皇帝一人。它
們要求皇帝執行的是「理想」的專制而已，至多防止出現暴君害民進而
威脅整個皇權體制的極端情況。如此「制約」的結果，只能是走向皇帝
專制，而不是分權制衡。

　　專制之禍，禍及帝王。絕對的專制讓帝王如坐刀尖，欲哭無淚，欲
逃不能，嘗盡苦味。

太監能不能當皇帝？

　　王侯將相，寧有種乎？在中國歷史上，賣草鞋的當過皇帝（劉備）、被人扒光衣服吊打的欠債賭徒當過皇帝（劉裕）、遊方和尚兼小乞丐出身的麻子當過皇帝（朱元璋），拿著十三把菜刀砍人起家的蠻夷小青年也成了開國帝王（努爾哈赤），就連還俗的尼姑都能當皇帝（武則天），為什麼太監就不能當皇帝呢？所以，太監不存在「應不應該」當皇帝的道德障礙，而只存在「當得上當不上」的可能性問題。

　　正常人都排斥、鄙視太監，說他們「望之不似人身，相之不似人面，聽之不似人聲，察之不近人情」。人們普遍認為，身體不正常的人，心理也隨之變態。這個觀念在讀過書的儒生們心裡尤其根深蒂固。而太監群體的言行舉止，實在是不爭氣。粗鄙惡俗、驕橫跋扈、貪贓舞弊、暴戾殘忍的反面例子前赴後繼，數不勝數，坐實了「太監沒好人」的社會共識。

　　太監是皇權的犧牲品，是被權力侮辱、傷害、摧殘的一群人。他們喪失了正常的人生、基本的人格，在冰冷、陰暗的宮牆之內看不到光亮，令人同情。然而，一旦有了一丁點權力後，太監們就把受到的傷害加倍報復在弱者身上。踐踏他人尊嚴的人，往往曾被踐踏過自尊；傷害他人的人，往往曾遭受過類似的傷害。這點在太監身上表現得尤其明顯。得勢太監在宮廷內外的惡行醜態，是他們對扭曲的過去和蒙受的傷害的變態補償，是對正常人和生活的惡意報復。因此，太監們又是皇權

制度的產物，散發著皇權的殘暴、陰冷。

太監群體被權力所傷害，又拚命攝取權力，攀登權力的高峰。

太監和權力結合最緊密的朝代，都是後世論及「閹患」最嚴重的朝代，其中首推漢、唐。宦官亂政是漢唐的癌症。東漢和帝以後、唐朝憲宗之後，大權旁落到太監手中，國策制定、人事進退，乃至皇帝的生殺廢立都操於太監之手。漢末攬權太監頻出，漢順帝十九侯、漢桓帝五侯、漢靈帝十常侍都是：唐憲宗以後到唐亡的九個皇帝，除敬宗以太子身分即位外，其餘的都是由太監廢立。皇帝反成了奴才的傀儡和玩物。唐文宗哀嘆自己還不如周赧王、漢獻帝：「赧、獻受制於強諸侯，今朕受制於家奴！」

不過，漢唐大太監只是操縱皇位更迭而已，明末大太監魏忠賢則認真考慮過篡位稱帝的可能。

明末天啟皇帝沒有子嗣，臨終前召弟弟朱由檢繼位。大太監魏忠賢權勢熏天，把持宮廷，完全有能力阻止兄終弟及，自己黃袍加身，過過皇帝癮。據說，魏忠賢的爪牙、「五虎」之首的兵部尚書崔呈秀，就勸魏賭一把。「九千九百九十歲」魏忠賢猶豫良久，最後還是不敢替自己加上「十歲」，在朱由檢登基後不久就被查辦自殺。

提議太監當皇帝的崔呈秀就慘了。有很多話說出去是沒有退路的，是要賭上身家性命的。向太監勸進稱帝，就是這樣危險的話。魏忠賢不敢篡位，崔呈秀立刻噩運上身，先被罷官回家，很快就恐懼自縊，死後還被廷議認為「死有餘辜」，開棺戮屍，公告天下。

魏忠賢、崔呈秀勇於覬覦龍椅，肯定是有一定底氣的。一來是依附魏忠賢的「孝子賢孫」們遍布朝野，為數不少；二來是魏忠賢控制了宮廷、東廠，還直接操練了兩三千太監武裝。這些讓魏忠賢一黨有可能壓

制朱明皇室和文官集團的反撲。但是，擺在魏忠賢面前的困難更多，多得讓魏忠賢打起了退堂鼓。

首先是魏忠賢集團直接掌握的政權和軍隊非常有限。太監直接指揮的軍隊，只有東廠官兵和武裝太監。東廠的鷹犬和宮中的太監們，狐假虎威還可以，一旦真刀真槍地和文官集團率領的正規軍作戰，魏忠賢一點取勝的把握都沒有。當然了，魏忠賢在各衙門和軍隊中都安插了爪牙，或派遣了監軍太監，但畢竟隔了一層，指揮調動不便。外出辦差的太監們，好似水上油、山中霧，並未融入所在衙門，更別說指揮調遣了。

其次是明朝開始，君主專制程度陡然提高。一方面是規章機構很多，執掌複雜，相互掣肘，調動起來費時費事。要想控制全天下的官府衙門，難度很大；另一方面是千絲萬縷的權力最終都匯聚到皇帝手中來，萬事俱決於帝王。皇帝的實力空前強大。在現行體制內部，專制帝王一枝獨大，在實力天平上完全超越了其他勢力。魏忠賢集團要想顛覆皇權，難度比之前的朝代都要大。

這一切都要感謝屬行專制的明朝開國皇帝朱元璋。朱元璋徹底廢除了丞相制度，親自操縱天下權柄，雷厲風行地擴張皇權。皇權實力高漲。對於太監，朱元璋完全不信任，認為「若輩善者，千分一二」。鑑於歷代宦官專權成禍的教訓，他制定了一系列限制宦官勢力的制度，其中最重要的是兩條。第一是嚴禁宦官交結朝臣；第二是嚴禁宦官擔任政府職務。這兩項制度被定為鐵律，認真執行起來就能杜絕太監干政的可能。

朱元璋不放心，還在內廷和宮門之間掛了塊鐵牌：「禁止內臣干涉政事」。他的子孫，即使寵信太監，也得執行祖宗家法。

明朝太監很快擴張到二十四個衙門、數以萬計，但高級太監的品級始終被控制在五品左右。最有實權的司禮監提督太監，也只有四品。太監們越來越多被派遣出去處理政務，但都只是辦差，屬於臨時性質，更不授予正式官職——中央和地方政務官由正常人擔任。明朝的皇權專制制度設計，尤其是限制太監的制度，使得太監能獲得部分實權，卻不能膨脹到左右朝政的程度，更不用說惡劣到染指龍椅了。

明代太監勢力，徹底依附皇權。太監想要攬權干政只能寄希望於皇帝的寵信或惰政，缺乏堂而皇之的公開管道。「一朝天子一朝臣」的規律在大太監的興衰上表現得異常明顯。漢唐不乏權傾幾朝的大太監，但明朝的大太監，富貴不過一朝。換一個皇帝，就換一個大太監。因為太監實權完全來源於皇帝，並且喪失了與皇權爭鬥的實力，只能隨著皇位的更迭而興衰。

離開了皇帝的支持，明代太監就是離群之狼、平陽之虎，任人宰割。天啟皇帝死後不滿百日，權勢熏天的魏忠賢就被逼死了。

正統十四年，土木堡之變的噩耗傳到北京：明英宗被俘，大太監王振被殺。北京朝臣緊急商議，王振黨羽、錦衣衛指揮使馬順還頤指氣使，驕橫得很，當場就被朝臣拉到左順門附近亂拳打死。朝臣又湧入宮中，拉出宦官毛貴、王長隨，群毆致死，將三人懸屍宮門之外。史稱「左順門事件」。事後，明代宗和刑部都不予追責。

外出監軍的太監們命運大致相同。他們假借皇命，在軍隊中凌辱官兵，軍營忍氣吞聲。可是一旦宮中靠山倒臺或有查辦的聖旨到來，監軍太監們立刻就被拿下，毫無還手之力。

清朝繼承明朝限制太監的做法並發揚光大。太監乾脆被置於由正常人組成的內務府的管制之下。太監不能問政：清初有太監，偶然問及政

務，竟然有被「杖斃」的。太監不能輕易出紫禁城：慈禧寵信的太監安德海，就被外臣斬首，罪名是「私自出京」。加上清朝皇帝遠遠要比明朝皇帝勤政、攬權，太監能夠沾染實權的機會少之又少。清朝連魏忠賢、王振之類的實權太監，一個都沒有。晚清出了一個李蓮英，有種種貪墨攬權的傳聞，其惡行和明朝大太監相比，完全是小巫見大巫，說出來會讓明朝同行笑掉大牙的。而且，李蓮英的種種「醜行」，不排除有同時代文人墨客們潑髒水的嫌疑。

漢唐的太監要比明清的晚輩們厲害得多，也安全得多。這要感謝這些朝代的君主專制程度不強，更要感謝當時的帝王們沒有想出限制宦官結交朝臣、禁止宦官當官這兩項制度來。

漢唐太監可以擔任文武官員，可以與官員臣僚交往，可以在宮外公然置辦宅院居住——這些在明清兩代都是禁忌。太監還能封爵：漢和帝與太監鄭眾合謀誅殺了竇憲。鄭眾因功受封鄭鄉侯。這是漢朝太監封爵之始。到了北宋，大太監童貫封王，達到了太監封爵之最。唐朝的太監直接掌握禁軍，擔任神策軍將領，把朝廷的精銳武裝掌握在手中。這項制度，奠定了唐朝太監的基本實力，使得他們能夠左右皇位更迭。

這樣問題就來了：既然漢唐的太監比明清太監掌握更大的實權，他們為什麼沒有染指龍椅呢？

的確，漢唐的大太監們比魏忠賢更有篡位稱帝的能力，但刨去制度不論，太監集團內部的殘酷競爭嚴重制約了個別太監的篡位圖謀。

太監表現的舞臺有限、升遷途徑狹隘，決定了太監內部的競爭異常殘酷。每一個大太監都是踩著同行的鮮血前進的，即便是在權勢熏天之時，宮牆之內也隱藏著忌恨、倒戈的力量。太監內部永遠不可能是鐵板一塊，極容易被人從內部擊破。比如，明朝大太監劉瑾被下屬張永擊垮：

汪直倒臺於東西廠的傾軋；馮保被同僚張誠所剷除。唐代宗則利用低一級的太監程元振，殺了專橫跋扈的大太監李輔國。

除此之外，明清之前君主專制相對較弱，社會上還存在皇族宗室、外戚集團、文官集團、藩鎮勢力和實權大臣等力量，每支力量都不容小覷，可以阻礙太監集團的謀權篡位。明朝皇權高漲，客觀上幫助太監集團削弱了其他可能的制約力量。一個社會、一個體制，分化出來的力量越少，格局就越不平衡、越不穩定。只是明清的皇權過於強大、專制過於固化，依附其上的太監勢力才未能篡位成功。

最後要指出：中國歷史上確確實實有過一位「太監皇帝」！他就是魏高帝曹騰。

曹騰是東漢末年的太監，在宮廷三十多年，因迎立漢桓帝登基有功被封為費亭侯。漢末太監發達後，流行蓄養義子來繼承爵位、家業。曹騰就抱養了一個小乞丐，取名曹嵩，作為嗣子。這個曹嵩無甚可說，但是他生了一個了不起的兒子，取名曹操。曹騰就是曹操的「祖父」，雖然讓曹操沾上了「閹宦遺醜」的惡名，但在曹魏建立後依然被追尊為高皇帝。曹騰陰差陽錯成了中國歷史上唯一的太監皇帝。

雍正為什麼討厭浙江人？

　　雍正皇帝曾揚言：「朕補授官員，但觀其言語明白，人才去得，即加擢用。」實際上，雍正皇帝用人有明顯的偏向，並非「言語明白」的人就能得到重用的。其中，雍正討厭浙江籍官員是最明顯的一個偏向。

　　浙江德清縣人許鎮擬任江西南昌府知府，由吏部引見雍正皇帝。雍正皇帝在他的履歷片上批註：「人蒼，著實明白，只恐有浙江風習。」顯然，這裡的「浙江風習」是與「明白」相反的一個詞。雍正皇帝是討厭「浙江風習」的。同樣的意思，雍正用的更多的是「浙江風氣」，甚至貶低浙江為「下江」，貶斥「下江風氣」。

　　浙江會稽縣人、山東糧道魯日華有幸受到雍正的誇獎：「好的，一點無浙江風氣」；浙江會稽縣人、廣州府同知馬世樞「人甚老成明白，顯露毫無浙江風氣……著實去得，將來可成器」；浙江海鹽縣人、廣西柳州府知府錢元昌「人甚老成明白，將來可道員，不似浙江人，好相貌，須參白」；浙江人、鎮江府知府毛德琦「人去得，卓用的，人老成，不似浙江人風氣」。這些浙江籍官員得到雍正肯定和誇獎的原因恰恰是「不似浙江人」。

　　當然了，即便是雍正判斷一些浙江籍官員不錯，但也擔心是偽裝表演的結果。這在浙江山陰縣人、江蘇丹陽縣知縣吳棟的履歷片上最突出。雍正寫道吳棟「老成明白，不似浙江人、只恐椿（裝）作，若不，好州縣」。同縣人、戶部江南司主事朱叔權在引見時，給雍正的印象也不錯。但雍正在心底對朱叔權還是不信任：「（朱叔權）著實明白，有良心，總不似浙江

人，請訓旨時口口稱奴才主子，將來若走正路，乃大器也。」在雍正看來，浙江人都是沒有「良心」的，大多不走「正路」，所以成不了大器。

那麼，雍正為什麼對浙江人抱有這麼大的偏見呢？

首先，浙江人身上有雍正厭惡的「科場習氣」。科場習氣在雍正看來是拉幫結派、迂腐保守、務虛不務實等等劣習。科舉取士產生的師生、同門、同學等關係，的確讓科場出身的官員劃分為不同的群體，甚至黨同伐異；而四書五經也讀得很多書生因循守舊、迂腐笨拙，缺乏實際操作能力。但雍正認為科場習氣就是徹底的貶義，則以偏概全。科甲出身的人，也有許多剛正耿直、學以致用、政績卓著的好官。不幸的是，浙江人才薈萃、文教昌盛，是科場大省。金榜上，浙江書生往往名列前茅。這無形之中卻犯了雍正的一大忌諱。

第二，浙江省不幸又是文字獄的重災區。呂留良、錢名世、查嗣庭、汪景棋等浙籍文人引發了多場文字獄，讓雍正「印象深刻」。清朝建立後，江浙一帶的讀書人多少殘存著若干晚明知識分子的獨立和反抗精神。民間流傳著一些針砭時弊，顯露不平之辭的作品。這在雍正皇帝看來就是「不忠」，需要殘酷打擊。比如，查嗣庭引見時，雍正對他沒有好感，說他「兼有狼顧之相，料其心術必不端正」。狼顧，是古代相術中典型的不忠之相。

浙江多發文字獄，既有文化昌盛和帝王多疑的原因，也表明浙江讀書人在高度專制體制下還保留獨立人格和自由思想。可是在雍正（也包括所有的皇帝）看來，書生也好，官員也罷，首要的品格是效忠帝王，無條件地忠誠於皇帝。只有首先是奴才，才能成為人才，進而得到高官厚祿。不願意當奴才的浙江書生，自然不討皇帝的喜歡了。

第三，雍正認為浙江民風刁頑，「浙江紳士刁悍澆漓，以強凌弱相習成風」。傳統王朝追求的是安定和諧，希望臣民都在王朝體制下規規矩矩

地生活，不要多事，不要懷疑。而浙江省偏偏民風「刁鑽」，每年上報朝廷的訴訟案件很多。雍正自然認為這個地區人心不古，「興訟」、「喜訟」。為此，雍正還暫停了浙江鄉試三年，特派「觀風整俗使」這麼一位欽差常駐浙江治理民風人心。尤其是杭嘉湖平原，被雍正認定是人心壞透，是整治的重點。

紹興人魯迅說：「紹興非藏汙納垢之地，乃臥薪嘗膽之鄉。」這句話用在浙江全省也有效。浙江人骨頭硬，勇於維護自身權益，不懼鬥爭，善於鬥爭。這在專制帝王看來就是不安分，不老實。但是，一個連自身權益都不敢相爭的人，怎麼指望他去為國鬥爭呢？可是在雍正（也包括所有皇帝）看來，天下官民只需要服從與忍耐，至高無上的皇權自然會為人人安排好秩序、穩定和生活。

第四，浙江省社會發達，流動性強。大批浙江商人、書生到全國各地討生活。這又是和雍正皇帝「雞犬之聲相聞，民至老死不相往來」的田園牧歌式的理想社會相違背的。雍正說紹興「生事不法之徒皆出在外」，指的是紹興師爺遍布全國官衙的現象，幾乎有「無紹不成衙」的趨勢。這些人用自己的專業知識，替雇主解決錢糧、刑名事務，甚至處理政務。其中有不肖之徒，貪贓舞弊，欺壓良善。但多數紹興師爺是靠本事吃飯的「專業經理人」，是受到各級雇主認可的 —— 不然這種現象也不會持續幾百年。遺憾的是，雍正設想的治下是沒有專業經理人的地位的。他希望人人安於皇帝指定的角色和位置，消滅到處亂跑、自己控制不了的商賈、師爺等活躍分子。

更讓雍正氣憤甚至害怕的是，浙江商人和紹興師爺到處闖蕩後，視野開闊了，底氣足了，獨立性越來越強。比如，紹興師爺非常有骨氣，堅持與雇主是僱傭關係，而不是上下級或者主僕關係。雇主有怠慢或者

侮辱，紹興師爺就拂袖而去。魯迅先生曾說，紹興師爺的箱子裡總放著回家的盤纏，合則留，不合則去。這種氣節和獨立精神，嚴重刺激了崇尚強權穩定、提倡忠順服從的雍正皇帝。

如果某個省分有上述「惡習」中的一兩條，可能還不至於讓雍正皇帝產生嚴重反感。不幸的是，浙江省沾了所有討雍正厭的「惡習」。他認定浙江的人心民風與王朝體制格格不入，需要重點整治。

這種厭惡還遺傳給了兒子乾隆。乾隆皇帝對浙江人的印象也不好：「朕聞浙江政治廢弛，風氣澆漓。官吏則上下相蒙，民情則狡詐百出。」在官員履歷片上，乾隆繼續用「浙江風氣」來表達貶義。

乾隆四年，浙江人陸綸擬任湖南永州知府，乾隆引見時批注：「老實人，頗無浙江風氣，但非大器也。」可見，浙江人在乾隆眼中也是成不了大器的。同年，江蘇武進縣人莊柱擬任浙江溫州府知府，引見後乾隆寫道：「人不浮而曉事，江南中好些的，將來藩桌都可試用。似結實，直爽人，而訥於言，不似下江喋喋利口之流。」可見，乾隆認為「下江」人伶牙俐齒、狡詐奸猾。莊柱幸虧不多話，是皇帝喜歡的老實人，所以被乾隆內定為省部級官員（藩桌）的備份人才。

其實，「浙江風氣」普遍不受清朝皇帝的喜歡。各個皇帝都不喜歡有浙江風氣的官員。但是在公開場合，沒有一個皇帝承認這種用人偏向（履歷片是保密的，皇帝可見，當事人不可見）。順治皇帝處分了許多江浙官員，卻特別強調：「朝廷立賢無方」，「南人中有賢有不肖，北人中亦有賢有不肖。朕近日處分各官雖多南人，皆以事情論，非以地方論。」乾隆時，御史杭世駿反映了國家用人重滿洲輕江浙，遭到革職處分。

專制帝王討厭浙江人，恰恰是浙江人的光榮。它說明在專制獨裁時代，浙江人還保有難得的人性光輝。

二　古代的官不好當

　　皇帝不是一個好職業，容易讓人瘋狂。那麼，古代官員是不是一個好職業呢？

　　北京城外大道旁，一邊是摸黑趕考的讀書人，一邊是連夜逃離的退休官員。前者著急踏入官場，打拼一官半職，光耀門楣。當官在古代是名利雙收的事情，「三年清知府，十萬雪花銀」。家族出了一個中級官員，起碼可以在故里顯耀兩三代人。但是，急於逃離北京的後者才知曉三更起床四更排隊等著上朝的滋味，才明白前腳趾高氣揚上朝去、後腳就被押送菜市口開刀問斬的恐懼，更能體會長年累月沉溺下僚小臣重複機械勞動的焦急、枯燥與無奈。

　　當官這個職業，個中滋味，如人飲水，冷暖自知。但是可以肯定的是，在絕對的君主專制制度下，連皇帝都不得自由，連皇帝都是受害者，官員的日子不見得能好到什麼地方去。

「書生意氣」在官場

　　乾隆時，福建人李夢登出任孝豐知縣，不帶師爺幕僚，帶上三四個志同道合的人就去上任，準備為民服務。新任縣官到任前要拜謁巡撫，巡撫衙門的門政索要賄賂，李夢登分文不給，因此被拒之門外。李夢登就在衙門門口架了個繩床，睡在上面，見不到巡撫不離開。他說：「我因為公事拜見巡撫，並非私事。等巡撫出來的時候，我就在門口把事情說清楚，門政奈何得了我？」門政勉強為他通報。巡撫看李夢登的做派，好言相勸：「我看你樸實無華，這固然不錯，但對官場上的事情也要多熟悉、多適應。你趕緊找幾個通曉規矩的人當幕僚隨從，輔佐自己。」李夢登回答：「孝豐知縣的俸祿，一年不過三十多兩銀子，我哪請得起幕僚啊？況且和我一起來的三四個好友，學問、人品俱佳，可以朝夕相處共事了。」巡撫被李夢登的回答驚呆了，竟然接不上話來，只好端茶送客。

　　李夢登上任後，衙門口沒有門政、出入沒有隨從，百姓有事都可以直接找他。李夢登親自為他們解答、辦理事情，還限制屬官和胥吏擾民。老百姓常常看到知縣李大人一個人走在田野阡陌之間，有時與鄉親父老討論農事，有時與俊秀子弟談文論道。幾次去外縣辦事，李夢登遇到哄鬧、訴訟，也都停下來幫忙解決，絲毫不管當地官員的感受。孝豐的老百姓和鄰縣的老百姓都念李夢登的好處。不過還沒到三個月，巡撫就藉口李夢登「公文不合款式」，把他的知縣給彈劾罷免了。

　　李夢登是個真正的讀書人，帶著滿身書生意氣闖入官場。真正的讀

書人具有兩項基本元素：獨立的人格、自由的思想。他們洋溢著「書生意氣」：堅守信仰，堅持操守，真誠待人，不阿諛不攀附……這樣的書生從政，結果往往並不如意。

書生從政後，往往實事求是，追求真理，很較真。在書生意氣的人看來，世間之事對的就是對的，錯的就是錯的，沒有不對不錯的灰色地帶。明代大清官海瑞，曾針對當時官場貪腐橫行的弊病，舉出朱元璋時期剝貪官人皮裝上草製成皮囊的刑法，以及洪武三十年制定的違法金額達到八十貫就判處絞刑的規定，建議恢復這樣的刑法來懲治貪汙。結果引起同僚們的激烈反對，紛紛說「刑罰過重」、「不人道」、「太血腥」。海瑞的建議最終石沉大海。沒有人懷疑海瑞的動機，也沒有人否認他的認真，但幾乎沒有官員會贊同他的建議。

許多道理是完全正確的，許多建議也是完全合理的，但是在官場當中就是一個傳說。流傳著說說可以，就是落不到實處。海瑞建議恢復朱元璋時期刑法的例子如此，清朝也有類似的例子。順治皇帝曾下令：「今後貪官贓至十兩者，免其籍沒，責四十板流徙席北地方。」「衙役犯贓一兩以上者流徙。」官員貪汙十兩就抄家，衙役貪汙一兩就流放，按照這個標準，清朝中後期吃一頓飯就要幾十兩銀子、告別時候互贈上百兩「別敬」、每年夏天和冬天地方向中央各部委送幾千兩「冰敬」、「炭敬」的官場，人人都得抄家，就算就地斬首也不違反順治的規定。好在，清朝中後期的官員們大可放心，沒有人將順治的「祖制」當回事了。

因為，古代官場上多的是灰色地帶，介乎對錯之間，裏挾著法律、人情、私利和各種當事人無法排除的未知因素。官員們很難抗拒這些灰色的事物，而這就成了「實事」。書生們往往不願承認這些「實事」，而去執著地「求是」，難免碰壁。據說，民國山西軍閥閻錫山評價別人的政治主

張，分為「很對」和「很好」兩種。一些書生意氣的官員提出了道德上、法律上難以駁斥的建議或者意見，閻錫山認為「很對」。對於那些洞察世事、切實可行，卻不一定那麼規矩、道德的建議或者意見，閻錫山認為「很好」。而他真正採納的，是「很好」的建議，而非「很對」的意見。

書生從政的第二大表現是為了真理，勇於任事。他們一心一意做事，較少顧及環境與同僚的感受，埋頭苦幹，不抬頭看人，結果既做不成事又連累前途。

咸豐年間（西元一八五九年底），郭嵩燾奉命前往山東煙臺等處查辦關貿稅收情況，李湘身為會辦隨行。到山東沿海後，郭嵩燾發現各縣從知縣到普通差役幾乎無人不貪，稅款橫遭侵吞，而且存在嚴重的勒索，超過正稅四倍之多。郭嵩燾立即雷厲風行地整頓稅務，懲治腐敗，並設厘金局統一徵收新稅，堵塞稅收漏洞。這次整頓大有成效，查處了一批貪官汙吏，增加了官府稅收。但是，整頓有功的郭嵩燾卻被查辦懲處。原來，郭嵩燾整頓稅務的時候，很少與山東巡撫文煜溝通，就是此行的會辦李湘，郭嵩燾也很少與他商量。可是李湘是當權的蒙古親王僧格林沁的親信，受命暗中監視郭嵩燾。李湘向僧格林沁匯報後，僧格林沁認為郭嵩燾目中無人，大為光火。恰好郭嵩燾成立的厘金局也發生了腐敗，導致商民怒搗厘金局。僧格林沁就藉口郭嵩燾獨斷專行激發民變，彈劾他。有人帶頭，文煜、李湘跟著起鬨。朝廷最後認為郭嵩燾辦事不妥，給他「交部議處」處分。郭嵩燾灰溜溜地離開山東返京，悲嘆「虛費兩月搜討之功」，「忍苦耐勞，盡成一夢」。他的仕途也受到重挫。

古代官場是一個龐大的「黑箱」，外人看不清楚，就是裡面的人也不甚明瞭。各種環節和人物盤根錯節，白紙黑字之外有數不清的潛規則。因此，中國人所謂的「公平競爭」，歐洲人所謂的「fair play」，在古代衙

門裡是不存在的。古代官員所能做的，就是讓自己成為黑箱的一分子，隨波逐流。記得清朝初年，順治規定御史辦公事「不見客，不收書，不用投充書吏，不赴宴會餞送」，保證公正執法，杜絕腐敗。但這項規定很快就淪為一紙公文。試想，如果御史不會客、不通訊、不用書吏、不交際應酬，事事都親力親為，猜想連官位都保不住了，更別說執法了。

書生從政的第三大表現是相信付出就有回報，相信正義總會戰勝邪惡、清廉總要勝過貪腐、勤勉終將淘汰昏庸。殊不知，「投入──產出」定律在官場並不奏效。投入與產出並不成正比，甚至投入未必有產出。歷史上，官場劣幣驅逐良幣的例子比比皆是。

郭嵩燾曾是皇帝青睞的官場新星，咸豐皇帝招他進南書房，對他說：「南齋司筆墨事卻無多，然所以命汝入南齋，卻不在辦筆墨，多讀有用書，勉力為有用人，他日仍當出辦軍務。」意思是要重點栽培他，相信有書生意氣的人會在受寵若驚之餘，更加忠君報國。其實，咸豐是在激勵郭嵩燾為皇權效命。在權力來源自上而下的格局下，獲得回報的關鍵是上級的肯定。而上級又是黑箱中的一分子，他對下級的提攜也是有限的。就如咸豐，當郭嵩燾得罪整個官僚體制後，他也愛莫能助。

專制官場的可怕之處，在於任何人，包括達官顯貴，面對的都是一個隱藏在黑暗中的龐然大物。官僚體制控制個人，而不是個人操縱體制；是體制決定個人的興衰榮辱，而不是個人決定體制的死活。一件政務在衙門裡傳來傳去，往往沒有官員能夠說清楚它的來由、深意和命運。文首的李夢登，三十出頭就高中進士，雖算不上少年得志，入仕也是比較早、起點也是相當高的。進士及第後，優秀的去翰林院重點培養，中等的分派中央各部委，比較差的分配到地方擔任知縣。清代去地方上任的進士，被稱為「老虎班」，意思是競爭力很強，遇缺即補，一般三五年就

能擔任實缺知縣。但是，書生意氣的李夢登愣是「候補」了十幾年，才在年近半百時上任縣令。其中的各種原因、各種陰謀陽謀，猜想沒幾個人能說得清楚。因此，面對體制暗箱，堅信彩虹總在風雨後的書生們，難免要失望了。

綜上所述，書生從政的種種表現，總是和官場格格不入。從根本上來說，是因為讀書人的品格和官場的權力特性是相悖的。古代讀書人，書要讀得好，才能當官，可是當了官和當好官之間，還有莫大的距離。真正的官場有為者，不是一心一意撲在政務上的人，而是明白人，通權達變，能在各種限制因素中排除干擾，達成目標的人。

以官場賑災為例子。賑災是相對簡單的政務，首先它在道德上有優勢，政治上正確，別人不便反對；其次，賑災涉及的官場糾葛較少。賑災一事的重點有三，第一是穩定局勢，第二是賑災物資的來源，三是發放要透明。我們看看成功的案例是什麼樣的：

道光年間，江忠源出任秀水知縣。當時秀水大旱，進而米價飛漲，到處有饑民搶米。他剛到任，就接到二十多起饑民搶米的案子，縣牢裡關著數以百計的饑民，官民關係極其緊張。江忠源應該怎麼辦呢？

按照正常的程序，申請支援，來不及；聽任饑民劫富濟貧，顯然也不行。江忠源認為最迫切的還是遏制搶米風潮。他從監獄中拉出一名平時為害地方、如今參與搶米的囚犯，在烈日之下曝晒示眾，結果死在了街頭。正當其他搶米饑民戰戰兢兢之時，江忠源把所有的搶米行為都歸結到死去的囚犯頭上，其餘人一概不問。這第一槍，既讓江忠源對被搶的官紳富戶們有所交代，又爭取到了饑民們的好感。

接著，江忠源要徹底解決大饑荒。最可行的，還是要發動本地的富裕人家有糧的領薪水，有錢的捐錢。江忠源邀請官紳一起去拜城隍神。他

拿出誓神文，一一詢問到場官紳，是否願意在城隍面前署名救災。在這樣的場景下，就算再吝嗇的官紳也只能簽名表示願意。然後，江忠源和大家同跪神前，朗聲誦讀誓文。隨後，縣衙大量製作兩種牌匾，一種上書「樂善好施」四字，一種大書「為富不仁」，捐錢捐糧的人贈送第一種牌匾，不捐錢捐糧的就把第二種牌匾掛到他家的大門口。江忠源責令地保天天巡視，不許第二種人家藏匿牌匾。其實，根本就不需要巡視，因為江忠源公開宣布：凡是看到「樂善好施」的人家，百姓不得哄搶，否則一律處死。言下之意是，饑民哄搶「為富不仁」的人家官府就不管了。數日之間，秀水官紳和富裕人家踴躍捐錢捐糧，大家都想拿到一塊「樂善好施」的護身符。很快，單單救災銀，秀水縣就籌集到了十餘萬兩。

接下去的工作就簡單多了。江忠源親自調查各鄉鎮饑民人數，分別造冊救濟。為了防止賑災者貪汙，江忠源允許出錢領薪水的人自行聯繫饑民，面對面救濟，官府隨時抽查。同時江忠源對救濟表冊五日一核，隨時抽查。救濟過程中沒有發生一起貪汙腐敗的案子。秀水的饑荒也順利度過了，沒有造成大的傷亡，也沒有釀成群體性事件。

分析江忠源的行為，許多游離在法律邊緣，比如將囚犯曝晒致死、赦免搶糧饑民、用牌匾和默許饑民哄搶的方法逼富戶賑災等等。但是這些措施產生了正面效果，而且沒有人告發：晒死的囚犯罪行累累無人同情、赦免饑民爭取到了廣泛同情還緩和了官民對立、真正的為富不仁者又沒法告倒江忠源。江忠源並沒有死守書生意氣，既處理好了政務，又達到了書生們的崇高目的。而要實現從「書生意氣」到「江忠源」的轉變，書生們從認知到言行都有很長的道路要走。

在感情上，正常人都認可書生意氣是好事。社會的發展離不開這些閃耀的品格。但在古代官場，書生鬥不過官僚，這不能不說是歷史的悲哀。

做事還是做官，這是個問題

　　俗話說：「當官不為民做主，不如回家賣蕃薯。」古人十年寒窗，受的都是「修身齊家治國平天下」的教育，一朝為官，正好實踐「達則兼濟天下」的聖人教誨，為民做主、實幹報國。但在現實中，絕大多數的官員並不是踏實辦公，而是一心鑽營仕進，為什麼他們不做事只求升官呢？

　　治官重於治民，是中國傳統王朝的執政理念。那麼龐大的一個帝國，皇帝不可能親自治理、事必躬親，必須要藉助大批的官吏來治理，所謂「明主治國，綱舉目張」是也。遍布各個層級、各個州縣的官吏，就是君王統治天下的綱、線和關鍵。君王並不直接治民，官吏才治民。君王要做的，則是治官，把官僚組織管好了，間接也把天下治好了。

　　這個理念本身沒有問題，畢竟是客觀需求。但在君主專制的大環境中，皇帝的一切行為以鞏固皇權為目的。他治官，首先考慮如何保持官僚的忠誠，遏制權臣的出現，讓皇權永固、江山萬年。所以皇帝把主要精力投在了監督、控制官員身上，而不是如何激發官員的積極性去辦事。從沒有皇帝對大臣開誠布公、絕對信任，歷朝歷代無不人為設計官僚機構的複雜性，讓官僚內部相互牽制。

　　朝廷頒布了一部法令，皇帝就怕官員營私舞弊，再頒布一部新法令來監督官員：推行一件政務又怕執行的官員欺下瞞上，再推行另一件政務來預防。如此一來，政令和法律越來越多、越來越密，編織成了密密

麻麻的針對官吏的法網。這張「治官之網」遠遠大於「治民之網」，也要遠遠密於治民之網。在古代法律體系中，「律」相當於法律，其中治官和治民的條款基本相當；而令、格、式、會典、則例等，幾乎全部都是針對官員的。比如清朝監察、處罰官員的法規大全《吏部處分則例》，皇皇鉅著，有五十二卷之多，內容涵蓋官員可能犯的、不可能犯的所有錯誤及其懲罰。此外，清朝還有《漕運則例》、《軍需則例》等治官之法和公文格式、行文規矩。正常人根本沒有時間和精力去研讀這些規範。事實上，除了吏部的少數老書吏，全天下的官員都搞不清楚其中內容。這就便宜了少數書吏，在其中上下其手，生財有道。

　　置身密網中的官吏們，動輒犯錯。官吏們犯的錯誤，分為私罪和公罪。私罪是指官員以權謀私或不道德的行為，如濫用職權、貪汙、受賄、生活腐化等等。公罪是指官員在執行公務中犯的錯失和違法行為，比如辦事錯謬、怠忽職責等。明清時期，公罪多如牛毛，多到令人難以承受的地步。比如公文晚交了一天半天、公文用錯了印信或者印信蓋歪了蓋倒了、沒有按時偵破轄區發生的案件、轄區發生重大事故或者極端違背儒家學說的案件（比如姦殺、弒父等）、沒有完成朝廷交辦的苛捐雜稅等等。甚至清朝規定，轄區大街上出現扭秧歌、唱花鼓的婦女，也是父母官的一樁公罪。

　　少數公罪要被革職罷官，但絕大多數公罪的處罰很輕，只是罰俸、記過、申飭等等，但這些處罰會變為官員仕途上的汙點，影響日後的升遷，就好似埋下了定時炸彈。

　　因此，官員上任之前無不早早就聘請一大批幕僚，協助應付種種治官之法。這是一項相當複雜、艱巨的工作，不是一般人能夠勝任的，從業門檻很高，以至於成為一項專門的職業。明清時期，要想吃幕僚這碗

飯，除了識文斷字之外，要埋頭鑽研各種規章制度、慣例常規，還要在衙門閱歷多年，進退有據。書吏和師爺等人一輩子吃衙門飯，子孫也往往重走父輩的老路，變為世襲的職業。許多衙門伎倆、政務潛規則，只可意會不可言傳，且不方便和外人道來，子弟就成了最好的傳授對象。同時，繁複的政令、層層疊疊的官場故事，不是一個人花幾年時間就能學會的，需要從小學起。這一切，都導致了幕僚行業的世襲化。明清就有人總結為幕為吏的經驗教訓，編著成書，諸如《幕府舉要》、《吏事必讀》之類的小冊子就在小範圍內流傳。又比如浙江紹興地區，百姓有遊幕四方，為長官當師爺的習慣，所以清朝衙門的師爺多數是紹興人，人稱「紹興師爺」。其他地區的人想打入吃這口飯，還真比較困難。

官員和幕僚，表面上是雇主和雇員的關係，實際上是一根繩上的螞蚱，利益相關、榮辱與共，說難聽點則是相互利用、相互提防的關係。讀聖賢書、科舉入仕的官員們，離不開幕僚、書吏幫忙打理政務，規避各種法規風險，應付各方面的顯規則和潛規則。可是在實踐中，官員顯然掌控不住下面的僚、吏，弄不明白其中的曲折。於是，僚吏們就竊取了實權，為自己謀取私利。晚清，僚吏們的實際收益竟然比官員老爺們還高，他們寧願終身為吏，也不願意花錢買官當。有官員就哀嘆：「本朝與胥吏共天下矣！」殊不知，這樣的局面是專制體制的必然結果。

宋朝大名人范仲淹有一句膾炙人口的名言：「先天下之憂而憂，後天下之樂而樂！」他還留有另一句名言：「凡為官者，公罪不可無，私罪不可有。」後一句是從官員角度對前一句的注釋，告誡官員們要勇於做事，銳意進取。

清朝末期，陳其元就是一個奉行「不可有私罪，不可無公罪」的官員。他在江蘇南匯當知縣的時候，上級衙門發文要求各縣掩埋暴露各處

的屍骸。陳其元盡心盡力，親自到南匯所屬的各處掩埋屍骸，歷時三個月，共埋葬四萬多棺，因故全縣還有一萬多具屍體沒有掩埋。陳其元向上級申文匯報情況。公文要上報時，幕僚們粉飾其詞，初稿寫作「掩埋淨盡」。陳其元十分認真地說：「如果這樣的話，那下一年就不能再辦，這一萬多屍柩最終將暴露在外。」他堅持將實際情況上報。而鄰縣的知縣僅掩埋一千七百棺屍骸，上報時卻說「境內悉數葬盡」。上司的公文很快下來了，為掩埋一千七百棺屍骸的鄰縣知縣記大功，給南匯知縣陳其元申飭處分。經歷此事後，陳其元終於相信「公事不可不作欺飾之語」，沒有必要認真，像裱糊匠粉刷牆壁一樣，糊弄一番就可以了。

　　雖然知道要明哲保身，但對有責任心、想有所作為的官員來說，很難捨棄責任、昧著良心做事。之後陳其元調任青浦縣。一夜，縣城裡發現一起盜賊入室行竊，被主人發現後改偷為搶，劫財而去的案件。陳其元勘察後，定性為「入室搶劫」。第二天，事主主動上門，聲稱昨夜並未「遭劫」，而是「遭盜」。原來，「劫」案和「盜」案性質不同，劫案性質惡劣，偵破限期短，縣政府官吏（包括陳其元在內）承受的壓力大，所以青浦的書吏就連夜「暗示」事主改劫為盜。這對官吏們有利，陳其元沉思之後，坦然告訴事主：「你確實是遭劫，而不是遭盜。如果我不能按期偵破劫案，那是我的『公罪』；但如果我明知是劫案，卻改為盜案，就是我的『私罪』，就是我官品、官德有問題了。」陳其元堅持定為劫案上報，結果上司催逼，他半年後沒有偵破，按規定罰俸半年；一年後還沒偵破，又被罰俸一年；一年半後還沒偵破，陳其元就被撤職了。像他這樣有責任心、認真工作的官員，終生蹉跎在州縣小官上，沒有得到提拔。而那些品德、能力都不如陳其元，卻擅長明哲保身、文過飾非的官員，仕途要好得多。不知道陳其元當年看在眼裡，有沒有無奈在心裡？

多做多出事，少做少出事，不做不出事。大環境倒逼著古代官員明哲保身，事情能拖就拖、能推就推，少做事甚至不做事。

歷朝歷代都推出一批官員楷模來，正史中大都有《循吏傳》。所謂循吏就是那些奉公守法、治理一方卓有成效的官員，能入傳者留名千古，令人羨慕。但細看之下，循吏大多數是中低階官員，在清明時期也就做到道臺、知府為止，只有少數能做到省部級官員。《明史·循吏傳》中的三十位正傳傳主，只有四人最後做到了司（副省級）、道（省級直屬機關）一級的官員，比例為百分之十三；《清史稿·循吏傳》中的五十七位傳主，只有十七位做到了司道官員，比例不到百分之三十。其他循吏，不是長期徘徊在州縣職位上，就是被人排擠、彈劾或主動辭職，離開了官場。為什麼好官得不到提拔呢？相反，幾乎所有的循吏，即便是那些最後升到高品上位的人，都有因為辦實事、進行改革而遭到彈劾中傷、處分申飭，甚至罷官撤職的經歷。

宋代以後，一個科舉出身的官員，什麼都不做，渾渾噩噩混日子，也能做到知府、道臺退休。那麼，做個「循吏」和做一個「昏官」有什麼區別呢？古代官場升遷，雖說不拘一格，實際上還是有一條條的規則卡在那裡的。這些潛在的標準也倒逼著官員們不做事，一心鑽營升遷。

以明朝要入內閣、清朝要入軍機處為例，有一系列的隱性條件卡在官員面前。首先是必須科舉出身，做過翰林者優先考慮。其次是年齡。五十五歲以上官員幾乎就不提拔了，所以有心拜相的大臣必須低於五十五歲。再次是從政履歷要完整。候選官員既要兼具地方、中央工作經驗，又要當過一把手，擔任過巡撫、知府等實職。假設一個有志仕途的青年，十歲開始啟蒙讀書，在二十五歲考中進士，先花三五年到翰林院鍍金，然後到地方擔任府縣官員，再以三四年一品的速度提升，既當

過省裡的長官，又當過中央的尚書、侍郎，平步青雲，中間不能有任何處分、耽擱，才有可能在年過半百的時候具備丞相候選人的資格。一旦他科舉失意一兩次，或者中途遭人彈劾罷官，或者在某個職位上多耽擱了一個任期，就可能喪失候選資格。除非他有「非常手段」，能夠破格升遷，才能把耽擱的時間彌補回來。

級別的高低，是古代官場評價官員成敗和人生價值高低的唯一標準。官員們只能埋頭鑽營，用最少的時間混一份「超級履歷」。熬資歷，混履歷，就成了官員們的理性選擇，誰還去埋頭辦事啊？

後人分析明清時期高級官員的政治履歷，能夠梳理出一條大致相同的升遷之道：科舉出身，從京官做起，升遷到中等品級後外放地方官，從知府或者道臺做起，盡快升遷為省級官員，再經歷幾個省的「交流任職」後回任中央，最後謀求進入內閣或者軍機處。其中的關鍵有兩處，第一是年輕的時候當京官，盡量提高級別，之後「空降」地方做的官越高，最後能達到的品級就越高；第二是做到地方督撫或者尚書、侍郎後，如何競爭進入內閣或者軍機處。那明清朝堂上的大學士、軍機大臣，無不是京官出身，履歷完整的老朽之輩，誠如梁任公在《少年中國說》中所言「非哦幾十年八股，非寫幾十年白折，非當幾十年差，非捱幾十年俸，非遞幾十年手本，非唱幾十年喏，非磕幾十年頭，非請幾十年安」，不可能居其位、得其職。推而廣之，「內任卿貳以上，外任監司以上者」，無不如此。只有到局勢動盪的王朝末期，才會出現像袁世凱這樣既沒有科舉出身，又是一步步從地方實幹上來的軍機大臣。即便如此，晚清軍機處裡也只有袁世凱這麼一個另類。

這些人，「積其數十年之八股、白折、當差、捱俸、手本、唱諾、磕頭、請安」，歷經千辛萬苦「始得此紅頂花翎之服色，中堂大人之名

號」。他們竭盡了畢生力量去當官，而不是辦事。哪怕是他們想先當官再做事，可是等權勢到手，已經鬚白齒落，需要他人攙扶了，哪還有精力和時間去辦實事、辦大事？

然而，古代專制政體的一大特點就是攬權，權力越集中，官員們需要處理的政務就越多，責任就越大。他們又是如何卸去那如山般的政務和責任的呢？

古代官員總結出了兩大法寶。第一就是唯上。權力來源是自上而下的，官員的升遷禍福取決於上級的意見，於是一切以上司的意見為準，唯上司馬首是瞻，再配合逢迎拍馬，就能順利熬資歷，混履歷了。上級衙門傳下命令和檔案，能轉發的，就依樣畫葫蘆，轉發給下級衙門辦理；不能轉發的，就揣摩上司的意見，給一個中規中矩卻言之無物的回覆。第二則是圓滑。做事不求實效，只求規避風險。為官只求一團和氣，不求有功但求無過。久而久之，「團結」代替了奮進、「靈活」排擠了原則，「沉穩」埋葬了激情，所有官員的個性都被磨平，彷彿一個模子裡刻出來的不倒翁。而圓滑的最高境界，就是一事不做、呆坐終日。這樣做，不一定是升官的捷徑，卻肯定是升官的坦途。

明代以後，很多官員將地方官職視為畏途，避猶不及。即使迫不得已要去混地方官的履歷，也是抓緊做表面文章，爭取早日高升。究其原因，是地方官職事務繁多，難免要做事，容易出事，不利於升遷。官場人稱：「州縣官猶如玻璃屏，觸手便碎。」新科進士，如果被分配當地方知縣，如喪考妣，乃至有大禍臨頭、仕途絕望之感。被逼上任後，每日求菩薩保佑，保佑轄區內無災無難、五穀豐登，保佑轄區內盜匪絕跡、路不拾遺，再以「錢糧完納」、「刑獄已清」、「文教昌然」等好詞矇混上司。有矛盾有問題，沒關係，只要別爆發在自己任期內就行。今日我任

期已滿，哪怕是洪水滔天、野獸遮道，也與我無關。這就不難理解為什麼衙門口的差役千方百計阻止百姓擊鼓鳴冤、出巡的縣官為什麼穩坐轎中緊閉窗簾對民情民意視而不見了。多一事就多一分風險，仕途壓力巨大的官員們傷不起啊！

要想當官，就全心全意當官，別想做事，更別想什麼「為民造福」、「銳意改革」了！這是中國古代官場的一大悲哀。

京官與外官，孰優孰劣？

　　京官與外官，前者為官在京城、處廟堂之高，後者在地方、居江湖之遠。對於古代官員而言，到底是當京官好呢，還是出任外官好呢？

　　京官與外官，各有好處。外官常說：「我愛京官有牙牌。」京官則說：「我愛外任有排衙。」牙牌，是朝廷官員朝會時攜帶的三寸白牌，一般由象牙或者獸骨製成。官員用來記錄奏事要點，備忘用。排衙，指的是地方官府的集會議事，通常儀仗大陳，煊赫熱鬧，後來引申為外官的官威官儀。

　　牙牌與排衙，讀音顛倒，被用來指代京官和外官的優勢。京官有牙牌，身處權力核心，能參與最高決策，這是埋首具體政務的地方官所不具備的。清朝，吏部的郎中、員外郎乃至普通主事，有事途經地方，總是能得到超規格接待。督撫藩臬等地方大員都免不了親自接風與餞行。他們款待的，不是京官的品級，而是京官手中制定政策的權力。

　　外官有排衙，淨道出巡，威嚴肅穆，聲勢顯赫 —— 這在一板磚能拍倒一個尚書兩個侍郎三個御史的京城是難以想像的。京城裡達官顯貴、王公大臣密布，誰能乘馬誰能坐轎，用幾匹馬坐幾個人抬的轎子，可以帶多少隨從、使用什麼儀仗，甚至誰與誰相遇，如何避讓、如何行禮，面面俱到，都有繁瑣得不能再繁瑣的規定。稍微有一丁點違規，就是「僭越」，就是「非禮」，是要被御史老爺彈劾的。普通京官只能坐兩人抬的小轎子，帶一兩個小廝隨從，不得不低調。在州縣，情況就不同

了。普通知縣出行，動靜都能和京城的頂級權貴相媲美，首先是銅鑼開道、衙役淨街，接著是長長的儀仗：先是高高舉起的「肅靜」、「迴避」牌，再是「某年舉人」、「某年進士」、「某縣正堂」、「七品頂戴」、「加級記錄」、「賞戴藍翎」或「某某嘉獎」等等牌子，誰都能拼湊出一串來。走完儀仗才是老爺的轎子，四人抬是最普遍的，此外還有押轎的長隨、緊隨的幕僚。殿後的是官府的差役，背景稍強的外官還能「借」來正規的官兵。這陣勢，不僅能嚇住鄉野村夫，也能把同品級甚至高品級的京官驚得目瞪口呆。

　　清代筆記《巧對錄》轉錄楊儀《明良記》說，官員使用傘蓋有嚴格的規定，明代京官只有考官入場、狀元歸第時才使用，其他時候不敢打傘。當時的南京作為明朝的「留都」，保留了一套京官序列。南京京官在用傘方面稍稍寬鬆一些，顯貴的人平常敢打兩簷青傘。曾經有南北兩個京官互開玩笑，北京京官說南京同僚：「輸我腰間三寸白。」（牙牌）南京京官就回道：「多君頭上兩重青。」（兩簷青傘）

　　實際上，古代官員還是傾向於當京官。明清的新科進士，最優者選翰林，平常者謀求中央部院職位，劣等進士才被分配到州縣。這裡就有一個非常實際的考量：外官有排衙，可以擺官威官儀，但事務繁雜，升遷不暢，政治前途黯淡。按照投入和產出來說，當外官是付出多、回報少的一條路。現實也的確如此，新科進士出任外官，沉溺州縣幾十年，很多人一輩子都只是知縣、知州，少數人能夠熬到知府、道臺退休。至於升遷為巡撫、尚書的，簡直是寥若晨星，屈指可數。其中的原因，大致是外官晉升的競爭遠比京官激烈，且政務煩雜、責任重大，極易出錯，耽擱前程。巡撫、尚書職位，幾乎被進士出身的京官所壟斷。明清政壇常見的「星光大道」是這樣的：進士出身、入選翰林，幾年後調任

中央部院，再外放地方藩臬、道臺（最不濟也得是知府），在地方鍛鍊一兩任後升遷為督撫藩臬或者回京任尚書、侍郎、九卿。通常只要二十年出頭，一個新的達官顯貴就誕生了。

當然了，並不是所有人都想留京為官。一些人就熱衷當外官。個中緣由，不能全歸為排衙的魅力，還有其他誘惑：地方官缺一般比同等京官「肥」，實際收入高。清代一個知府的養廉銀幾乎與內閣大學士相當；地方州縣生活壓力小，外官生活品質較高，尤其是在一些風光旖旎的魚米之鄉。清代京官，外放一省學政，不僅一輩子吃喝不愁，還能收一長串的弟子，並且吟詩誦詞，指點轄區景點，好不快活。外官在遊山玩水之時，京城的同僚們說不定正駕著小驢車，奔走在塵土飛揚的大街上，進出各家當鋪典當衣物呢！

說到遊山玩水，這簡直是外官的「工作」內容之一了。修繕轄下景點、挖掘人文內涵，做好了不僅能提升轄區的知名度，這項工作本身還能名垂青史。比如，杭州要感謝白居易、蘇東坡兩位父母官，揚州二十四橋要感謝杜牧。如今，中國的很多景點，都得益於古代的文人官員的修繕、揚名。

唐朝大中年間，雍陶出任四川簡州（今簡陽）刺史。州北二里，有一橋，名「情盡橋」。雍陶一次送客至情盡橋，問左右：「何為名此？」回答說：「送行之地止此，故耳。」雍陶認為用「情盡」二字命名橋梁，未免有違人情，因此改名為「折柳橋」。並題詩：

從來只有情難盡，何事名為情盡橋！
自此改名為折柳，任他離恨一條條。

這一改名，很快成為了地方佳話和文壇趣事。歷代文人墨客經過簡州，就多了一個話題和一個流連、題詠的地方。清朝乾隆年間，進士胡德琳出任簡州知州，在折柳橋附近道旁廣植楊柳，兩行垂綠，直至折柳橋前，風景大增。他也寫了一首七絕，說折柳橋：

夾道垂楊千萬枝，春風長養碧參差；
橋邊繫馬情難盡，折柳誰憐種柳時。

胡德琳就是一個文人官員，喜歡以詩文會友，為官每至一地，蒐羅當地文獻，編修地方誌。他在四川、山東等地為官多年，主持編纂了多部志書，順便自身也成了一個藏書家。

同樣喜好詩文的趙熙，清朝末年在北京擔任監察御史。公餘，與一幫士大夫經常相聚於「廣和居」酒家，談詩文只是幌子，主要是對現狀不滿，一起來發牢騷、罵朝廷。聚會的都是士大夫、窮京官，沒一個富豪權貴、上層人物，趙熙就自嘲大家是「下流社會」。

一次聚會，大家談起直隸總督陳夔龍讓妻子拜慶親王奕劻為義父、安徽巡撫朱家寶讓兒子拜奕劻的兒子為義父，都變相實現了自己當奕劻兒子的「願望」，認為這兩人奔走權門，「無恥」。朱家寶和趙熙是同年進士，有很重的「年誼」。趙熙照罵不誤，罵了不解氣，還在「廣和居」牆壁上題詩，諷刺「居然滿漢一家人，乾女乾兒色色新」。店主懼禍，趙熙等人前腳剛走，後腳就叫夥計把詩給刮掉了。這事如果是在地方州縣，知府大人題寫的詩句，就算狗屁不通，哪個店家敢刮、敢鏟？

在遊山玩水方面，蘇東坡是一個典型。他歷任外官多地，每到一地都留下了旅遊和吃喝方面的佳話，菊酒、荔枝、東坡肉……一個也不能

105

少。後人非但不說他「不務正業」，還覺得他是一個好官，頂多再說他「好吃」。說到吃，中華飲食博大精深，每個地方都有自己的飲食文化。宦遊九州，絕對是「吃貨」官員的最愛。我們就以四川成都為例子：

光緒三十一年（一九〇五年），北方人賀倫燮任四川警察總監時，常在正興園喜用北方味宴客，他喜大油好美器，人稱「賀大油」。一九〇九年的《成都通覽》載：「席面之講究者，只官正興園一處。……其磁碟瓷碗，古色斑駁，菜亦講究，湯味甚佳，所謂排場好而派頭高也。」後來，浙江人周善培繼任警察總監。他亦是個「食不厭精，膾不厭細」的美食家。他的特點是求出新，常以揚幫菜味與川菜、川味相結合，烹製出「茄皮鱔魚」、「芋頭圓子」等菜品。還用新津縣牧馬山的大燈籠海椒，挖空瓤子，內填鮮蝦，再摻入紹興黃酒，使江浙菜略帶四川辣味，達到「解醒未減黃柑美，雋味能欺紫蟹香」的美譽。（《益州集粹·川筵》）

外官之中，多美食家、旅行家，這能否算是任職外官的一大吸引力呢？

不過話說回來，美食也好、風景也好，都不是評價政治成敗的標準。成為美食家或者旅行家並不能為官員增加政壇鬥爭的籌碼。「不務正業」的蘇東坡在政治上就不太成功。要想平步青雲，還得走京官路線。那麼，為什麼還有相當一部分官員熱衷外任呢？我們可以將此理解為他們與權力欲的相對「絕緣」。他們不追求飛黃騰達，所以投向地方、投向村鎮和山野。州縣吸引他們的，固然有美食美景，有純樸的民風，更有保持個體獨立與自由的可能性。

古代官員編制非常之少，一個縣裡吃皇糧的人屈指可數。知縣上任後，擁有極大的權威，可以號令一方。同時，古代交通不便、通訊不暢，在天高皇帝遠的州縣裡，有心的地方官完全可以甩開羈絆，一展拳

腳。清朝的方大湜，出身州縣官員，在光緒年間歷任直隸按察使、山西布政使，算是外官中的佼佼者。解職歸田後，方大湜對親友說：「官至兩司，不如守令之與民親，措置自如也。」在方大湜看來，省級的高官比不上州縣的父母官，可以獨立自主，施展平生所學、實現施政抱負。

如此的權威和獨立，或許是那些懷抱著「為官一任、造福一方」夙願的父母官更在意的。如果說飛黃騰達和服務百姓，是兩個不同的選擇。當兩者衝突的時候，歷朝歷代都有官員選擇了服務百姓，捨棄前途。這是古代政治的一大閃光點。

古代官員的「紅」與「專」

古代官員是一個專業要求很高的職業，每天都要處理很多業務。比如教撫百姓、徵收錢糧、司法刑獄等常規工作，又比如水利、漕運、剿匪、實業等非常規工作，哪一樁哪一件不需要專門去學習，不要求負責官員掌握相應的業務能力？

但是，我們看到古代官員似乎都是全能王，全面發展，到處開花，今天抓教育明天管財政後天負責軍事，甚至把吏禮兵刑民工六個部門的職務挨個當過去，令人嘆為觀止。「學在於長，業在於精」的規律在古代官場失靈了。為什麼官員們都是全能王？他們就真的是樣樣精通嗎？會不會「外行管內行」，對工作造成不良的影響呢？

▶「政治」第一業務第二

古代並沒有針對行政或者做官的專門教育，有的是儒家理論的教育。客觀地說，君君臣臣父父子子那一套和實際政務有很大的距離，對讀書人入仕後的實際工作幫助不大。

而官府要錄取的恰恰是沒有經過專門教育的讀書人，而不是那些在財稅、水利、偵查、審訊方面有專長的人才。科舉考試不考錢糧刑獄，卻考君臣禮義。如果一定要找出和官場實踐有關的錄取標準，那就是唐宋之後選拔官員，要看能否寫一手合格公文，通俗地說就是看候選者會

不會打官腔、寫官樣文章。專業歷史名詞叫做「判」，公文判詞能做到文辭通順、沒有紕漏、有說服力的候選人優先錄取。

讀書人初入官場，對於實際工作內容，完全是兩眼一抹黑，一竅不通。他們所有的是滿腹的四書五經、八股文章，能做的就是用儒家道德指導辦公。比如明代大清官海瑞當父母官，審案的標準就是遇到財產糾紛，寧可委屈士紳尊長，也要站在百姓卑弱的一方；但是遇到名譽禮儀的官司，寧委屈百姓，也要維護士紳尊長的利益。這就是從儒家道德出發的審案標準。至於朝廷繁複的律法條文和種種判例，海瑞可能並不精通，很多官員甚至都沒拿起來翻閱過，自然做不到「依法辦事」了。

說到司法，古代官員常常會「法外施恩」或者「法外用刑」。對於貧苦孤獨或者情有可原者，父母官常常減輕甚至免於刑罰；而對於殘暴跋扈，激起民憤者，往往刑上加刑，動不動就先來四十大板殺威棍，甚至「立斃杖下」的記載也不絕於史。如此「有法不依」，古代官員非但不會受到處罰，反而留名青史，說不定離任時還會有紳民送「萬民傘」，「脫靴遺愛」，來個揮淚相別。說到底，還是儒家道德在其中發揮作用。司法如此，民政、教育等其他政務也如此，維護儒家道德是官員們首要的考慮，業務成效倒在其次。

儒家道德的核心是「忠君」，是對君王忠義，在實踐中表現為對皇權的絕對尊崇，聽皇上的話、執行皇帝的命令。而皇帝考慮問題的首要目的是維護自己的威嚴，鞏固自己的統治，而不是什麼國計民生、百姓疾苦。他評價官員的首要標準，是忠誠，而不是業務能力。寧可用忠心的庸才，也不用異心的人才，是專制帝王用人的不二準則。就這樣，帝王用人和官員辦公，就找到了一個共同點：政治第一，業務第二。

古代官場任何制度都是圍繞著君主專制而制定的，由於立法執法中

的偏差以及君主個人的愛憎，所謂職官管理成為君主控制官員、維持皇權的手段。帝王的好惡決定著個人前途榮辱。於是，官員「阿旨曲從，則光寵三族；直情忤意，則參夷五宗」。（《後漢書‧宦者列傳序》）誰還去真正重視業務工作呢？按照現代政治理論，政府職能可分為社會管理和政治統治兩大類。歷朝歷代設官置衙，帝王都突出政治統治的衙門的分量。除了掌管具體業務、維持國家運轉的六部之外，唐宋之後的歷朝歷代無不設定了名目繁多、規模龐大、疊床架屋般的其他衙門，比如通政司、翰林院、都察院、太僕寺、太常寺、鴻臚寺、光祿寺、國子監、詹事府、宗人府等等，更不用說校書、錦衣衛、黏桿處等等了。這些機構或許曾經掌管具體的業務，或許仍然經手些微事務，但基本上是閒職，主要是為了維護帝王的威嚴、保證體制的穩定和忠誠。皇帝離不開這些「冗、虛、閒」的衙門，在其中安插了數目並不亞於業務部門的官員。他用這些閒職來犒賞效忠自己的官僚，安排體制內部的冗員，監視官僚們的動向，或者考察、鍛鍊、栽培某個官員。這就告訴那些只會八股文章、不識人間疾苦、不分豆菽麥稻的官僚們，不學無術沒關係，不會辦事也沒關係，只要效忠皇帝，仍然有大把的官位虛席以待。

▶ 政績是浮雲

如果官員都重政治輕業務，業務成績（政績）不好怎麼辦？比如錢糧徵收不足額，轄區內治安不好，怎麼辦？這就涉及第二個問題：業務考核。

理想的業務考核能夠優勝劣汰，獎勵埋頭實幹有成績的官員，淘汰那些不做實事甚至做不了事的庸官昏官，從而促使官員們都鑽研業務、提升政績。

可是，君主專制體制下的業務考核，是自上而下的考核，皇帝考核大官，大官考核小官。古代從來沒有百姓考核官員的制度。既然皇帝用人的標準是政治第一業務第二，那麼考核起來也是先講政治，再看政績，有時候甚至是政治壓倒政績。總之，皇帝覺得「忠心耿耿」的大臣、對維護體制穩定有用的大臣，哪怕政績不行也能穩坐泰山乃至平步青雲。「德才兼備」，「德」為先，「才」只是錦上添的花。這裡的「德」，執行的標準就操縱在皇帝和上司的手中了。後者覺得被考核者有「德」，他沒德也有德：反之，後者覺得被考核者失德，他再德才兼備也沒戲。比如，唐宋官員考核標準都是「四善」，即德義、清慎（謹）、公平、恪勤，都是非常道德化、缺乏可操作性的大標準。實實在在的政績和「四善」中的任何一項似乎都有關係，可是又沒有關係。

其次，官僚體制一旦建立，就擺脫人類控制，產生自己的邏輯，會根據自身利益和慣性運轉下去。而保持體制的穩定是它的一大追求。確實考核產生的波動，顯然不利於官僚群體的利益，也影響體制的穩定，是官僚體制不願意發生的。因此具體到實踐中，每個考核單位都要為自身的利益和穩定考慮，主持人多不願秉公執法，破除情面。東漢王符在《潛夫論》裡說：「尚書不以責三公，三公不以責州郡，州郡不以討縣邑，是以凶殘狡猾易相冤也。」考核制度的陋弊幾乎是與該制度本身同步發展起來的。考核的結果，往往是你好我好大家好，極少有人會因為考核不合格而被貶官罷職。如果真出現那樣的「反常」情況，人們總是習慣性地認為不合格者不是得罪了上司，就是人緣太差，在官場上得罪的人太多了，或者就是政治鬥爭、派系傾軋的犧牲品。

宋代是官員的「天堂」，考核官員採用磨勘法，即規定文官三年一秩，武官五年一秩，凡到期沒有過失的人都可以升官，因此在實際操

作中考核就變成了論資排輩，結果造成官員「不求功實，而以日月為限，三年而遷一官，則人而無死，孰不可公卿者乎？」糊塗官只要活得足夠長，就能列位公卿。如果你是宋代官員，你會去鑽研政務、認真工作嗎？

明朝戶部十三個司，自孝宗弘治以來，藉口公署不大，只留郎中一人治事，其餘戶部官員只在授官之日（也就是任命的時候）出席而已，實際上就是掛名不幹活。《清稗瑣綴》記載光緒、宣統年間，國事紛擾，京官們卻渾渾噩噩、頹廢得很，每天早晨到所在的衙門點個卯，不到中午就回來了，稱之為「上衙門」，至於有多少時間在衙門、都做了些什麼，自己都無所謂了，也沒有人在乎。他們在乎的是上司的喜好、衙門的空缺和黨同伐異的安危禍福。這些明清官員，相信其中絕大多數人年年考核合格，部分人還考核優異，該享受的待遇一樣不落下，該升遷的照樣升遷。在這樣的環境中，還會有幾個官員去扎扎實實地工作，追求政績呢？

總之，古代官場的業務考核流於形式，主要不是看政績，而是看權力上端的好惡和體制的需求。政績的作用，似乎如同浮雲飄忽不定。

▶ 做官是世間最容易的事

既然業務考核形同虛設，讓官員無心辦公，那麼業務上真出了什麼必須解決的問題，怎麼辦？比如，每一年的錢糧總得徵收上繳，轄區內出現了刑事案件必須去偵破，無心業務的官員們怎麼應付這些問題呢？

古代官員的應對很簡單：依樣畫葫蘆。所謂的「葫蘆」，第一指的是「故事」。清朝官場「非競尚浮文，即虛應故事」，清人皮錫瑞說：「官

場所務，唯在奉行故事。」這裡的「故事」，就是慣例、傳統和前任們的做法。晚清舊軍操練最重虛文不重實用，帶過兵打過仗的一代名將左宗棠就不客氣地指出軍隊中種種行為都是「花法」，「如演戲作劇，何裨實用？」都進入熱兵器時期了，將領們還沿用千百年來祖宗傳下來的兵書陣法，不定期地帶著兵丁們出來蹓躂幾圈。《官場現形記》認為「比耍猴還要好看」。

葫蘆的第二層意思是權力上端的心思、好惡和言行。下屬當上司的傳聲筒是最保險的做法，古代官員善於揣摩上司的心意來處理問題，用會議落實會議，用檔案傳達檔案，用講話貫徹講話。遇到新情況、新問題或者上司沒有明確態度或者沒有前例可循的，溫和的官員就套用「再商量」來敷衍，態度不好的官員就以「無例可循」為由加以擱置。

虛應故事也好，揣摩上意也好，本質都是敷衍。不求真正解決問題，不求實效，只希望把問題糊弄過去。晚清的李鴻章曾自嘲是朝廷的裱糊匠，所做的一切只是將政務裱糊一番，免得在自己手上崩盤。李鴻章是坦誠的，說出了許多同僚「只做不說」的祕密。

退一步說，如果出現急待解決的突發問題，既沒先例可循，又沒有上司意見，官員怎麼辦？

真遇到什麼不得不解決的問題，官員都有下屬、幕僚們出謀劃策。清朝地方父母官都有幕僚團隊，少不了有刑名師爺和錢糧師爺處理政務，有的還有書啟師爺處理文牘，此外還有數量可觀的書吏、門子、隨從，囊括了各方面的政務。朝堂上丞相一級的高官，不過問具體政務，身邊少了師爺和書吏，卻多了門生、食客、幫閒文人等等來出謀劃策。官員們依然不必有專門的業務知識，不需親自處理政務，只需要在幕僚團隊敲定的公文函件上簽名蓋章（有時，官員的印章都由幕僚、書吏

負責封蓋）。遇到決策時刻，官員們只需要對幕僚遞交的決策建議，說「准」或者「否」就行了。不清楚律法條文沒關係，不知道府庫裡錢糧金額沒關係，遇到難題和突發情況也沒關係，後面有一大幫子人會幫你解決。

到後來，官員連負責領域的制度條文、慣例先河乃至上司的意見和命令都懶得記了，通通推給幕僚們，遇到難題隨時「徵詢」、「顧問」，然後說幾句「此議甚合本官心意」、「此事本該如此處理」，把幕僚的意見當做決策下達執行即可。

實際上，真正維持各個衙門運轉的，不是滿腹八股文章、幾年一任「周遊」各個職位的官員老爺們，而是幾十年如一日在本衙門工作的胥吏差役們。比如明朝的戶部十三司，一個郎中自然不能維持整個國家財政部的運轉，只好放手胥吏。州縣的官員則完全把政務推給幕僚和胥吏們，導致弊端百出。官員們對這些精通業務的地頭蛇，既離不開又猜忌限制，有清朝官員就感嘆：「本朝與胥吏共天下矣。」

反過來說，古代官員真的沒有必要去認真刻苦地埋頭鑽研具體政務、提高政績，因為當官這個活實在是太簡單了。不客氣地說，哪怕是一個剛學會說話的黃毛小兒，也能做 —— 當然，前提是他得當上官。難怪李鴻章說，做官是世間最容易的事，一個人如果連官都做不了，那就太沒用了。事實上，市場有市場的力量、社會有社會的邏輯，只要官府不橫徵暴斂，不妄加干涉，經濟會自然發展，社會也會穩定進步。要相信市場和社會「自發」的力量，政府公權力並非時時處處都是不可或缺的。從這個角度來看，古代官員的庸碌無為，有時未嘗不是好事。

在古代，權力上端任命官員，首要要求是控制某個衙門、某個領域，鞏固統治，政績方面的考慮倒在其次；官員上任，首要任務是維持

所在衙門、負責領域的穩定，保證現有體制的統治，政績也是次要的。真正著手政務的不是身為「一把手」的官員，而是幕僚、胥吏和差役們。這就造成了官員和政務的脫節，忙於當官。放眼看去，古代官員都是全能王，哪裡有需要往哪跑。這是不負責任、不正常的現象，卻是君主專制和官僚體制的伴生品。

御史們的「開口死」

　　任何事物多多少少都有自我清潔、自我糾錯的機制，這是自然法則之一。表現在政治體制上就是監察制度的存在。中國傳統王朝被視為專制政權，其中也存在歷史悠久而體系完備的監察制度。

　　監察制度制約皇權，懲治官僚集團的劣行，產生了許多膾炙人口的懲貪治惡的傳奇故事和英雄人物。但是，古代監察制度並沒有讓傳統王朝走上良性發展的道路，常常淪為可有可無的點綴或者權力鬥爭的工具。王朝專制體制不能自我糾錯，難以自我革新，是難逃覆滅的原因之一。

▶ 職責要求開口，開口卻有危險

　　早在春秋戰國，諸侯國就有專司監察的官員，之後逐漸發展為監察政府和百官的監官、規勸諷諫帝王的諫官兩大系統。唐宋時期，王朝體制中逐漸形成了「臺諫」制度，「臺」指的是御史臺，御史等人是專門監察中央和地方官府和文武百官的；「諫」指的是諫官，有諫議大夫、拾遺、補闕、正言、納言等。臺諫之官被視為「清要」之職，遭人羨妒。因為他們不用承擔繁重瑣碎的政務，只要動動嘴皮子就可以了，因此被稱為「言官」。

　　歷代皇帝都高調宣稱言官是「天子耳目」、「朝廷腹心」。監察工作關係天下長治久安，言官人選必須是一時俊彥，素養品行足以表率群

倫。一般都是高中進士的飽學之士出任言官，科舉名次低了還不行。言官們大多前途似錦，任職有年後出任地方大員，最終出將入相者不在少數。對讀書人來說，「當言官」和「中進士」一樣充滿誘惑。

　　明清是傳統王朝政體高度成熟的時期，形成了機構健全、體系清楚、規範周詳的監察制度。監察機關對官府機構和官僚集團的監督範圍十分廣泛，大到謀逆不軌、結黨營私，小到品行惡劣、辦事拖沓、穿錯衣服走錯路，都在監督範圍之內。言官們雖然級別不高（五品到七品），權力卻很大。每個言官都有與自身品級不相稱的權力，可以監督核查官府的日常行政、要求官府匯報工作：也可以公開、當面的彈劾檢舉他人：還可以直接向皇帝上奏章，更可以要求密奏，除了言官和皇帝，其他人或者機關不得阻攔或者要求提供副本。此外，御史可以「奉旨查辦」案子或者監督某事，受派遣到地方或者衙門當欽差大臣。清初順治年間，御史王繼文巡按陝西兩年，一共彈劾文武官員四十餘人、查處虛冒錢糧案件七千七百多起。言官們「見官大一級」，權力相當了得，威勢相當顯赫。民間傳說的「八府巡按」、「巡城御史」說的就是言官的威風。

　　然而，言官又是王朝政體中最危險的職位之一。

　　明朝是監察制度成熟、言官威嚴高漲的朝代，恰恰是言官受壓抑、受侮辱，尊嚴掃地、人格變態的朝代。明朝廷杖威武，經常扒掉大臣的褲子打板子，而且是真打，往死裡打。明朝，言官被杖斃的並不罕見。加上明朝宦官專權，權臣也不少，言官監督他們往往是凶多吉少。比如大太監魏忠賢當道期間，勇於揭露宦官惡行的言官為數眾多，結果都是魏忠賢毫髮無傷、言官們身死家滅，乃至株連親朋好友。比如天啟早期，左副都御史楊漣彈劾魏忠賢二十四大罪，反而被誣陷「受賄一萬兩」，歷經拷打，慘死獄中。楊漣還只是遭到魏忠賢陷害的眾多言官之一。

　　更早些的嘉靖二十年，大學士夏言、禮部尚書嚴嵩等指認一場小雪為「祥瑞」，作頌稱賀，取悅嘉靖皇帝。監察御史楊爵直言天空飄幾片雪花不是祥瑞，為此歌頌的大臣居心不良，進而告訴嘉靖皇帝「今天下大勢，如人衰病已極。腹心百骸，莫不受患」，如果任由「遇災變而不憂，非祥瑞而稱賀，讒諂面諛，流為欺罔，士風人心，頹壞極矣」。嘉靖皇帝看後震怒，將楊爵入獄。楊爵被打得血肉橫飛，死去活來。相關部門請求把楊爵送司法機關審判定罪，嘉靖皇帝不許（因為楊爵沒有罪）。獄卒摸不透皇帝的心意，只好嚴密關押楊爵，不讓家屬探監，也不給飲食，楊爵被折磨得奄奄一息。主事周天佐、御史浦鋐上疏為楊爵求情，竟然被「杖斃」。工部員外郎劉魁、給事中周怡兩人也上奏言事，同樣被嘉靖皇帝入獄，只折磨不定罪。楊爵和劉魁、周怡三人被關押了七年。最後，皇宮大火，嘉靖聽到火光中似乎有人大呼楊爵三人是忠臣，這才下令釋放三人。楊爵拖著病體回家，身分不明不白，兩年後逝世。

　　清朝皇權高漲，極少出現權臣和大宦官，言官們的日子還是不好過。順治時，御史張煊彈劾大學士陳名夏「十罪二不法」，被認為「挾私汙衊」，被處以絞刑；御史李森先彈劾大學士馮銓貪贓，被認為「無實跡」而遭解職。康熙時，御史炳文奏請考核言官的時候，只由直接上司都御史負責考核，去留聽候欽定，免得其他勢力插手言官考核，結果被認為「殊為錯謬」，革職罰往伊犁效力贖罪。乾隆時的曹錫寶，是個前途看好的御史，上奏彈劾處於上升期的協辦大學士和珅，最後被乾隆認為是「書生拘迂之見」，落了個「革職留任」的處分，鬱鬱而終。好在當時和珅還沒到達權勢巔峰，不然曹錫寶猜想連「鬱鬱而終」都不可求了。嘉慶時，御史羅家彥指出八旗制度已經落後，花大錢養閒人，反而「旗民生計艱難」，「老幼男婦皆以紡織為業」，結果遭到嚴厲訓斥。皇帝認

為「我朝列聖垂訓」，八旗制度是「完美的」，紈褲子弟都保持了騎射優良傳統，怎麼可能「皆以紡織為業」呢？最後，念羅家彥不是旗人，革職了事。

開口言事是言官們的職責。為了鼓勵言官開口，一些皇帝還規定他們可以「風聞言是」，即可以捕風捉影，而不必拘泥於證據。但是，上述言官都是正常履行職責，卻以悲劇收場。輕者革職，仕途結束，重者或斬首或杖斃，小命玩完，甚至要連累親屬。言官成了高風險的職位，使得在職者戰戰兢兢，不敢開口。

▶ 帝王為什麼對言官明褒暗貶？

朝廷一再鼓勵言官們知無不言，言無不盡。可是言官們不敢如此，帝王們也不希望他們如此。

作為王朝體制的頂層，皇權也在監察制度的監督範圍之內。諫官系統就專為制約皇權而設。運轉得好時，帝王不敢為所欲為，壞事還沒做完言官指桑罵槐的奏章就遞過來了。帝王自然不希望制約皇權的力量（而且還是制度性的力量）存在，連唧唧歪歪的聲音都不希望留在耳邊。於是，監察制度中的諫官系統一直處於皇權的壓制狀態下。明朝的朱元璋、朱棣父子，清朝的康熙、雍正、乾隆祖孫，都是精力超人、崇尚強權、力行專制的皇帝。諫官系統遇到這樣的獨裁者，就更文弱、更無力了。

諫官系統發揮作用，根源於他們可以監督最高權力的決策和出令程序，可以駁回有違理法違反程序的皇命，即「封駁詔書」的權力。這項權力行使得好，皇權被限制在一定範圍內。皇帝想用個奴才，就只好繞

開正常的發令程序。這樣得到的官在唐宋被稱為「斜封官」或者「墨封官」，有些難上臺面的意思。可是從明太祖朱元璋開始，廢相權壓制外朝，皇權急速膨脹。之前的發令程序被打破。對於實際事務，皇帝透過祕書團隊內閣來決策和發令。清朝更是發展出「跪聽聖諭」的軍機處，透過軍機處的奴才來發令。諫官系統能夠接觸到的只是例行公事和無關緊要的瑣事，名存實亡。

即便如此，雍正還是覺得礙事，要裁撤尚且是獨立機構的諫官系統——六科，把六科的諫官——給事中劃歸都察院。都察院屬於監官系統，是監督政府和百官的。此舉就取消了監察系統對皇權的制約，把諫官降級為監官的一部分，加大對百官和官府的監督。雍正撤併六科時，給事中們「連章爭競」反對，結果遭到「嚴加懲儆」。雍正既要保留諫官彰顯自己「納諫」之賢，又把諫官的監督目標轉移為中央各部衙門，強化對臣僚的控制，可謂一舉兩得。

皇帝的屁股摸不得，各級衙門和文武百官也輕易動不得。言官們對衙門和他人的考核、彈劾，最終評判者是皇帝。皇帝對臣僚的評判標準，不是冷冰冰硬邦邦的白紙黑字，也不是言官們的理想與堅持，而是忠誠度，是臣僚的言行是否有助於鞏固皇權、是否有利於維護皇帝的統治。

言官們說得最多的是衙門和百官們的貪贓枉法、腐化墮落等問題。在皇帝看來，貪腐並非大問題。早在南北朝時期，一代名臣蘇綽就提出了「貪腐工具論」。北周奠基者宇文泰向他討教治國之道，蘇綽提出要「用貪官，棄貪官」。

蘇綽的理由是「為君者，以臣工之忠為大」，忠誠是首位的，因為「臣忠則君安，君安則國安」。為了保持官吏們的忠誠，君王要允許他

們「以權謀利，官必喜」。但是，官員們貪腐所得本質上都是君王的財富，如果聽任官員貪汙挪用，那君王不就做了「冤大頭」了嗎？所以，在「用貪官」的同時，還要「棄貪官」。第一，「凡不忠者，異己者，以肅貪之名棄之，則內可安枕，外得民心，何樂而不為？」君王懲治貪腐分子，「使朝野皆知君之恨，使草民皆知君之明」，既可以讓百姓知道君主的英明偉大，又可以將許多責任推到貪官的頭上，讓天下人知道「壞法度者貪官也，國之不國，非君之過，乃官吏之過也」。第二，「官有貪瀆，君必知之，君既知，則官必恐，恐則愈忠，是以棄罷貪墨，乃馭官之術也。」官員們有貪腐的把柄在君王手中，不知道什麼時候「反腐」的大刀就要砍到自己頭上，因此對君王謹小慎微，不敢有異動。

蘇綽的結論是：「天下無不貪之官，貪墨何所懼？所懼者不忠也。」「貪腐工具論」雖然拿不上臺面，但卻是「權術之密奧」、「千古帝王之術」。一般人自然是不知道「帝王之術」的。所以，言官們和皇帝談理想講道理，皇帝和他們談權力。言官告訴皇帝，如果不肅清吏治、不改革體制就會民不聊生，皇帝告訴他們，只要我大權在握，哪管什麼民間疾苦？

因此，言官們上奏說的事，帝王們或許覺得很「對」，無法駁倒，卻大不以為意，或置之不理，或嫌其多事，或大發雷霆，施以重拳。帝王們理想的言官，就是耳目喉舌、就是鷹犬爪牙，替皇權監督壓制臣民。遺憾的是，讀書人出身的言官們總是不能很好地領會聖意，帝王們只好對其明褒暗貶了。

如此一來，言官們處於兩難境地：一方面是工作風險很大，甚至可能張口得咎，一開口就有生命危險；另一方面是王法和職責都要求言官多開口、多說話，而且言而無私、言之有物。雍正元年還規定科道官一

人一日一奏制度。說還是不說，這就成了大問題！

於是，絕大多數言官只能明哲保身，顧左右而言他，或者反覆說官話、套話，不斷重複帝王的意思，宣揚「皇上聖明」；或上奏說一些無關緊要、雞毛蒜皮的事情：或者高談闊論，離題千里，對行政與國計民生毫無裨益。除了這三種奏章，言官們還能怎麼說呢？

政府設立監察機關，本意是為自己樹立批評者。如今，言官們成了整齊劃一的「歌頌者」，背離了制度的本意。言官們的文章都是「循例奏報」，像白開水一樣沒有味道、抓不住摸不到，想批評、想駁斥都找不到目標（「無所用其參駁」）。皇帝為此很頭疼，他等於是花錢供養了一堆馬屁精和懶人。（而臃腫的官僚機構並不缺馬屁精和懶人。）皇帝們能做的，就是一再痛斥整個言官集團。

順治皇帝諭都察院、六科、十三道曰：「近觀爾等未嘗明舉一清廉持正之賢，未嘗明劾一受賄貪贓之輩。然則朝廷設立風憲衙門，亦復何益！」「爾等自受職以來，凡有應陳奏之事，竟未一言，前已有旨申飭，今又數月矣，仍元一人言事。」康熙皇帝罵道：「科道為朝廷耳目之官，每覽奏疏，實能為國有裨政事者甚少，草率塞責者甚多。」乾隆皇帝罵道：「至科道為朝廷耳目之官。朕廣開言路，獎勵多方，並令翰林郎中參領等官，皆得建言。原冀有裨國是，乃數年中條奏雖多，非猥瑣陋見，即剿襲陳言，求其見諸施行，能收實效者為何事乎？近日即科道官敷奏亦屬寥寥，即間有條陳，多無可採。」嘉慶皇帝則罵：「朕近閱臣工條奏，累牘連篇，率多摭拾浮詞、毛舉細故，其中荒唐可笑留中不肯宣示者，尚不知凡幾。」

他們祖孫幾代人，都沒弄明白：制度塑造人，言官們的平庸無用是皇權專制體制造成的。

▶ 說還是不說，這是個大問題

明哲保身雖然安全，但對於那些追求高官厚祿的言官來說，是遠遠不夠的。要想引起帝王的注意、要想撈取政績和聲譽，他們就必須開口談些實質性的內容。那麼，怎麼開口呢？開口批誰、批什麼事情呢？

言官們最保險的，也是最常見的做法，就是「痛打落水狗」。對那些罪惡昭彰、人皆可殺的罪臣叛逆，言官們群起而攻之，唯恐落後。比如魏忠賢當權時，言官們不是曲意奉承，就是緘口不言。等崇禎懲辦魏忠賢後，言官們突然「勇敢」起來，前赴後繼彈劾、揭發和痛罵「閹逆」，為魏忠賢羅列了數以十計的罪名。康熙前期，大學士明珠結黨營私、貪贓受賄，卻無人彈劾。等明珠開始失寵，才有御史郭琇彈劾。同樣的情況也發生在和珅身上。翻看古代史，哪個權臣大奸不是在「聖眷日減」的下坡路上才遭人彈劾的？

痛打落水狗雖然安全，但做的人也多，競爭太激烈，而且顯現不出個人的眼光和膽魄來。所以，有追求的言官還是要找些其他實事來開口。這就要看言官個人的智慧了。

嘉慶初年，滿族御史和靖額上奏，揭舉一項人事制度不合理。朝廷舊例，滿族舉人如果連考三科都沒有考中進士，可以直接授予低階別的京官。這本是對八旗讀書人的照顧。而漢族舉人多次考不中進士，則要經過吏部的「大挑」後才能出任州縣小官。乍看之下，八旗讀書人多了一條入仕的捷徑。但在實踐中，滿族舉人越來越多，而北京各部委衙門的編制是一定的，不可能讓所有落第舉人都當上，所以大家得排隊輪候，造成一些滿族舉人等了三十多年，鬍鬚都等白了還當不上官。和靖額就奏請嘉慶皇帝准許滿族舉人像漢族舉人一樣參加「大挑」，經過競爭

選授縣令等職。嘉慶皇帝覺得有理，准許了。《嘯亭雜錄》記載「百年弊政，一旦改之，人爭頌其德」，以皆大歡喜結局。

和靖額的同事、漢族御史李仲昭也上奏，揭發長蘆鹽商造假謀取私利、勾結朝貴。之前，給事中花傑彈劾過長蘆鹽政的弊端，還點名道姓說大學士戴衢亨牽涉其中。結果查無實據，花傑遭到譴責。如今李仲昭舊事重提，引起了嘉慶皇帝的重視，讓主管鹽政的戶部處理。戶部官員經過調查研究和磋商討論後，認為李仲昭所言子虛烏有，完全是誣告。而且有鹽商反映李仲昭「索賄」。李仲昭斷然否認，堅持鹽政存在弊端。戶部和御史吵了起來，嘉慶皇帝決定不了，就讓王公大臣們組成專案組，徹底調查長蘆鹽政。調查的結果是：「個別」長蘆鹽商的確舞弊。結果，一個叫曾有圻的鹽商被處理了，和他有關聯的幾個低階官員被降級或者革職。應該說李仲昭獲勝了，不過他在北京官場徹底孤立了，「人咸側目」，大家都用異樣的眼光看待李仲昭。

之後，李仲昭又批評吏部京察不公，他赴戶部點卯（就是對在編的官吏點到），杖責了書吏──清朝的胥吏衙役蠻橫得很。結果，戶部官員們集體彈劾李仲昭。嘉慶皇帝下令將他交給吏部議處。吏部之前受到李仲昭揭發正懷恨在心，上上下下都想乘機把他往死裡整。儘管有剛正的侍郎初彭齡力挺李仲昭：「李御史有言膽，臺中何可無此人？」吏部還是議定將李仲昭連降四級。

第三個御史，叫做繼善，是滿族人，揭發科舉考試中的「翻譯」科黑幕。清朝公文件案多以滿漢兩種語言書寫，需要翻譯。朝廷舉辦翻譯考試，挑選熟悉滿漢雙語的青年。在實際運作中，報名參加翻譯考試的都是王公大臣和滿族親貴的子弟，考試過程中冒名頂替、傳遞紙條等弊端繁不勝言。翻譯考試淪為了近臣子弟壟斷的「進身之階」。繼善揭發

了種種黑幕，嘉慶皇帝下令整肅，翻譯考試這才稍微像點考試的樣子。繼善後來升任管理馬匹的太僕卿。朝廷對養馬的八旗士卒發放補貼，到嘉慶時期，真正養馬的人家不到八旗人家的十分之三，卻都冒領養馬補貼。繼善又揭發了這件事情，在嘉慶皇帝的支持下整肅了太僕寺的馬政。經過這兩件事情後滿族人對繼善恨之入骨。等到繼善驗馬那天，滿族人密謀把繼善堵到哪個小角落裡打死他。好在密謀者們認錯了人，群毆了另外一個官員，差點把那個無辜者給打死了。

三個御史，和靖額、李仲昭和繼善，都是開口言事，說的都是事實，為什麼結果會有天壤之別呢？

開口說話，是有技巧的，並非知無不言言無不盡。三人說的問題，只有和靖額揭發的是滿族舉人仕途無望的問題，處理起來不會侵害任何人的既得利益，相反惠及數量眾多的滿族人，因此非但沒有阻力，官員們還會附和。而李仲昭和繼善揭發的問題，京察不嚴、冒領補貼等，都是實實在在的利益較量，是你勝我負的較量，必然得罪大批人。其中的學問之大，非浸淫官場幾十年不能明瞭。

雍正皇帝曾一針見血地揭露言官們的行徑：

朕觀數年以來科道陳奏者，並無中諛可信之詞，又有庸陋之科道，既不敢直陳政務之大端，又恐蹈緘默之愆。往往摭拾瑣細迂謬、毫無關係之事，濫行條奏。甚至顛倒是非，紊亂黑白，或藉以行私植黨者有之。

雍正皇帝指出了言官們「既不敢直陳政務之大端，又恐蹈緘默之愆」的心態，但歸因於言官們個人品格問題（為私不為公），沒有觸及到真正的原因。要想讓監察制度真正發揮作用，就要完全解決御史言官們「開口死」的危險，真心尊重、保障他們的權利。只有如此，言官們才能高效運轉，政治體制本身才能去病強身，健康發展。

冷衙門的突圍

　　古代朝廷有六部，州縣衙門就有六房，對接朝廷六部的業務。老百姓和朝廷六部很疏遠，談不出什麼，對本地衙門的六房則很熟悉，能談出很多東西來。老百姓常用六個字來形容六房：威武富貴貧賤。

　　威，形容的是刑房，管一個州縣的司法刑訊；武，說的是兵房，負責當地的軍事、安保等；富，指的是戶房，不僅管民政，還收稅：貴，說的是吏房，掌握當地的人事；貧，形容的是禮房，管旌表、禮儀等。最不好的「賤」字，落在了工房的頭上。工房掌管城牆、官廨、橋梁、道路等的修建整治，跑工地、賣傻力氣。古代人歧視工匠，老覺得匠人們低人一等。工房的書吏們，雖然不是匠人，但在一般人眼中，也是「賤」人。在官場中人看來，工房的書吏，比雜役好不到哪裡去。

　　除了社會心理外，工房受歧視的深層原因是實權小、收益少，用老百姓的話說就是「沒出息」。你看，刑房審案，吃了被告吃原告，有出息：兵房雄糾糾氣昂昂就不用說了，事不多還能落實惠；戶房事情雖然多，但哪一項都能擠出油水來，出息大了；禮房差點，但好歹名聲不錯，說得出口，縣裡辦場考試什麼的還能落點小油水。就你工房，和其他五房相比，有什麼優勢呢？

　　有人就會問了：工部和工房負責工程修建，這裡面利潤大了，油水還會少嗎？的確，在古代，有工程就有利潤。啟動一個工程，就能滋養一幫人。資金的籌集、工程的核查、費用的審計和撥付……這其中的每

一個環節，負責的官吏手稍微鬆動一下，就是成百上千兩的銀子出入。但是，工程的財務大權，操在戶部手中。戶部主管天下的錢糧收支，看管著國庫，自然掌握了工程資金的流動。工部只分割了其中的工程核價的權力，外帶跑工地、張羅事的權力。如果說工程修建是一場戲，那麼工部最多是一個男配角，戶部才是名正言順的男主角！事實上，在清朝，財政制度機械僵化，工程被分為不同的類別，不同的工程有嚴格的限價要求。工價超過一千兩銀子，就要上奏皇帝「聖裁」。同時，財務核算「循例」而行。先例擺在那裡，後人很難踰越。沒有先例的工程，又要各部門「會商」，反覆跑流程。工部僅有的實權，也受到種種制約。它這個男配角，自由發揮的空間有限，不好出彩，更不能出格。

工部的淵源，從整合隋唐前主管山川河流、礦產器物的部門而來。有人就會問了，工部系統在山河物利方面，難道就沒有實權了嗎？的確，開礦、伐木和水力等也是油水豐裕的領域，但盯上的人也多。且不說，治水有專門的河道衙門，水運有專門的漕運衙門，就連皇帝也早早瞄上了山川、器物之利。先秦君主就把山川視作禁臠，秦漢之後的帝王繼承了這一觀念，與民爭利成為常事，發展國營經濟，經營山川、製造器物。相應成立的部門，直屬於宮廷，不受朝廷的工部管轄。比如，明朝的太監四出地方，監控礦產；清朝的內務府，機構龐雜，以皇家名義掌管山林行宮，製作經營商品。他們無不侵蝕了工部的實權。

工部實權受限，是公認的冷衙門，工部職位的實際收益也很慘淡，是俗稱的冷板凳。陸游的《老學庵筆記》卷六記載了當時輿論對六部冷熱的評價：

尚書省復二十四曹，繁簡絕異。在京師時，有語曰：「吏勛封考，筆頭不倒。戶度金倉，日夜窮忙。禮祠主膳，不識判硯。兵職駕庫，典了

袯褲。刑都比門，總是冤魂。工屯虞水，白日見鬼。」及大駕幸臨安，喪亂之後，……吏輩又為之語曰：「吏勛封考，三婆兩嫂。戶度金倉，細酒肥羊。禮祠主膳，啖齏吃麵。兵職駕庫，咬薑呷醋。刑都比門，人肉餛飩。工屯虞水，生身餓鬼。」

　　宋朝的六部，每個部四個司，合計是「二十四曹」。其中「吏勛封考」指的是吏部下屬的吏部司（也名本司，明清改為「文選司」）、稽勛司、驗封司、考功司，實權最重，一支筆決定天下官員的進退禍福，所以「筆頭不倒」，最有出息。相比之下，其他五部就差了許多。戶部的「戶度金倉」四個司，事務繁雜，沒日沒夜地忙；禮部的「禮祠主膳」四個司，事務清閒，官員很少處理公文；兵部在宋朝是個擺設，軍事大權在樞密院，「兵職駕庫」四個司，事情少、油水無，要「典袯褲」過日；刑部的「刑都比門」四個司，老出冤案。但是，和工部相比，這四個部門比上不足、比下綽綽有餘。工部的四個司「工屯虞水」（工部司、屯田司、虞部司、水衡司），無權可用，無事可辦，無人來找，衙門裡「白日見鬼」。工部鬼魂飄蕩，毫無生氣，可謂是「冷」到了極致——據說，成語「白日見鬼」典出於此，本意是形容衙門冷清至極。

　　宋室南渡，偏安杭州，建立南宋，六部的職權和實利有所變化。吏部依然最熱最火。多數士大夫在戰亂中失去了身分證明、委任狀甚至是印信，都找吏部登記、補辦，乃至舞弊。吏部官員發財了，不娶個三妻四妾都不好意思來上班。當時，戰爭頻仍、賞罰繁出、治安吃緊，朝廷一方面明定律法、重典治國，一方面加重賦稅、廣開財源，戶、禮、兵、刑部的官吏，事情都多了，都比南渡前實權增加。戶部官吏過上了「細酒肥羊」的小日子，刑部官吏狠吃官司銀子，訛詐人肉餛飩吃。最可憐的還是工部，在變亂之中進一步被邊緣化，之前是衙門裡白日見鬼，

現在連鬼魂都不來了，官吏們自己生生餓成了鬼，所謂「生身餓鬼」。

陸游的記載難免有誇張、調侃，但大抵說出了歷朝歷代六部的冷熱、肥瘦。工部確實一直是古代公認的冷衙門，連累整個系統的官吏都不為人所重。在升遷序列中，工部職位不是用來安置資歷深的老人養老，就是安排年輕冒進的人來過渡。在清朝，一個官員循序漸進，該提拔為侍郎或者尚書了，一般就被安排在工部，很少直接升遷到吏部或者戶部。從工部調任其他部門，在品級上雖然是「平調」，卻被眾人視為「升遷」，值得慶賀。這種潛在的「升遷順序」，大致沿著「工、兵、禮、刑、戶、吏」的順序從低到高進行。從工部調到禮部，是升遷；而從刑部調到兵部，則被看作是貶官。同樣是尚書，工部尚書絕少有入閣擔任大學士，或者進入軍機處參與核心機務的。而吏部、戶部的尚書不是兼內閣大學士，就是被召為軍機大臣，甚至這些部門的侍郎都可能進入軍機處。而工部尚書，就只有旁觀的份兒了。

衙門有冷熱，根源是政治機制在設計之時、官府衙門在建立之際，不可能實現權力絕對平衡的分配。總會有一些部門、一些職位的實權高於其他。無論是在理論上還是實踐中都是難以避免的。

然而，沒有一個衙門，沒有一位官吏，會甘願冷清下去。他們會動用手中的公權力，尋求額外的「出息」。公權力會尋找種種缺口、利用種種可能，擴充自身的力量，獲取實利。還是以工部為例子，我們來看看清朝工部各司的「冷衙門突圍戰」。

清朝工部主體還是四個司：營繕、虞衡、都水、屯田。各個司的主體業務都受到限制，職權有限，可是實際上都各有各的小地盤、私房錢。營繕司造房子、修道路，掌管工部的「主業」，職權受戶部的侵蝕，又受僵化制度的制約，實權很小。營繕司就以儲存工料的名義，大建木

料場、琉璃窯等，發展本衙門的「三產」。其他三個司紛紛效仿，建造了冰窖、船場、塗料場等，各有各的「三產」。此外，營繕司還插手部分稅收，徵收部分木稅和北方沿海的葦稅，前者的徵稅對象是木材，後者是蘆葦，都和工程沾得上邊。一年下來，營繕司能徵收兩萬多兩銀子的稅收。

虞衡司的本職工作，是掌管天下的度量衡和山澤物產。前者一旦確定，幾乎不動，帶不來什麼實利；後者被內務府侵蝕，實利收歸皇家所有，虞衡司不敢染指。他們就在器物製造上做文章，指出官府公物要「標準化生產」、「規範化供應」。在這個大帽子下，虞衡司壟斷了京城各衙門的建築裝飾和辦公用品的供應（地方衙門的同類事務，虞衡司想管，卻管不了）。推而廣之，虞衡司插手京師駐軍的軍械、旗幟、服裝的供應，和兵部會同辦理。這兩筆大單子，讓虞衡司一下子底氣足、膽子壯。此外，山澤物產是虞衡司的本職。每年東北進貢的「東珠」，也由內務府和工部虞衡司會同評定等級，辦理進貢事務。這又算是該司的一項小權力。

都水司是一個古老的衙門，雅稱「水部」，掌管天下江河水利。實際上，都水司根本管不了江河水利，河道、漕運等專門衙門早把這些事務收入囊中。後者的級別都比都水司要高得多。怎麼辦呢？都水司就在「船」字上做文章。有水就有船，有船就要有標準，就得有建造的衙門。都水司藉此就占了一畝三分地。此外，它還徵收部分木稅和船稅，僅稅收一項年入超過二十萬兩白銀。

屯田是古老事務，不少朝廷大興屯田，很重視這項事務。曹魏的屯田是一項重要國策，設定專門系統，與地方州縣平行。這是屯田最為興盛的時代。滅蜀的鄧艾，就是曹魏屯田系統培養出來的幹將。屯田發展

到明清，已經走向沒落，規模小，不被重視，僅在一些邊遠貧瘠之地進行，由駐軍與地方官府管轄。但是，屯田司依然保留。這也是古代官僚機構不與時俱進的一個例子。清代屯田司管轄事務完全「名實不符」，它負責皇室陵寢和王公大臣墳墓的修建。當然，屯田司在實際運作中也不能完全說了算，但說的話很有分量。另外，屯田司也徵收少部分木稅和船稅，年收入也有萬兩白銀。

各司八仙過海各顯神通，為自己擴權謀利，戶部堂官們也沒閒著，在更高的層面上為本部門攬權。清朝造幣權主要集中在戶部，戶部錢法堂負責全國的鑄幣，下轄的寶泉局建有四個鑄幣廠，鑄錢供應朝廷開支。工部以供應工程經費的名義，也建立了錢法堂，下轄寶源局造幣。雖然規模比戶部要小得多，使用範圍也有限，但畢竟掌握到了部分造幣權。這可是極重、極敏感的權力。如此一來，清朝的工部多少有些實權，能為僚屬們謀些實利，不用白日見鬼了。

其實，沒有任何一個衙門是純粹的冷衙門，是徹底的無權無勢。每一個衙門多少分沾了些許公權力。它們無不藉助合法權力，擴權謀利。因為時局、人事的不同，各方博弈的結果不同，但都會有些斬獲。翰林院可以編書賺錢、起草詔書索要潤筆；欽天監強制攤派曆法等等，不一而足。

擴權謀利是古代冷衙門突圍的主要方向。權力有邊界，心理是沒有邊界的；權力有保固期，心理是沒有時間限制的。對於官員個體來說，心理的突圍比衙門、職位上的突圍，更為重要。很多古代官員潔身自好，自尊自愛，不管職位冷熱，都保持了良好的心態。學官衙門是古代公認的冷衙門，比工部衙門還要冷清。這一點，學官們都不諱言，有地方教諭自嘲「百無一事可言教，十有九分不像官」。地方學官只能教導

童生，別無他事，與權勢二字無緣，說是官，更像是私塾老師。但恰恰是學官之中，甘於清貧，自尊自重的人居多。有個叫宋成勛的學官，撰聯：「宦海風波，不到藻芹池上；皇朝雨露，微沾苜蓿盤中。」

「藻芹」說的是水芹和水藻。古代文人喜歡用此類柔弱、簡單的事物自喻，用「藻芹」比喻才學之士，「藻芹池」指代學官。「苜蓿盤」，字面意思是盛著苜蓿的菜盤子，說的是學官的清苦生活。《唐摭言·閩中進士》記載唐代薛令之擔任太子輔官左庶子，生活清淡，在衙門裡題詩：「朝旭上團團，照見先生盤。盤中何所有，苜蓿長闌干。飯澀匙難綰，羹稀筯易寬。只可謀朝夕，何由度歲寒。」由「苜蓿盤」引申出為官清廉。

宋成勛的對聯，心態平和，上聯寫出了工作單純，下聯甘於清貧。清朝初年，海寧縣教諭林譯數年如一日，堅持天天早起打掃學堂，在經費緊張的情況下堅持辦學。他自述「俸薄儉常足，官卑廉自尊」。衙門冷沒關係，只要守住「儉」和「廉」，就能知足常樂，就過得有尊嚴，也就能受到大眾的尊敬。

微服私訪有用嗎？

　　中國古代官場和社會有一種「微服私訪」的情結。官民上下都覺得
這是一件好事，社會上也流傳著許多類似的故事。評書、戲劇和筆記小
說中的清官賢臣幹吏，乃至皇帝，都有微服私訪懲惡揚善的經歷，說者
談得眉飛色舞，聽者聽得心情愉悅、大呼過癮。

　　有一樁典型的微服私訪的事件是這樣的：清代官員長麟在江蘇當巡
撫時，聽說長洲縣知縣貪腐暴虐，就便服來到長洲私訪。他在茶館裡勸
導酒保將知縣的劣跡和盤托出，竟被縣衙差役聞聲趕來當場抓住，一把
鎖套在脖子上被押到縣衙。知縣高坐堂上審訊，長麟用氈帽矇住臉，就
是不肯跪下。知縣頓生疑竇，下座揭開氈帽一看，竟然是頸套鐵鏈的巡
撫大人，當場跪地求饒。結局自然是長麟依法辦事，將知縣奪印革職。
（《南亭筆記》卷二）類似的故事還有很多，充滿戲劇性和大光明的結
局，頗具可讀性。

　　一直到現代，螢幕上的古裝劇、反腐題材作品中的正面人物都有
黈夜孤身、微服私訪的壯舉，引得觀眾追捧。那麼，微服私訪真的有
用嗎？

　　人們對微服私訪的認同，原因在於痛恨官場上的腐朽暴虐、貪贓枉
法，在於懲惡揚善的心理追求。微服私訪被普遍認為可以促進真實情況
上傳，讓上級官員發現真相，讓光明驅散底下的黑暗。而手握大權甚至
尚方寶劍的古代高官，微服私訪查得實情，甚至可以當場懲處貪腐之

人，讓正義立刻戰勝邪惡。可是古代官員真的能查得實情嗎？

　　古代官場奉行嚴格的迴避制度，官員不能在籍貫省分和親屬所在地為官，甚至不能去風俗人情相近的地區為官。比如清朝規定籍貫廣東、福建沿海州縣的官員不能到臺灣當官，原因是臺灣有大批廣東、福建沿海的移民。而中國各地風俗人情差異極大，單單方言一項就往往十里不同音、百里如異國。當年山西人柳宗元到廣西當官，就不得不依靠翻譯來開展工作。古代社會的流動性又小，鄉間農夫雞犬之聲相聞老死不相往來，就是城鎮的居民也是生活在各自的小圈子裡，很少外出。因此，當本地來了一個操著外地口音的陌生人，那是相當的惹人矚目。設想，你面對一個言行舉止、儀態禮節截然不同的外地人，會敞開心扉，侃侃而談嗎？具體到長麟的故事，他是成長在北京的滿族官員，一來到吳儂軟語的江蘇，就能引導酒保將父母官的醜事一一抖出來，堪稱奇蹟。

　　其次，官員們能脫去官服，卻難以褪去官威、官風。古代衙門講究官威官風，官員們身上總有那麼一股異於常人的儀態、作派和風格。品級越高的官員，身居高位時間長了，那種特殊的味道就更濃。它與身分和權力有關，與穿戴無關。比如清朝的康熙、乾隆祖孫兩個皇帝都喜歡出巡，而且都標榜自己曾經微服私訪、懲惡揚善。不過史書上記載他倆出巡，雖然沒穿龍袍，沒有盛大儀仗，不搞鑼鼓喧天那一套，但也是隨侍成群、威風八面，根本算不上什麼「微服私訪」。再具體到長麟，他姓愛新覺羅，雖然不是皇室嫡系，但也是遠支宗室，又官居巡撫一職，言談舉止自然和普通老百姓不同。像他這樣的高官即便穿上了便服，走在大街上也會讓人覺得怪怪的。

　　總之，官員微服私訪，在大街小巷、鄉間地頭會顯得格格不入，不正常。而他們要調查的消息、偵訊的案情，甚至查詢當地父母官的劣

跡，都涉及具體的個人、牽涉實實在在的利益。中國人普遍內斂謹慎，斷然不會對陌生人透露可能對自己帶來不良後果的消息。因此，官員很難從知情人口中得到有用的消息。這還不是更糟的。他很可能得到的是干擾資訊，甚至是錯誤資訊。

清代紀曉嵐就在《閱微草堂筆記》裡透過故事表達了對微服私訪效果的懷疑：乾隆年間，著名循吏明恕任太平知府，喜歡微服私訪查疑案。一次，他喬裝打扮到鄉間查訪一個案子。經過一座小廟時，廟裡的老和尚恭恭敬敬地站在門口迎接，口稱：「知府大人駕到有失遠迎。」明恕大驚，問：「你怎麼知道我是知府？」和尚笑道：「知府大人不認識一府之人，但一府之內，誰不認識知府大人？」明恕問：「你知道我為什麼來嗎？」和尚說：「還不是為了某人某案？」明恕再次大吃一驚：「你怎麼都知道啊？」老和尚跪下磕頭請罪，說：「我今天就是為了這個案子才在此等候大人的。大人為官清正廉潔，就是太喜歡微服查訪了。即使是小民，誰沒有親戚朋友？誰沒有恩怨情仇？大家知道大人喜歡私訪，就請親戚朋友故意等候在路旁，見了大人就裝作不認識，講一些有利於自己一方的話。大人遇到原告一方的，自然聽到許多原告的好話和被告的壞話，反之亦然。如果大人碰巧遇到當事人的仇人，就不會聽到好話；如果遇到當事人的恩人，又查訪到完全相反的消息。如此查訪，能夠得到事實真相嗎？」明恕聽後，默然而歸，第二天派人送禮酬謝老和尚。想不到廟裡的小和尚說，師父說「我心事已了」，昨晚就圓寂了。

紀曉嵐講的故事是虛的，卻道出了實情。官員私訪的接觸面有多大，持續時間又有多久？他接觸到的消息是有限的、片面的，譬如查案子，遇到的原告的親友必然幫原告講話，查訪到被告的親友必然幫被告講話。同時，官員很容易被查訪對象辨認出真實身分，相關的利益攸關

者必然要想方設法將自己一方的利益訴求、有利於自己一方的說辭強加給私訪的官員。因此，官員微服的確能查訪到消息，但是不是實情就很難說了。

可惜的是，大多數人堅持認為微服私訪可以幫助官員接觸到真相。一些衙門和高官遇到疑難問題之時，也常常派出官員四處暗中查訪。比如清朝後期，大批候補官員最常見的工作，就是受「差遣」或者「委派」去查訪具體政務。某地衙門錢糧出現了虧空，帳實不符；某件案子久拖不決，案情曲折，這些官員就常常脫去官服，喬裝到目的地查訪。遺憾的是，這類做法成少敗多，大多數以失敗告終。事實上，查訪官員也知道微服私訪沒有效果。往往是，官員穿上便服剛走出衙門，要查訪的對象和衙門就知道了他的行蹤，開始布置「接待」工作了。清末，候補知縣李陽谷奉四川總督黃宗漢之命，前往合州私訪一件命案的真相。李陽谷裝作商人模樣，擠在客船上來到合州，剛登岸就看到兩個人拿著名帖前來迎接。見到李陽谷，他倆跪地稟告：「李大老爺，道臺大人命小的在此久候，大老爺何來遲也？」李陽谷驚問：「我是商人，與官場素不相識，你們認錯人了吧？」其中一個僕人笑道：「李鬍子李大老爺（李陽谷多鬚，故有李鬍子之名），何人不知？這次來，難道不是奉總督大人的命令查訪合州命案的？此事不忙，大人請先入道臺衙門小住。」事已至此，李陽谷不得不承認：「我確實是李陽谷，這次來此收私債，故不敢以真名告人，並不想叨擾官府。」迎接的兩個人見李陽谷承認了，強行帶他進入道臺衙門「小住」。地方官員恭恭敬敬地接待李陽谷，好酒好菜好言好語伺候著。雖然李陽谷堅持不告知真實目的，但合州官員心知肚明，也不戳破，只是殷勤招待、輪番宴請，讓李陽谷「多住幾天」。李陽谷不得已在官署中住了好幾天後，堅持要走。合州官員不再挽留，對李陽谷攤

牌：「你的事，我等早就知道了，何必諱言？這裡有三千兩銀子權當孝敬。」李陽谷無話可說，銀子不要，可是案子也沒法查了，當即告辭回成都。李陽谷這樣的官員，還算是好的，一來是有心要查訪實情，二來是沒有藉機收賄。同時期的許多官員，將微服私訪的任務當做以權謀私的事由，在查訪地好吃好喝，吃了原告再吃被告，最後拍拍屁股走人。這樣的「微服私訪」，完全背離了溝通官民、懲惡揚善的初衷，成了官員依託民意行腐敗之實的工具。

無奈的是，古代中國官民隔閡日深，百姓對官場腐敗積怨甚重，熱切盼望著有青天大老爺微服私訪，蕩滌身邊的黑暗和腐敗現象。百姓對微服私訪的追捧，就一直持續下來。有少數官員就看準百姓的喜好，擺出微服私訪的架勢，沽名釣譽。翻看史書，不少貪官汙吏，乃至大奸大惡之人，比如隋末的王世充，都有過類似的舉動。這股追捧微服私訪的民意，本質是對人治的呼喚，希望政府官員能夠解決自己的所有問題，將個人的幸福與否建立在能否遇到一位好官的基礎上。這可能比官員得不到真實的消息更加危險。既然不能對微服私訪寄託太高的希望，那麼如何才能解決上下消息不暢的難題呢？官員如何才能了解實情，做出正確的判斷呢？

紀曉嵐在明恕的故事之後，指出審案的關鍵是「虛心研察」，「信人信己，皆非也」。官員對微服私訪獲得的消息、證據，有著自然的信任，容易產生先入為主的意見，這時候再要採信其他證據，難度就比較大。所以，官員要「虛心」，摒除成見，不存任何偏見，仔細研讀數據，推敲資訊，做出選擇。

元朝名臣張養浩認為，審案的關鍵是「虛心詰問」疑犯。他寫道：「獄問初情，人之常言也。蓋獄之初發，犯者不暇藻飾，問者不暇鍛鍊，

其情必真而易見，威以臨之，虛心以詰之，十得七八矣。少萌姑息，則其勞將有百倍厥初者。故片言折獄，聖人唯與乎子路，其難可知矣。」清代袁守定說得更具體：「凡審詞訟，必胸中打掃潔淨，空空洞洞，不豫立一見，不豫著一物，只細問詳求，其情自得。若先有依傍之道，豫存是非之心，先入為主，率爾劈斷，自矜其明，轉致誤也。」推而廣之，只要官員將心中「打掃乾淨」，辦事不偏不倚，就能最大限度杜絕冤假錯案和糊塗政務的發生。

　　有一種觀點，承認微服私訪在消息獲取方面效果非常有限，但認為它可以讓官員多接地氣、多接觸風土民情，密切官民連繫，所以認為微服私訪是可取的。的確，官員不能老坐在衙門裡，要密切接觸百姓。但密切官民連繫的方法有很多，不必要時常微服私訪走街串巷。天天把調查研究掛在嘴邊的人，不一定是了解實情的人；時常把百姓疾苦掛在嘴邊的人，不一定是真心掛念百姓的人。真正與百姓同甘共苦的官員，是「虛心」把百姓請進心裡、留在心底的人。絕大多數古代官員都不是從小在安樂窩裡長大的，也是通過科舉考試進入官場的。當官之前，他們就是百姓，而且做過幾十年的百姓，還有很多依然是百姓的親戚朋友。只要他不自離於百姓群體之外，不走向特殊化，古代官員和百姓的連繫是難以割斷的，也就不必藉助私訪之類的舉動來拉近官民關係。

　　總之，清官賢吏不一定微服私訪，微服私訪的也不一定是好官。有為民辦事、做好官的心，遠比搞微服私訪的噱頭重要。

欽差大臣有用嗎？

　　古代皇帝派遣大臣出外辦事，有的時候是查辦大事要案，有的時候是辦理御駕不方便親力親為的事情。這些大臣在元朝以前被稱為「使者」或「天使」，明清則被稱為「欽差大臣」或「欽使」。欽，意為皇帝，欽差即是皇帝差遣的意思。元朝以前派遣使者的頻率不高，明清則欽使四出，「替天巡狩」，「欽差大臣」逐漸成了漢語中的一個常用詞。

　　欽差大臣最大的理論優勢是突破現有體制束縛，能夠做到專事專辦、特事特辦。在古代，皇帝一般派欽差去查辦大案要案，比如封疆大吏的貪汙腐敗、地方疑難大案等等；或者處理突發事件，比如鎮壓地方騷亂與反叛、重大工程建設、搶險賑災等等。不論哪種情況，都是最高統治者對現有機制和人員失去了信任，所以才要加派欽差大臣處理。

　　那麼，欽差大臣的實際功效如何呢？

　　欽差大臣發揮功效的關鍵是突破既有束縛。這就要求欽差的派遣、辦差做到獨立、保密、公平、公正等等。比如，清朝處理地方大案，派往甲地的欽差往往公開宣布派往乙地；具體事由常常語焉不詳，防止相關人員揣測聖意，預作準備。

　　乾隆後期，山東巡撫國泰被彈劾貪腐。乾隆命令和珅、錢灃等人為欽差，赴山東考核情況。錢灃知道國泰在京城耳目眾多，為避免消息提前洩漏，錢灃派人盯死北京前往山東的交通要道，把通風報信的可疑分子一概拿下。這麼做，就是為了保密。即便如此，國泰還是提前得到了

消息，做好了迎接欽差大臣的「準備」。他是怎麼做到的呢？清朝地方官員，「大凡在外省做督、撫的人，裡頭軍機大臣上，如果有人關切，自然是極好的事，即使沒有，什麼達拉密章京，就是所稱為小軍機的那幫人，總得結交一兩位，每年饋送些炭敬、冰敬，凡事預先關照，便是有了防備了。」原來，官僚體系盤根錯節。地方官是龐大官僚群體中的一員，自然有著千絲萬縷的關係。要想對他們封死消息，幾乎是不可能的任務。

　　欽差大臣到地方，聽到的全是忠君報國、清廉奉公的話，看到的都是欣欣向榮、乾淨整潔的內容。一切都千篇一律地和朝廷保持高度一致。地方官員殷勤接待，賓主觥籌交錯，各取所需。最後，欽差大臣無不滿載而歸。清代官員張集馨在《道咸宦海見聞錄》中記載他在山西當官的時候，每次有欽差大臣到山西辦事，都由太原知府出面，向山西的官庫預先領取「辦公銀」兩萬兩用來接待。欽差走後，根據實際花費攤派到山西各個州縣，每次都在三五萬兩銀子左右。這麼多的銀子，除了欽差大臣一行人在山西的吃喝玩樂之外，就是給欽差大臣的賄賂。欽差大臣都不直接收受賄賂，山西省直接把銀子送到欽差在北京的家裡。

　　同樣，欽差大臣也是官僚體系中的一分子，不可能脫離龐大的關係網絡，不可能置現有的遊戲規則於不顧。他們不可能真正做到獨立辦事、公平辦差。比如，上述國泰案中，向國泰通風報信的恰恰是同為欽差大臣的和珅。到了山東後，和珅也是敷衍了事，配合國泰一心把違法亂紀行為掩蓋過去。

　　和珅是個「明白人」，知道欽差大臣再公平公正，再雷厲風行，也是現行體制的「消防隊員」而已。他們對處理的問題，治標不治本。國泰貪腐，查辦了國泰，難免會出現第二個國泰。只有消滅產生國泰的制度土

壞，才能真正杜絕新的腐敗分子出現。遺憾的是，欽差大臣沒有查辦制度的權力，只能查辦官員，而且是皇帝指定範圍的官員。相信古代的多數欽差大臣，都與和珅一樣是明白人，對欽差大臣的功效有清晰的認知，自己都對根治問題不抱希望。據張集馨記載，當時有查辦地方大案的欽差大臣，根本不去事發州縣，也不提審人犯，只是在官邸中織帽子而已，時間一到就回京交差。清末諷刺小說《官場現形記》第十八回中，有個京官突然被指定為欽差大臣，吃驚且茫然，趕緊打聽這事的幕後內容：

　　這趟差使原是上頭有意照應他，說：「某人當差謹慎，在裡頭苦了這多少年，如今派了他去，也好叫他撈回兩個。」等到聖旨一下，還未請訓，他先到老公（指太監）屋裡，打聽上頭派他這個差使是個什麼意思。

　　老公鼻子裡撲哧一笑道：「現在還有難辦的事情嗎？佛爺早有話：『通天底下一十八省，哪裡來的清官？但是御史不說，我也裝做糊塗罷了。就是御史參過，派了大臣查過，辦掉幾個人，還不是這麼一件事。前者已去，後者又來，真正能夠懲一儆百嗎？』這才是明鑑萬里呢！你如今到浙江，事情雖然不好辦，我教給你一個好法子，叫做『只拉弓，不放箭』：一來不辜負佛爺栽培你的這番恩典；二來落個好名聲，省得背後人家咒罵；三來你自己也落得實惠。你如今也有了歲數了，少爺又多，上頭有恩典給你，還不趁此撈回兩個嗎？」正欽差聽了，別的還不在意，倒於這個「只拉弓，不放箭」兩句話，著實心領神會。

　　這段情節清楚地表明，晚清社會把出任欽差視為最高統治者的「恩典」，是「上頭有意照應」。就此推演，後人完全可以把欽差辦差視為「體制內的重新分肥」制度。

　　於是，欽差大臣在實踐中出現種種嚴重偏離設計初衷、發生種種匪夷所思的事情，都不足為奇。俄國諷刺作家果戈里的代表作《欽差大臣》，就描寫了這樣一件奇事：一個與人打賭輸得精光的紈褲子弟，從彼得堡途經外省某市，陰差陽錯地被誤認為是「欽差大臣」，在當地官僚中引起恐慌。他將錯就錯，在當地頤指氣使，敲詐勒索，鬧出許多笑話。賓主雙方都出盡了洋相。這雖然是沙俄帝國的笑話，但中國古代的政治實踐也表明，派遣欽差大臣實效不大。與其寄希望於欽差辦事，不如嘗試改革制度，從根本上解決需要欽差查辦的問題。

古代官員的「年終獎金」

　　年關將近，「年終獎金」成了人們惦念在心中、記掛在嘴邊的關鍵詞。年終發多發少、何時發放，關係到年節的肥瘦、心情的好壞。那麼，古代官員有沒有年終，又怎麼發放呢？

　　官員的年終獎金，本質上是一種獎勵，是俸祿之餘的額外收入。在官與爵不分的先秦時代，官員幾乎都有封地，沒有俸祿，每年全占封地的稅賦，自然沒有年終了。秦漢之後，官爵分開，官員成了職業，和世襲的爵位剝離開了。官員們只拿俸祿，沒有封地食邑了，可是也有了年終。

　　也許是因為官爵剝離不久，秦漢朝廷規定文武百官的俸祿較高，發放的年終也很可觀。比如東漢定例，文武百官一入臘月就能領取年終：大將軍、三公，每人發錢二十萬枚五銖錢、牛肉二百斤、稻米二百斗；九卿每人發錢十萬枚：校尉每人發錢五萬枚；尚書每人發錢三萬枚；待中每人發錢二萬枚。如此標準的年終獎金，已經相當豐厚，皇帝還要在年節大宴百官，加以恩賞。賞賜的物品雖然沒有一定之規，但都不差，有真金白銀，也有文物器玩，樣樣都是好東西。這也算是隱形的年終，是令人期待的福利。

　　東漢之後，官員的年終獎金日漸削減。其中的原因，一來是後起的三國、魏晉、南北朝時期，天下動盪，政權頻繁更迭，幾百年中官員們的年終能按時發放的沒幾十年。當君王的，把錢財物資都投到打仗上去

了，手頭緊，沒多少錢物能發給大臣們。二來，東漢之後的君臣關係已經淡去了魚水般的脈脈溫情，比僱傭和被僱傭的關係要惡劣，純粹惡化為主子和奴才的關係。官員成了供主子驅使的工具。如今的企業既怕員工跳槽，又要獎懲優劣，所以大發年終，古代朝廷可不怕官員辭職。就算驅使得再厲害，擠破頭往官場裡衝的人依然比比皆是。既然君臣關係徹底的不平等了，完全不是正常的人與人之間的關係，君王們就沒必要提供豐厚的年終獎金了。

宋朝的官員俸祿很高，年終卻很少，而且只有高級官員才有。每年冬至，皇帝給丞相、樞密使以及曾經封王的大臣每人發五隻羊、五石麵、兩石米、兩罈子黃酒，和如今的中小企業有得拚。明清兩代，官員俸祿微薄，也沒聽說有發放年終的制度。皇帝在元旦的宴會倒還在張羅，但賞賜不賞賜就完全看皇帝的心情而定了。即便皇帝高興了，賞賜給大臣的福利也可能只是一塊臘肉或者一個福字。

明裡的年關獎勵沒有了，暗裡的福利一直存在。皇帝不發錢賞物給官員們了，官員們就八仙過海各顯神通，想方設法自謀福利，自己「獎勵」自己。政府公文是不能私拆的，同時怕紙張磨損，所以在傳遞過程中要封存裝裱起來。比如唐朝衙門用封套把公文裝起來。每個衙門收納公文，拆封後就把封套留下來，一年下來能累積不少的封套。這些套子都是布帛製成，有的還是絲綢，完全可以廢物利用。所以，年關將近，衙門中的書吏就會蒐集各個辦公室的封套，出售給廢品回收的商販，得一筆錢。這筆錢見者有份，權當大家的「年終」了。

又比如清朝，官員士人到北京辦事，乃至捐納買官，都要由同鄉官員提供擔保。同鄉京官出具保書，是要收錢的。雖是同鄉，大家可能素昧平生，銀子就成了最佳的聯繫工具。這事後來成了程序化的機械勞

動，官員們一手收錢一手簽格式檔案。為免煩瑣，同一個衙門的同省京官把印章集中到某個人手上，委託他來統一收錢、蓋章、出保。大家到月底或者年底，平均分錢，稱為「印結」或者「印子錢」。如果來辦事的同鄉多，或者掌管印章的人會「經營」，清代京官們每月能分幾十兩印子錢，也是一筆橫財。

廢品回收的錢也好，印子錢也好，都是小錢，都不涉及以權謀私，還算來得乾淨。下面要說的古代官員的年終入帳，多少濫用了公權力，要髒得多，也要豐厚得多。

比如翰林院是個冷衙門，可是整日讀聖賢書的翰林們也「生財有道」。一些程序性的詔書，比如冊封、恩賞、追誥、褒獎等，要的是辭藻華麗，詞用得越文雅越正面越陽光越好。翰林們擅長寫這樣的文章。朝廷冊封某個大官，一般由翰林起草任命書，皇帝過目一下就蓋章頒發了。獲得提拔或者褒獎的官員就要向翰林院送筆銀子，表示感謝 —— 畢竟人家搜索枯腸，好好把你誇了一番。如果你不送，翰林院可會把你的豐功偉業、高風亮節隱去一些，讓你的形象顯得不那麼「高大」，或者人家乾脆認真起草、反覆修改，遲遲不拿出詔書來，讓你望穿秋水，終日生活在等待的煎熬之中。如果是任命官爵的詔書，哪個官員不希望早日下達，免得夜長夢多。萬一就在翰林院拖沓的那幾日，風雲突起，橫生枝節，一個人的前途可能就毀於一旦了。所以，你敢不向翰林院「表示」一下？有些皇帝則直接命令相關人等送錢給翰林，名曰「謝禮」。到年底，翰林們就可以分這筆錢，權當做年終獎金了。

沒有一個衙門是清水衙門。只要存在，它就有職責，也就掌握了一定的公權力。衙門中人就可以據此謀利。翰林院如此，看似更加冷清的欽天監也如此。欽天監掌管天文曆法，每到年底都會出版一本新年曆，

包括新的一年的日曆、節氣和注意事項等等，類似於桌曆。欽天監向全國州縣、衙門攤派購買。年曆的製作成本極低，售價卻高達每本數兩銀子。即便是偏遠貧困的小縣，也要購買幾本，不然欽天監與你沒完。全國多少州縣和衙門，僅就賣書一項就是一筆鉅款。不消說，其中的巨額利潤都進了本部門官員的腰包。

至於掌握生殺大權的刑部，過年籌錢的門道就更寬了。地方判處的所有死刑案件和許多重要案件，都要上報刑部，等待批覆。刑部是核准判決，還是推翻原判，關係到地方經辦官員的政績乃至前途。同時，刑部把上報的案卷拖延不復，也會影響地方的「破案率」，間接影響一批官員的仕途。為了通暢案件的審核，清時各省都會在過年前後給刑部一筆「辛苦錢」，金額從幾百兩到上千兩不等。到了年底，刑部有這樣的進帳，主持科舉的禮部、手握財權的戶部、主管人事的吏部等實權部門，哪個沒有？清代統稱這種地方孝敬中央部委的辛苦錢為「部費」，雖由地方財政支出，卻是法定收支之外的金錢往來。

清代，地方要向部委送錢，也要向京官們送錢。地方官員要向平日有往來的、有交情的，乃至可能影響自己行政或者前途的京官送錢，名目有「炭敬」、「節敬」等等。名字取得雅，送的人心安，收的人也坦然。根據送禮對象的重要性不同，「敬」的金額也不同，從數十兩到上千兩不等。讓送禮者苦惱的是：要送的人太多了！而且名單隨著資歷的增長和仕途的晉升，每年都在拉長。

要送的銀子自然年年激增，讓地方官員叫苦不迭。雖說在送錢的同時也在收錢，但看著那麼多銀子平白地流走，誰的心裡沒有一絲波瀾？晚清時某人新任山西巡撫，看到山西官員雖然離北京很近卻很少進京活動，不解地問：「各位大人怎麼不到北京走動走動，也好晉升？」同僚回

答：「非不欲也，實不敢也。」進京要大把撒錢，沒有成千上萬的銀子，誰敢貿然進京啊？

不過，各衙門綜上所述的各項年終收入，都是被動的收入。收入的多少、早晚，都不能控制，總讓各衙門覺得不痛快。於是，很多衙門發揮創意，經營創收，充實「私房錢」，用其中的資金來發放年終。投資有風險，官員們就瞄準最保險、收益也高的行業：放高利貸。從唐朝開始，就有衙門向民間放高利貸。放貸的啟動資金，開始是本部門官員的「集資款」。放貸的對象則是轄區之內或者職權範圍內的百姓。因為有強大的公權力做支撐，衙門的高利貸放得順利，收得也順當 —— 誰不還貸，官府就派遣差役甚至動用官兵來收債了。官府高利貸的利息很高，收益也相當可觀。後來朝廷得知這事，覺得有利可圖，開始撥付公款參與放貸，稱之為「本錢」或「公廨本」。於是，官府高利貸的規模更大，收益也更高。那些巨額利潤，小部分上繳國家財政，大部分都進入各個衙門的「私房錢」。各衙門的官員就自由挪用資金，一些錢用來補助行政費用，或者投入公益事務，到年底就為自己發放年終。官府高利貸，唐宋以後，各代有之。個別商人即便資金周轉正常，也向官府借貸，可以把官府拉入自己的生意，保障經營。

除了高利貸生意外，一些衙門還直接做生意，既有集資做生意的，也有動用公款的。古代王朝奉行經濟統制政策，鹽、鐵、酒、醋等在大多數朝代都是專賣品，由朝廷壟斷經營。這些生意利潤可觀，是官府資本樂於從事的行業。還有一些衙門覺得放高利貸也好，經營生意也好，都不盡如人意，就更大膽地遲繳稅款、扣撥經費，把應該繳納的稅款不上繳國庫，把應該下撥的經費遲遲不撥付，把這些錢作為流動資金來盈利。清朝，不少州縣就遲遲不上繳稅金，而是存入銀號吃利息。遲繳一

個月，就有一個月的利息；扣撥一年，就多一年的利息。（為此，清朝考核地方官員，非常看重一項：按時上繳稅收。）

有這許多資金充實私房錢，官員們的年終獎金還會沒有著落嗎？

古代官員的年關總會有額外的收入，他們所苦惱的只是「年終獎金」的多寡而已。為什麼別的衙門發的錢就比我多呢？根據古代法律，只要不是皇帝發給官員的錢，就是「非法」的。官員的「年終」是以權謀私的髒錢，是公權力泛濫的結果。而決定金額多少的，自然是官員們手中實權的大小。大詩人陸游曾記載了南宋的一句順口溜：「吏勛封考，筆頭不倒；戶度金倉，日夜窮忙：禮祠主膳，不識判硯；兵職駕庫，典了被褲。」吏部因為管人，實權最大，自然日子最好過。至於負責軍政、軍械和車駕的官員，既不管人又不直接管錢，到年終就只能出入當鋪了。

官場送禮的藝術

　　送禮，是古代官場的一項重要內容。它可以拉近和官員之間的感情，可以方便政務的辦理。可是擺在很多人面前的難題是：禮，怎麼送？送好了，固然可以皆大歡喜，辦好事情；送得不好不僅會無功而返，甚至可能適得其反、害人害己。因此，很多人拿著禮金、禮品，就是不知道如何送到官員手上。怎麼送才能既安全，又有效呢？

　　在古代官場，送禮是一門藝術。既然是藝術，就不能像科學那樣，用概念、公式條分縷析說清楚，其中頗多只能意會不能言傳的內容。首先，直接把錢和禮物送給官員，是最直接、最簡單的方式，但效果也最難預測。直接送錢送東西給官員，嚴格來說，就是犯罪現場：送禮者行賄，收禮的官員受賄，而且人贓並獲。因此，直接送禮的危險性太高，既不安全，效果也沒有保障。對於官員來說，最現實的選擇就是義正詞嚴地拒絕，把送禮者痛罵一頓：「你把我看成什麼人了？快拿走，我出淤泥而不染！」幽默一點的，可以說：「請你把禮金送到公堂上去。」結果，送禮者就成了官員彰顯自身清廉的汙點證人，一場送禮行為變成了拒腐案例。

　　明朝有個笑話，說知縣大人過生日。知縣屬鼠。有個小官傾盡家產，鑄造了一個黃金小老鼠送給知縣大人。知縣欣然笑納，然後提醒說：「拙荊下個月生日，她是屬牛的。」送禮者如果遇到這樣的極品官員，猜想要抓狂了。所以，官場送禮不是買賣，一手交錢一手交貨，不能這麼直接。

　　好在官員們多少有些愛好。投其所好地送禮，因為隱蔽所以安全，往往還能造成增進感情的作用。晚清權傾一時的慶親王奕劻、載振父子貪墨出名。苦於反腐制度森嚴、輿論監督踴躍，送禮者不敢過分，而奕劻父子也不便直接斂財。於是，載振就想到了創辦高級會所的想法。當時，「雀戲」（麻將）在京津一帶很流行，奕劻、載振父子和許多王公大臣都是愛好者。載振就先後在天津、北京租下院子，裝飾一新後，作為「會客」場所。來客後，賓主自然要娛樂一下，圍坐一桌搓麻將。載振的麻將籌碼很高，三千兩一局。來客求官者居多，進出一次輸個幾千上萬兩很正常。奕劻父子倆根據賓客輸錢的多少，決定賣官鬻爵的高低，輿論稱之為「慶記公司」。到後來，生意太興隆了，載振都沒法每回都出來應酬賓客，由賓客們自玩雀戲，載振抽錢。好在賓客們醉翁之意不在酒，只要輸錢就心滿意足。這禮也算是送成了。

　　書畫古玩是古代官員的另一項愛好。很多官員都喜歡蒐集古玩字畫，湧現了一批金石專家、書畫鑑賞家。晚清封疆大吏端方就是一個金石專家，還出過研究金石古董的專著《匋齋吉金錄》、《匋齋吉金續錄》、《匋齋藏石記》、《匋齋藏磚記》、《壬寅消夏錄》等等，堪稱「著作等身」。他在晚清的聲譽還不錯，有廉潔之名。別人直接送禮給他，他都大義凜然地要求把禮金、禮品送到公堂上去，以示清廉。但是，端方喜歡研究書畫古玩，遇到有人送來求他「鑑賞」的，他無不熱心地與之切磋。鑑賞需要時間，這些寶貝就留在端方府上由他慢慢賞玩去了。端方這樣的「書畫古玩控」在晚清還不少。因為收的珍寶太多了，北京的琉璃廠一條街上有不少古玩店鋪的幕後老闆就是端方一類的高官顯貴——臺前老闆不是他們的親屬，就是他們的奴才、親信。「文雅」的高官們把家中的古玩書畫擺在琉璃廠去賣。為了提高銷售業績，他們常常會不經

意地向求他們辦事的人「透露」，某個古玩或者某幅書畫如何好如何好。有時，他們就乾脆高調、刻意地抬高某個作者的作品。有心者自然去市面上尋找相關書畫古玩，結果發現就在該人開設的店鋪中。於是乎，如果看到某件古玩周而復始地進出某位高官的府邸，也是可以理解的。

送書畫古玩，看似成本很高，實則不然。雖然古代官員中讀書人的比例很高，但真正精通文史、懂得古玩書畫的人很少，附庸風雅而已。這就更不用說那些透過亂七八糟途徑邁進仕途的高官顯貴們了。端方其實也是附庸風雅。在他死後，人們在他的藏品中發現了許多贋品以及很多並不出眾的收藏品。據說，端方對古玩字畫的判斷完全仰仗於手下那些同樣不甚明瞭的幕僚，評判的標準一是靠送禮者的吹噓，二是看書畫作者的名氣。不用說，端方那本金石學專著，也很可能是代筆之作。只要端方一類官員認為禮品有價值，送禮者的目的就達到了。送禮者完全可以尋些贋品或者次品去充數，因此降低了送禮的成本。

投其所好也好，送書畫古玩也好，都有一個「送」字，不能完全消除「利益輸送」的痕跡。它們都不如「勞動所得」來得合法正派。那麼，如何才能和官員搭建起「勞動關係」呢？最常見的做法就是請官員題字、寫文章，然後給官員一筆不菲的潤筆。

潤筆收入，是明清官員重要的收入來源。明朝中期後，社會上逐漸形成向官員購買墨寶和文章的風氣。百姓向官員、下級官員向上級官員有事沒事就來求字、求文。官員們「勉為其難」地應承下來，寫完後再半推半就地接受不菲的潤筆。後來，官員不問求文者的人品、事由，只關心潤筆的多少。「受其贄者則不問其人賢否，漫爾應之。銅臭者得此，不但袞冊而已，或刻石墓亭，為活套家塾。有利其贄而厭其求者，或活套詩若干首以備應付，及其印行，則彼此一律，此其最可笑者也。」到

最後，官員題字、文章非出錢不可，沒有免費的了。到清朝，這股風氣越來越盛，潤筆費用越來越高，成為官場上半合法的收入，占了部分官員收入的大部分。

據說張之洞擔任湖廣總督的時候，一次因為興建近代事業缺錢，就打起了潤筆的主意。有個富豪的父親生前名聲極差，為了粉飾父親的生平，更為了「漂白」父親的惡行，他就迫切想讓張之洞出面為父親寫個墓誌銘。有最高父母官的肯定，誰還敢說父親的壞話？張之洞還真寫了。他科舉高中，翰林出身，寫歌功頌德的文章自然不在話下。不過，潤筆的費用也不低。一字千金，張之洞按照一個字一千兩的價格向富豪狠狠敲了一筆潤筆費用。他此舉好的一面是把這筆巨額潤筆投在近代事業上，沒有裝入私囊；不好的一面是完全不問對象，不顧事實寫文章。

張之洞的例子還算是好的，起碼還有一個實實在在的寫作事由。很多官員潤筆，事由可以忽略不計，比如為送禮者題寫對聯、福字，為送禮者的兒子起名等，甚至壓根就沒有事由，對以潤筆名義送來的金銀照收不誤。

到了清朝中後期，送禮突然變簡單了，送禮者完全不用思索「怎麼送」的問題。因為當時官場已經形成了一整套送禮制度和文化。進入官場，只要按照規矩來做，就能平平穩穩、和和氣氣地把禮給送了。比如三節兩壽，下級要送禮給上級官員；比如迎來送往，官員之間相互要送禮金。送禮的名義也很好聽，不沾金錢等字，透著一股雅勁。高官離境，官員要送「別敬」；同僚啟程，官員要送「程儀」。這些名字聽著就透著一股人情味，讓人不好反駁，更不便嚴格按照律法來查辦。而且這些名目的開支，可以列在衙門的公款名下，官員們何樂而不為？

晚清各種政務往來，在公文中少不了要夾張銀票的。清代掌故集

《十葉野文》說，晚清封疆大吏向太后、皇帝進貢物品表孝心，要在禮單中夾銀票；皇上萬壽，向紫禁城上摺子祝賀，要在奏摺裡夾銀票。這些銀票都被宮中的經辦人員拿走了。你不夾，他們就把你的貢品擺在不顯眼的地方或者壓根就不擺上臺面。你不夾，他們就把你賀壽的摺子晚幾天遞上去，讓皇帝看不到你的孝心。禮金的具體金額，各個衙門都有一套執行標準。《官場現形記》中，就有一個新任官員，因為沒有得到本衙門各種迎來送往的禮金標準，得罪了上司和同僚，最後黯淡下臺。

在送禮制度化的晚清，官場中人不用擔心送禮的途徑問題、安全問題。大家各得其樂。一個人如果要額外表示誠意或者忠心，只需在標準之上加錢即可。原本知府大人生日，下屬知縣只需送白銀百兩即可，如果某個知縣奉上白銀千兩作為壽禮、外加名畫一幅「求鑑賞」，知府大人馬上就明白這個知縣對自己的「意思」了。

不受待見的「政治遺產」

　　中國人喜歡留遺產，政治人物也熱衷於留「政治遺產」。他們總是留下種種「優良傳統」、「從政心得」或者創立制度，希望繼任者能夠繼承，發揚光大，也算是延續了自己的政治生命。

　　明太祖朱元璋是從底層拚殺出來的皇帝，很擔心子孫後代忘記了創業的艱辛，生怕子孫後代變得驕奢淫逸，就思索著怎麼讓兒孫們牢記艱苦，於是定下「憶苦思甜」的規矩來。具體作法就是規定御膳每餐都要上粗糧、苦菜，比如豆腐、青菜、黃花菜、窩頭什麼的，讓一代代的明朝皇帝都牢記老祖宗出身貧寒，要艱苦奮鬥、要守住祖宗的江山。

　　這艱苦奮鬥的思想、憶苦思甜的做法，算是朱元璋留給子孫後代的政治遺產。後來，明朝宮廷御膳每餐都有豆腐、青菜，朱元璋的子孫們都不敢推翻老祖宗的規矩。

　　為什麼要留著豆腐呢？據說當年朱元璋落魄時，混跡乞丐行列。一次餓得頭昏眼花之際，一個老婆婆給了朱元璋一碗豆腐湯，朱元璋狼吞虎嚥之後，覺得無異於瓊漿玉液。後來，朱元璋把豆腐列為御膳必備菜品。還有一個說法是朱元璋幼年替財主家白天放牛，晚上磨豆腐。深夜，飢餓勞累之際看著冒著熱氣的新鮮豆腐，小朱元璋除了嚥口水，還是嚥口水。等他做了皇帝，完全具備了天天、頓頓吃豆腐的能力，因此豆腐便成了御膳房必備食材。

　　可是，御膳房豆腐只是看著像豆腐，卻不是黃豆做的，而是用上百

種鳥類的腦髓，精研而成。御膳房的青菜倒還是青菜，可是做法全變了。朱元璋流浪的時候，能有清水煮熟的青菜吃就不錯了。他的子孫吃的青菜，要從幾百幾千棵青菜中挑選最好的菜心，放入鵝肝中泡一定的時間，然後用上等白酒清洗，最後用文火慢燉多時的鮑汁、濃湯翻炒而成。名字還叫「炒青菜」。因此，明朝御膳中的一道青菜比一道熊掌還貴，一盆豆腐比一碗魚翅還稀罕。

　　於是，雖然明朝皇帝的食譜中有苦菜根、苦菜葉、蒲公英、蘆根、蒲苗、蒜薹、苦瓜之類的粗菜，有高粱、苜蓿、榆錢、麥粥、杏仁之類雜糧，但我們有充分的理由相信：他們依然不會知道民間疾苦，更不會了解當年老祖宗朱元璋是如何艱苦創業的。說不定，後代的皇子皇孫們還會覺得「苦菜」、「高粱」等挺好吃的。這就好像西晉的白痴皇帝司馬衷得知老百姓沒有飯吃的時候，非常「純真」地發問：「他們為什麼不去喝粥呢？」——司馬衷喝的粥，可是加了肉、加了海鮮的。同樣，明末華北大旱，崇禎皇帝說不定會想：雖然沒有米飯吃了，但苜蓿、榆錢什麼的野菜也挺好吃的，老百姓完全可以過日子了。朱元璋的遺產，算是被子孫給糟踏了。

　　其實，朱元璋的其他遺產，也沒被子孫後代繼承。比如他廢除了丞相，設立了內閣，要將全部權力集中在皇帝一人之手。這麼做，皇帝的壓力是大了些，工作強度也大了很多，但皇權更穩固了。他還撂下狠話：後世有敢言復立丞相者，斬！從此，「丞相」一職在中國絕跡了，但原先只是皇帝顧問的內閣大學士卻掌握了實權，成了事實上的丞相。慢慢地，連皇帝身邊的司禮太監也竊取了實權，再兼管特務組織，也成了事實上的「內相」。朱元璋去了名義上的丞相，皇子皇孫們的權力非但沒有鞏固，反而分散了。究其原因，主要還怪朱家後代皇帝太懶，不願承擔

那麼大的壓力、不願像老農朱元璋那樣沒日沒夜地工作，主動將權力放給了身邊的人。

朱元璋痛恨貪腐，下令凡官吏犯受賄罪，嚴懲不貸。他規定官吏貪汙達六十兩即殺頭，還要「剝皮實草」震懾貪汙。他死後，嚴厲的反貪治貪措施就被拋到一邊了，貪官汙吏前赴後繼，讓明朝成了官場最黑暗的時期。監察、司法機關成了「保護官吏」的機關，連縣裡貪腐的小官吏都不敢動，更不用說大魚大鱷了。

據說，朱元璋他老人家還曾在宮門口掛上「宦官不得干政」的禁牌。結果，明朝是宦官干政最嚴重的朝代。朱元璋的後代子孫們，不僅利用宦官監視朝臣，還讓太監們在內處理朝政、在外監督軍隊，早把朱元璋的禁令當作耳邊風了。

不僅是朱元璋，其他皇帝也遭遇了相同的尷尬。比如漢高祖劉邦曾立誓：非劉氏不得封王！他剛死，妻子呂后就分封了呂氏諸王。又比如清朝祖先們不僅禁止宦官干政，還禁止後宮嬪妃攬權，之後還是出了慈禧，出了安德海、李蓮英。咸豐皇帝臨終前，希望自己死後政權能夠平穩執行，希望幼子能和輔政八大臣君臣相得。他把實權交給輔政八大臣，又將兩枚印章分別交給兩個妻子，其中「御賞」章給了慈安太后、「同道」章給了慈禧太后，規定任何決策都要三方同意。這也算是咸豐皇帝的「政治遺產」。咸豐死後第二年，輔政八大臣不是被推上斷頭臺，就是被流放千里之外，慈禧太后聯合咸豐生前最猜忌的恭親王發動政變，奪取了實權。

為什麼皇帝們的政治遺產不受待見，他們的話不算數、他們立的制度屢屢被打破呢？

套用一句時髦的話：這是一個飛速發展的世界，一切都在隨時改變。王朝開國的時候，皇帝在亂中立政，為了鞏固新生政權，強調高度集

權、傾向高度專制，符合客觀情況。等王朝平穩發展幾十年了，百業興隆，再一味地強調集權與專制，難免會壓制社會自由、窒息經濟發展。趙匡胤、趙匡義兄弟是在五代十國的廢墟上建立北宋的，吸取「有槍就是草頭王」的教訓，刻意壓制武人，重文抑武，甚至連前方將領迎敵的時候擺什麼陣勢都事先指定好。北宋承平多年後，遭受對外戰爭，如果再堅持開國君主的抑制政策，就不利於戰事，不利於國家了。因此，客觀形勢的變化決定不能一味照搬照抄前輩的政治遺產，應該因勢而動、因時而動。

不過，政治遺產不受待見的主要原因不在客觀形勢，而在人。如果繼承人一心要繼承前任的方針政策，也未嘗不行。可是在古代權力體制裡，往往是人一不在位了，事情就變了。皇帝一蹬腳，後面的事情他就說了不算了。

每個人都是獨一無二的，繼承人不可能和你心靈相通，不可能保持完全一致。每一代皇帝都不同，而且基本上是一代不如一代。比如開國君主大多是自己拚殺、奮鬥起來的，有能力、有熱情、有權威。比如朱元璋帶著一幫夥伴造反，打下江山後那幫夥伴們都服他，朝野都敬畏他。永嘉侯朱亮祖驍勇善戰，出鎮廣東期間「多有不法」，朱元璋把他和兒子叫到南京來，將他們用鞭子活活打死。大臣們看在眼裡，膽顫心驚，不敢說一個字。請問朱家子孫中的嘉靖皇帝、崇禎皇帝，誰有這樣的氣概和膽魄，誰又敢這麼懲罰大臣？

更有甚者，繼承人背叛了前人，站到了前人的對立面去。如果讓朱元璋和他的那幫夥伴們看看明朝末期貪腐成風、魚肉百姓的皇帝、大臣們，說不定會脫口而出：這些人哪是我們的子孫，分明是被我們打倒的暴君昏官們的後代嘛！

　　上面的人變了，下面的人也跟著改變。在權力來源自上而下的古代官場中，上有所好，下必甚焉。官場中人，都抬頭向上看，與上級保持高度一致。他們只管在任領導的喜好、政策，不管前任。有一個晚清官場的笑話，說一天晚上幾個知府和縣令在搓麻將，搓得正高興，突然有個僕人跑來說：「大人，不好啦！撫臺衙門傳出消息，巡撫大人的老太太生病了。」幾個知府和縣令馬上不搓麻將了，趕緊準備起來，你認識什麼名醫，他知道什麼主治醫師，趕緊都叫上，備轎去撫臺衙門看望老夫人！大家正忙成一團，又一個僕人進來說：「巡撫大人的老太太並沒有生病，生病的是巡撫的七姨太，而且據說七姨太已經死了。」幾個人就說：「別忙了，繼續搓麻將，我們明天清晨趕早去弔唁一下。」幾個人陸續脫下正裝，轎子也撤回去，準備繼續搓麻將。這時候，又有一個僕人說：「哎呀，大人，消息終於確定了，不是巡撫的老太太生病了，也不是巡撫的七姨太死了，而是巡撫大人逝世了！」知府、縣令們一聽，異口同聲地說：「趕緊搓麻將、趕緊搓麻將，別浪費了大好光陰！」從這個笑話，我們能看出，官員們的反應，完全是圍繞討好上級展開的。上級一閉眼，討好行為馬上結束，他們開始靜候下一位長官赴任，再展開新一輪的討好。

　　晚清還有個可能極端的說法：死知府不如一隻活老鼠。

　　在這樣的權力結構下，所謂的「政治遺產」也好，「國之重典」也罷，都是在位者一廂情願的幻想而已。皇帝們又怎麼能保證死後，自己的話有人照聽、自己的指示有人照辦呢？

　　既然皇帝的話，後來人都陽奉陰違，一個普通的官員、一般單位的首長，又怎能奢望自己的話被「永遠牢記」呢？前代人留下「艱苦樸素」的傳統來，子孫後代用黃金刻成這四個字、鑲嵌在大理石壁上，又有什麼意義呢？

三　衙門裡邊怪事多

　　三百六十行，行行有規矩。如果把衙門也當作一個行業的話，衙門裡的規矩也許是諸多行業中最複雜，也是最隱祕的，多的是說不清道不明的事情，少的是清晰、透明和坦誠。最大的問題也許是，衙門裡換一個長官就換一套規矩，讓下屬無可適從。正因為衙門彷彿一個黑箱，裡面出現五花八門的事，骯髒事、奇怪事、黑暗事、噁心事，就在情理之中了。

　　怪事出的多了，衙門中人和旁觀者都能總結出一二來，以為題材。這些規律性的內容，直指衙門邏輯。

官民有別，官亦有別

　　明清官員俸祿低，嚴重影響生活，似乎是人們的一個共識。

　　和唐宋官員相比，明清官員的薪資的確少得可憐。唐宋時期，一個人一旦當了官，不僅有了一份優厚的終身保障，留下的遺產供一兩代子孫坐吃山空也是沒有問題的。北宋是文官的天堂，窮書生一旦科舉入仕，轉眼就有能力營建府邸錦衣玉食──這還是依靠正常的合法收入，不貪不占。到了明清，靠薪水過好日子就成了夢想。北京城內不知有多少官員，領了薪水就月光，只好頻繁出入當鋪。有窮京官填了曲子訴苦：「淡飯兒才一飽，破被兒將一覺，奈有個枕邊人卻把家常道。道只道，非嘮叨，你清俸無多用度饒，房主的租銀促早，家人的工錢怪少，這一隻空鍋兒等米淘，那一座冷爐兒待炭燒，且莫管小兒索食傍門號，眼看這啞巴牲口無麩草，況明朝幾家分子，典當沒分毫。」其實，明朝和清朝支付給官員的俸祿並不算低。清朝一個七品知縣的年俸是四十五兩銀子，平均月薪四兩。當時，江浙一帶富豪人家支付給家庭教師的束脩也是每月四兩左右。京城的王爺們支付給家庭教師的月薪大約是四、五兩。能進入富豪人家或者王府教書的，都是飽學之士，一般的教書先生還拿不到那麼高的月薪呢！教書先生們全靠束脩養家餬口，有的讀書人教學相長，用這筆錢養家的同時還有餘錢參加一級級的科舉考試。

　　知縣和「特級教師」收入相當，為什麼教書的能生活得好好的，當官的就衣食無著了呢？更何況，知縣還能享受免費府邸（縣衙）、公費醫

療（地方醫官）和大批可供驅使的免費勞力（書吏、差役等）。老百姓們可沒那麼多便利，時時處處都得掏錢。同樣的收入，官員應該生活得比老百姓更好才對。

明朝官俸的制定者、明太祖朱元璋在洪武二十五年，專門解釋了俸祿標準是如何確定的。他把大小官員的俸祿轉換為糧食，再根據畝產量和使用的勞力，推算出大小官員的俸祿相當於多少農民的年產出。推算的結果是，一個七品知縣的俸祿，相當於五個農民辛勤耕作七十多畝田地的年產出。朱元璋特意頒布《醒貪簡要錄》，收錄自己的推算，以此告誡天下官員：你們的俸祿不低了，要對得起農民的血汗付出！

但是，朱元璋把官員們和平頭百姓相提並論，官員們卻不願意廁身於普通百姓之中。他們要過的不是普通百姓的生活。食不厭精，膾不厭細，吃穿用度都要最好的；而且要有豐富的康樂活動，要有頻繁的交際應酬。凡此種種，哪樣不要銀子，合併起來又哪是區區的俸祿能夠支付得了的？這就是為什麼五個勞力、七十多畝田地的產出還不能滿足一個縣官的生活的主要原因。

中國傳統社會是一個身分社會，不同的身分享受不同的權利與義務。中國人被劃入不同的等級、群體、標準之中。區分不同身分的，除了虛無縹緲的道德水準、才能素養之外，更可辨識的還是衣食住行等物質標準。

官員處於身分社會的頂端，生活和言行的標準自然要優於其他階層。這倒不一定表現為更高的道德水準、更優秀的才能素養，卻總是能在物質上顯現出來。比如，官員出行可以有儀仗，有轎子，有前導，有隨扈，可以僱人舉著「肅靜」、「迴避」的牌子。個別講究的還能湊出「進士出身」、「某縣正堂」、「幾品頂戴」、「加幾級記錄幾次」等一串

牌子。旁人一看就知道是「大老爺」來了。平頭百姓最多僱頂小轎子坐坐，闊氣的再帶上一兩名丫鬟、下人跟著聽差，儀仗是不允許用的，「肅靜」、「迴避」的牌子也是斷不可用的，就是抬轎子的轎伕多了兩個人也不行，不然就是逾制，是要吃官司、挨板子的。類似的，在府邸、服飾、賦稅、稱謂等方面，官員和百姓之間也有涇渭分明的區別。此外，官員還有官架子、官話、官場交際等等，老百姓也不能染指。

老百姓不能逾制，不能擺官員的譜，官員同樣也不能把自己混同於普通群眾。西漢時的一次王公大臣祭祀，天降大雨，道路泥濘，有兩位列侯因為嫌車駕出行不便，就徒步前往祭祀地點。皇帝因此將兩位侯爺削爵，理由就是失了王公大臣的體統，竟然在大雨中、泥地裡步行！

發展到明清時期，高標準的物質生活儼然成了官員階層相互辨識、強化認知的象徵。山西人李用清，學問、能力和政績都很出眾。更可貴的是，李用清是百年難得一見的清官，不交際不應酬，粗茶淡飯，潔身自好，竟然從山西老家步行到北京來當官。（李用清身上的這些高貴品格，才應該是官員區別於百姓的真正標準。）可惜，他宦海沉浮，仕途坎坷，在同僚中名聲很不好。有人批評他沽名釣譽，有人批評他不近人情。大學問家、戶部郎中李慈銘則嘲諷：李用清不知道是從哪個窮鄉僻壤出來的，不知道這世界上還有好東西？李慈銘則一邊享受著這個世界上的好東西，一邊四處撈錢、東挪西借、寅吃卯糧，維持著脆弱的奢華生活。不過高標準地生活，似乎就是自絕於官僚圈子之外、自閉於官場大門之外。因此，哪怕是入不敷出、典當度日，明清的官員們也要維持奢華高貴的生活。

明清官員不願過普通百姓的生活，是想用有形的物質差別來彰顯自己的地位。這會讓他們漸漸忘了道德和能力方面的高標準、嚴格要求，

貪圖物質享受。而為了維持優於百姓的奢華，必須獲取超額的財富；為了獲取財富，權力就成了關鍵詞。

官員階層正是擁有權力，才與普通百姓漸行漸遠。整個社會也正是看在權力的份上，才默許了官民有別。比如，古代商品有市場價和「官價」。老百姓購物是一個價格，官員或者衙門來購物又是一個價格。自然，「官價」低於市場價，物美價廉，還優先供應。商家之所以如此，除了攀附權勢的私心外，還隱藏著對官員手中權力的恐懼。如果你不提供「官價」，官員可能讓「賣炭翁」的慘劇在你身上重演。商品如此，服務也如此。地方上的醫官，理論上應該對官民一視同仁，實際上成了州縣官員的私人醫生。醫官診所成了官員特供門診，普通百姓難得一進。

又比如，監獄中也分普通囚牢和「官囚」。老百姓犯罪入獄，被塞進條件惡劣的普通牢房。而官員犯事，住的是條件優越的「官囚」。明清筆記多有官囚環境勝似一般客棧，還有獄卒伺候的記載。甚至有犯事官員的妻妾入獄陪伴的奇聞。有錢人犯了事，給錢也住不進官囚。因為入住的標準不是金錢，而是權力。大清官海瑞被皇帝下獄，一文錢也沒給獄卒，獄卒們也客客氣氣地對待他，絲毫不敢怠慢。聽說海瑞復出有望，牢頭馬上準備了精美筵席，親自送入囚房道賀，害得海瑞還以為「最後的晚餐」來了。在這裡，獄卒們敬畏的是海瑞的潛在權力。

據說，明朝監獄開始是不分普通囚牢和官囚的。後來有一位官員入獄，受到了獄卒的惡劣對待。不想，該名官員後來東山再起，而且調任刑部，主管監獄事務。他睚眥必報，想方設法懲罰、杖責當初惡待自己的獄卒，甚至將獄卒活活打死。有了如此慘烈的教訓，獄卒們印象深刻，特設官囚，優待犯事官員。事實上，在身分社會中，司法上的「官民有別」很突出。中國古代王朝對官員犯罪就有「八議」制度，達官顯

163

貴可以減輕刑罰，不是戴罪立功，就是象徵性流放幾年後閃亮復出。獄卒們特設官囚，無論是自保，還是攀附權貴，都完全有必要。

權力塑造了官民有別，也在官員階層內部劃分了三六九等。終於，官員階層也成了權力挑揀和侮辱的對象。同樣是官員、同樣有一命之榮，官員之間卻有「肥瘦」、「冷熱」、「繁簡」、「清濁」等等區別。每一項區別都指向官員權力的大小、收益的多少。比如，各種教職、學官是公認的「冷官」，升遷不易，又沒有實惠，所以也是「瘦缺」。又比如，同樣是浙江的知府，杭州知府就比臺州知府事務繁重、職位重要，所以是「繁缺」，自然收益也多，相比算是「肥缺」。至於清代的長蘆鹽運使、兩淮鹽運使、江蘇蘇松太道、陝西督糧道等，都是世人皆知的肥缺、熱官、繁缺。官民們找人辦事、交際應酬，對哪個官員抱什麼態度、用什麼標準，都有或明或暗的規則。

光緒前期，有官員進京引見。按例，他要遍送達官顯貴「孝敬」。對於軍機處諸位大臣，這位官員送禮和得到的反應是這樣的：首席軍機大臣、禮親王世鐸三百兩銀子，世鐸道謝不見面；軍機大臣張之萬一百兩，張之萬見面再三道謝：軍機大臣許庚身二百兩，許庚身見面道謝；軍機大臣孫毓汶六百兩（最多），孫毓汶見面不道謝：軍機大臣額勒和布分文不送，後者也不在乎。

為什麼同是軍機大臣，禮金相差懸殊，反應各不相同呢？這背後還是權力因素在作祟。

該名官員送孫毓汶六百兩銀子，分量最重，是因為孫毓汶在軍機處實權最大。當時軍機處由光緒皇帝的生父、醇親王奕譞遙控，孫毓汶是他在臺面上的代理人。身為實權人物，孫毓汶見送禮者一面卻不道謝，符合實權人物的身分和做派；送首席軍機大臣世鐸的銀子只有孫毓汶的

一半，是因為世鐸平庸無能，完全是因為貴為皇室宗親才領銜軍機處，並不掌實權、說話不算數。而身為皇室貴冑，世鐸道謝卻不接見送禮者，也符合他的身分；張之萬是老狀元，當時年近八旬，朝廷出於尊崇文官和老者的考慮安排他在軍機處。張之萬平日以書畫自娛，不過問政務。送禮者給張之萬一百兩銀子，更多是出於對前輩的尊重，而張之萬又是接見又再三道謝，表明他比較空閒，同時也傳達「提攜後輩」的意思；給許庚身的二百兩，應該是當時官員孝敬軍機大臣的「行價」。許庚身在軍機處是「幹活的」，負責具體貫徹落實。他與送禮者見面道謝，也應該是當時上下級常見的禮節。至於軍機大臣額勒和布，以清廉自居，且在軍機處排名靠後、實權微小，所以送禮者不送禮給他，他也能夠理解。

在這裡，軍機處的各位大臣在他人心中的分量，被金錢赤裸裸地表現了出來。而把他們分為高低貴賤的準則，就是權力。

官民有別，官亦有別。其中有若干合理的地方，更多的是不合理、不公正、不應該。難以計數的人，包括達官顯貴在內，都受到了傷害、侮辱乃至迫害。這是歷史上的「衙門邏輯」之一。

假官何以成真？

　　唐朝貞觀初年，蘇北書生陳光蕊高中狀元，被授予江州刺史之職。赴任途中，船伕劉洪心生歹意，殺了陳光蕊，霸占了陳光蕊懷孕的妻子，穿戴齊整，像模像樣地頂替陳光蕊到江州上任去了。假冒陳光蕊的劉洪當了十八年江州刺史，期間沒有出過什麼差池，直到第十九年才被揭穿。原來，陳光蕊的妻子到江州後產下一個男孩。她把男孩拋到江中，寫血書說明身世。這孩子被金山寺的長老搭救，長大後剃度為僧。他知道身世後，回江州找到母親，報仇雪恨。如今，知道陳光蕊的人不多，為他報仇的遺腹子則大大的有名：他就是後來去西天取經的唐僧。

　　類似陳光蕊這樣的故事，在古代並不少見。強盜中途劫殺赴任官員，冒名上任的案子在各代都有，搞得官員赴任的時候，安保人員越來越多，陣容越來越龐大。到了明清，地方官哪怕再窮，也要僱傭家丁家將保護自己上任。

　　古代沒有照相技術，更沒有身分證或者網路，驗證官員真偽很複雜、很難。往往是，一個人拿著一紙官憑，就說自己是某某人、新任某某官。對方看看那紙上的朝廷大印是不是真的，上面有沒有錯別字，對這個年輕人是否是真身則無法當場驗證。如果有懷疑，你可以跑到京城的吏部去查證，可是吏部見過某某某的相關人等也只能向你描述該人大致長相。如果冒充者不是體形相貌明顯不對或者真人有特殊長相（比如身高兩公尺、左手七個手指頭、腦門有個「官」字之類），騙局很難被揭穿。

　　老舍的父親當年在紫禁城裡當差，做禁軍軍官。他出入宮門全憑一張寫著「面黃無鬚」字樣的腰牌，核對一下就讓進去了。皇上身邊禁軍的身分驗證尚且如此，地方官上任還能嚴格到哪裡去？因此，打劫官員冒名上任無須太高技術，風險不大，頗為強盜劫匪們所愛。

　　冒充的強盜上任後，如果把政務搞得一團糟，很快會自我暴露。可是這些假官做官做得好的，非但沒有出什麼紕漏，各方面關係處理得都沒問題，有的還做出了成績，得到了百姓的好評和上級的誇獎。這才是假官問題引出的更嚴重的問題。

　　清初徐芳《諾皋廣記》記載：明朝崇禎初年，某人從中央部委調任廣東雷州。雷州是廣東最偏僻的州縣，需要飄洋過海去上任。結果在江上遇到了強盜。強盜殺了真官及其僕從，推舉最狡點的同夥拿著官牒上任，其他人都裝作僕人。這個強盜在雷州當了一個多月官，清廉能幹，在短時間內做出了成績。雷州百姓都慶幸得到了一位賢太守，下屬和上級也都稱頌他。最後還是因為被熟人識破，假官及其同夥才被官兵包圍緝拿。

　　《清稗類鈔》上有一個更曲折的故事：康熙初年新任池州知府郭某在赴任途中被強盜殺害，妻兒被強盜擄掠。強盜發現官憑後，大咧咧冒名到池州上任。到任後，冒牌知府為政精明，把池州治理得井然有序，人人敬重。年終考核的時候，上級為假知府評了「政理精明」。唯一讓上級官員有點不滿的是，池州所徵錢糧久不上繳。上司詢問緣故，答曰，錢糧重事，一定親自押解，湊夠以後一次送到，既安全效率又高。假知府還邀請上司檢視池州官庫，上司看到果然錢糧滿倉。

　　在此期間，不斷有親朋好友來池州拜訪或者投奔「郭知府」。這些親友進了知府衙門就被暗殺，無一逃脫。郭知府的小舅子得知這件怪事，

親自跑到池州查探。他比較精明，沒有直接去衙門，而是在路上觀察知府出巡，發現池州知府竟然不是姐夫！小舅子尋機混入知府衙門，從被羈押的姐姐那裡得知真相，趕緊跑到省裡報案。安徽省衙高度重視，調集重兵殺入池州，圍住知府衙門，抓獲了假知府真強盜。調查發現，池州府衙庫有白銀八萬兩。據強盜交待，他準備收齊十萬兩稅銀後捲款潛逃，過逍遙日子去，可惜在成功的前夜功虧一簣了。最後，這個很有行政能力的強盜被處決了。

為了杜絕強盜冒充官員，再做出成績來，讓真實官僚們顏面掃地的情況，古代官場不斷加強對官員的保護，不讓強盜有可乘之機，同時想方設法加強官員甄別和到任確認制度。比如增加官員到任的手續，官員要先拜訪各個相關衙門（而不是直接上任），多認識人，增加冒充的難度；比如增加官員身分證明的檔案或者實物，且分開留存、多處存放，讓強盜難以憑一張委任狀就上任。清末，照相技術傳入中國，一度產生了替官員照相，存入檔案，作為辨認依據的提議。贊同者認為這是最經濟的做法，官員只需多交幾張照片，就能免去引薦、拜會等交際，直接從原籍去任所上任，與己方便，也與人方便。但是這樣侵犯了經手官員任用選錄手續的吏部官吏們的既得利益，沒有被採納、推廣。

相比強盜冒充官員上任，歷朝歷代更多的假官是平民無賴直接假扮的，騙吃騙喝騙錢財，更騙尊重騙社會地位。如果說強盜冒充官員暴露的是古代人事甄別制度的缺陷，那麼這些假冒官員暴露的是整個社會對官員的病態追捧和攀附。

明清時期的蘇州，是繁華富庶地、溫柔富貴鄉。五光十色的地方，五花八門的事情也多。比如明朝萬曆年間，有個徽州商人想打通撫臺環節，搞份「批文」。一次，還真讓他遇到了一位自稱是撫臺姪子的公子哥

兒。徽商請他幫忙，公子哥兒滿口應承下來。當著公子的面，徽商將銀子封好，說：「事成以後，以此物為謝。」過了幾天，公子穿著官服，帶上徽商的訟詞直接走進了巡撫衙門。徽商不放心，跟在遠處，看他進去後，在衙門門外等他出來。日頭偏西，巡撫衙門的公事已畢，各位官員紛紛出來，大門緊閉。公子哥兒還沒出來。徽商尋思，想必是巡撫大人留姪子吃晚飯吧！他詢問門旁的差人，差人都說不知道。到了晚上，公子哥兒終於出來了，滿嘴酒氣，說是和巡撫伯伯喝酒了，出來晚了，事情辦妥了。徽商深信不疑。公子哥兒又拿出官封信函文書給徽商，印識宛然。徽商大喜，請客塞銀子。兩人盡歡而去。

等徽商帶著文書去辦事，才發現文書上的印章是假的。此事是一個無賴設的騙局。那天是官員謁見巡撫的日子，衙門人多混亂，假「巡撫姪子」混在人群中進了院子，躲藏在某個角落，吃隨身攜帶的酒糕，晚上再趁人雜混亂出來。所謂文書都是事先偽造好，藏在身上帶進去的。

徽商久經商場，按說是精明之人，為什麼中了假官的圈套呢？首先就是他有求於衙門，而尋常的管道成本太高，或者壓根就不可行，必須攀附官員疏通。急於求人，讓一個精明的商人喪失了警惕性，為無賴提供了可乘之機。其次就是，這個無賴巧妙利用官員拜謁巡撫的機會，對徽商演了一齣戲。受騙上當的根本原因，還是徽商本人對衙門公權力的敬畏、需求和追捧。

更離奇的還是假官冒充行騙到受害人不僅不敢戳破，還要替他掩蓋，甚至幫忙「轉正」的程度。《儒林外史》中有一個故事：明朝江寧縣居家的高翰林邀請施御史、秦中書和縣裡的兩位秀才來家一聚，會會一位到訪的官員。高翰林介紹說這位官員叫萬里，浙江人，二十年前自己在揚州會過他。前日，萬里從京師來江寧，說已經擔任了內閣中書。

萬中書到了，送進名帖來。高翰林趕出來，拱手立在廳前滴水下，叫管家請轎，開了門。萬中書下了轎，只見他頭戴紗帽，身穿七品官服，急趨上前，拜揖敘坐。兩人相互客氣地來到正廳，和四位來客相見。六人大談科甲學問，許些將來少不了互相照應的空話套話。官場講究的就是人脈和和氣。初次見面，江寧的各位就和萬中書「一見如故」，稱兄道弟了。

第二天輪到秦中書做東宴請萬里，邀請高翰林、施御史作陪，還請了一個戲團隊唱戲。誰知中途江寧縣方知縣帶著二十多個捕快，衝進來，一條鐵鏈套住萬里，把他抓走了。

堂堂的內閣中書在三位同僚注視之下，被地方官給抓走了！這事傳得盡人皆知，「臉面卻也不甚好看」！秦中書、高翰林和施御史三人不能不問，馬上派人去縣衙打探消息。原來，浙江省臺州總兵苗而秀海防不力被浙江巡撫參奏革職。官府在抄苗家的時候，查到了萬里拍苗而秀馬屁的詩文。於是臺州知府發文江寧縣緝拿萬里歸案。

這是個「打秋風」的小案子，並不要緊。嚴重的是，方知縣審查時發現，萬里的內閣中書是假冒的。二十多年來，萬里在科場上屢次名落孫山，連個舉人都沒撈著，年近半百後衣食無著，假冒內閣中書騙吃騙喝，不想在江寧鬧得動靜太大，又被方知縣寫入案卷，馬上要押解受罰去了。連帶著，秦中書、高翰林和施御史三人的麻煩也大了。他們與一個假冒內閣中書稱兄道弟，不被人說是同夥、別有居心，也會被追查失察之過。

「若要圖乾淨，乾脆替他買一個內閣中書的官位來。買官的錢，讓他打欠條，等他贏了官司上了任，叫他一五一十還回來。即便還不回來，也比被動受罰要好。」於是，秦中書拿出一千二百兩銀子買官；高翰林趕

緊寫了一份買官的揭帖送到內閣，先為萬里存案排隊；施御史連夜打發人進京，替萬里特事特辦去了。三人不惜代價，發動人脈、連夜辦理，萬里的「內閣中書」很快「轉正」了。他的事情，只剩下寫錯了幾篇拍馬屁的文章了。秦中書、高翰林和施御史三人也跟著沒事了。

在這裡，萬里的騙術並不高明，他更多是一個被動的角色。他的假官能夠被人相信，起於高翰林的引薦。有一位官員推薦了萬里，說他是內閣中書，秦中書、施御史等人自然輕信了。誰不想在官場中多一個熟人，多一層關係呢？而萬里因禍得福，則起於江寧縣這個官僚小圈子、小關係網的自保。留存顏面和前途，比揭露、懲罰一個假冒官員更重要。何況，三人替萬里買了官，也多了一個真正的官場朋友，還能藉此控制萬里，並不是血本無歸的投資。

如果說《儒林外史》是小說，不足為據，那麼清朝乾隆年間還真有一個「假官轉正」的真實故事。

江蘇常州有一個騙子錢豁五。他從小誦讀經書，頭腦靈活，筆頭上有些功夫，就是不擅長考試，連秀才也沒有考上。錢豁五做生意怕吃苦，當塾師嫌貧困，又喜歡吃喝玩樂嫖賭，欠下許多外債，在常州混不下去了，只好遠行他鄉，以騙為生。

錢豁五遠赴廣西繼續行騙，後來名聲又臭了，在廣西騙不到錢財了。情急之下，他又生一計：弄到一個廣西巡撫衙門的信封，裡面塞上廢紙，外面黏上雞毛，弄了一套竹筒黃面的包袱，往身上一背，假冒廣西巡撫衙門的信使。他取官道東行，經湖北、江西入浙江，一路招搖動眾，吃喝全由驛站供應。直到杭州後，被驛官識破，扭送官府。

一般的故事到這裡就結束了，但錢豁五畢竟是個「慣犯」，老辣之致，他不但沒有絲毫的害怕，反而開導錢塘縣令說：「我假冒官差，固是

犯法。但是你將此案一辦，豈不連桂、鄂、贛、浙四省相關官員都要被定個糊塗失察的罪名？」錢塘縣令經其提醒，哭笑不得，只得將他關進監牢裡，放也不是、判也不是。恰巧有一位常州籍的御史到杭州，聽說老鄉中竟有這麼一位「人物」，覺得關在牢裡實在太可惜了，於是為他說情開脫，並把他介紹給鹽運使柴某人當幕賓，專司出納一職。鹽運衙門本是個肥差，錢豁五在此如虎添翼，大展身手，兩年下來，足足撈了十多萬，遂化名「錢炳」為自己捐了個五品官。昔日騙棍搖身一變，成了朝廷命官，也算修成「正果」。卻不料天有不測風雲，錢豁五還沒來得及享受真正的官員待遇，姓柴的鹽運使遭人檢舉入獄，錢豁五被打入同案，結果革職發配，充軍去了。

錢豁五的例子和萬里的故事，異曲同工，都是官僚體系為了私利，將假官漂白成真。其中的轉化不是假冒者自身能夠完成的，他們是被動的。假官的出現，是官僚體系的病症表現。如今假官「成真」，則表明官僚體系已經病入膏肓了。不從根本上加強對公權力的限制，就不能杜絕假官現象。

其實，除了強盜假扮官員、騙子冒充官員外，還有一類數量更龐大的「假官」。他們就是那些依附在官員身上，能夠分享到公權力的人群，比如達官顯貴的親戚家人，善於整合資源牽線搭橋的讀書人、同鄉、故友等。不少官場的溝通、麻煩的處理，都是由這些人暗中執行的。他們在人前談吐嚴肅端莊，表現得正義凜然，但他們不是官員，不用承擔政治責任，辦好了不能升官發財，也沒有俸祿或補償。那他們圖什麼呢？──利用公權力圖謀私利。

和珅倒臺時，他的管家都被查出收受了數萬兩銀子的賄賂。俗話說，丞相家人七品官。和珅的家人可比七品官員威風多了。和珅當權

時，府邸所在的衚衕擠爆了各地、各衙門和各個級別的官員，因為滿眼看過去都是頂戴，人稱「頂子衚衕」。很多人求見和中堂不成，轉而結交和府家人。地方總督、巡撫和和府管家稱兄道弟，道臺、知府與和府看門的結拜兄弟，都不是新聞。嚴格說，他們不是官員，在很多人看來，卻比真官的能耐還大，比真官還真，收益自然少不了。數百上千的銀票流向和府家人的兜裡，各個官員逢年過節更不忘給他們送一份禮品。

古代那麼多人冒充官員，看中的就是公權力身上附著的豐厚的額外收益、衍生權力，追求的是那種被社會追捧攀附的感覺。要不，怎麼沒人去冒充雜貨舖的掌櫃啊？

古代的「官二代當官」

　　唐朝開元年間，唐玄宗的弟弟薛王李業死了。禮部侍郎賀知章負責替李業的葬禮挑選「挽郎」，不料在這個小問題上掀起了軒然大波。長安城內因此爆發了一次群體性事件。

　　所謂的「挽郎」，就是出殯時牽引靈柩唱輓歌的人，算不上什麼好事，但替帝王當挽郎就不同了，報酬優厚。治喪結束，吏部要登記挽郎的人事資料，分官配職。也就是說，挽郎當完就當官 —— 這就是替皇家抬棺材的報酬。因此，每次帝王葬禮的挽郎無不集「一時秀彥」，滿眼看去都是達官顯貴的子弟（官二代）。普通人家的子弟根本不能染指。比如東晉南朝時期，帝王后妃的挽郎，規定要是六品以上公卿大臣的子弟。到了唐朝，十三四歲的公子哥兒就能選上挽郎，踏入仕途，比寒窗苦讀輕鬆得多了。因此，聽說薛王李業死了，長安城內外的官員子弟們躍躍欲試，爭著要當挽郎，要擠入「儲備幹部」隊伍。

　　賀知章自然不可能滿足所有人的願望。而他最後挑中的挽郎人選，也不可能全部是「一時俊彥」，讓所有競爭者都心服口服。於是，未能入選的官員子弟們群情激奮，大罵賀知章不公，跑到禮部大吵大鬧。情緒激動的公子哥兒們還到處找賀知章，要痛毆他。禮部吏員們惹不起躲得起，緊閉禮部大門。公子哥兒們就堵在衙門外高聲叫罵，不少看熱鬧的人也跟著瞎起閧。這一下子就惡化成了影響首都穩定的群體性事件。

　　對這種事，其他衙門的官員事不關己，高高掛起，沒人出來管。說

不定，他們中的不少人還因為自己的兒子沒有入選，對賀知章懷恨在心呢！解鈴還需繫鈴人，還得賀知章出來平息混亂局面。賀知章就在禮部衙門內搭了個梯子，爬上圍牆，趴在牆頭上喊：「諸君且散，見說寧王亦甚慘澹矣！」意思是說：「大家別著急，聽說寧王的病情也很危急了！」「寧王」是唐玄宗的大哥李憲。當年，李憲主動讓賢，把太子寶座讓給了三弟李隆基。李隆基當上皇帝後，對主動讓位的李憲優待有加。賀知章的暗意是：李憲死了，葬禮會更隆重，挽郎的數量會更多，大家都還有機會！

聚集的公子哥兒們聽賀知章透露如此寶貴的小道消息，紛紛散去，回家等寧王李憲的噩耗去了。只是不知道，病中的李憲知道了，會作何感想？

這個故事裡的挽郎，為官僚子弟直接當官提供了便利管道。中國古代始終存在「官二代當官」的制度便利。秦漢以後，「世官世祿」作為一項制度已經壽終正寢，但陰魂卻一直沒有消散。西漢就確立了「任子制」。

所謂「任子」，顧名思義，就是任命官員的子弟當官。西漢政府規定：「吏二千石以上，視事滿三年，得認同產若子一人為郎，不以德選。」（《漢書‧哀帝紀》）這項制度有兩個標準：第一是官員級別必須是二千石以上，而且任滿三年。西漢官員的俸祿是用糧食計算的，糧食的多少等同於官員的級別。二千石是地方太守、中央三公九卿的級別，屬於高級官員。第二個標準是任子的對象是「同產若子」，必須是高級官員的兒子或者姪子。只要符合這兩項標準，就可以當官。至於才能、品德等，都忽略不計（不以德選）。任子一般擔任郎官，也就是宮廷的侍從官員。因為離皇帝近，受人矚目，升遷的速度也快。西漢著名愛國者蘇武，就

是靠任子制當上的郎官。他的父親蘇建是衛青的戰友，官至代郡太守，符合條件。

任子制本身是高級官員的福利，在實際操作中日漸朝著便利官員的方向發展。比如制度沒有規定任子的數量，於是高官們的子弟紛紛入仕。漢元帝時寵臣史丹，史載「有子男女二十人，九男皆以丹任並為侍中、諸曹」。九個兒子都透過任子制當上官，可見這項制度執行起來不嚴格。而大權臣霍光，則因為同父異母的哥哥霍去病是驃騎將軍，在十幾歲就被任命為郎官，很快升遷為諸曹侍中。他顯然不符合「同產若子」的標準。

漢宣帝時的御史大夫陳萬年，靠上下鑽營、溜鬚拍馬升遷，病中把兒子陳咸叫到床前傳授經驗。他耳提面命到深夜三更，還喋喋不休，陳咸直打瞌睡，差點碰倒屏風。陳萬年大怒：「你老爸教導你，你竟然睡著了。為什麼不聽我的話？」陳咸說：「我都知道你的意思了，無非是要我如何諂媚奉承。」陳萬年見兒子懂得了自己真傳，這才不說話。就是這樣一個品行不端、聲譽欠佳的大臣，也讓所有兒子都透過任子制當上了官。

東漢接過任子制的大旗，把可以任子的官員範圍從公卿高官擴大到了校尉、尚書等重要職位的官員。《漢書》中有不少這樣的記載：「子弟以父兄任為郎」，「大臣任舉子弟為官」。宦官們看到越來越多的官員，把子弟都往官場上放，心裡難免癢癢。他們雖然不是正常人，也有光宗耀祖、惠及子孫的欲望。恰好東漢是宦官專權嚴重的朝代，任子的範圍最終擴大到太監的頭上。東漢「宦官方熾，任及子弟為官布滿州縣」。這些「太監子弟」當然不可能是真的，少數是太監的姪子、親戚，更多的是像曹操他爸曹嵩那樣「未能審其本末」（來歷不明）的孩子。

　　任子制到隋唐，換了個名字，叫做「蔭」。這個字傳神地繼承了任子制的真髓，大樹底下好乘涼，官二代背靠老子的樹蔭，可以在官場上平步青雲。只是苦了那些沒有「蔭」可託庇的普通人家子弟。因此，這個字一直延續到清末，用來指代官二代當官的現象。

　　唐朝官二代直接當官，稱為「恩蔭」。它在三個方面進一步擴展了任子制。第一是可以任子的官員級別降低到從五品。第二是明確規定了官二代直接當官的級別。唐朝「官一代」和「官二代」的級別對應為：「凡用蔭，一品子，正七品上；二品子，正七品下；三品子，從七品上；從三品子，從七品下；正四品子，正八品上；從四品子，正八品下；正五品子，正九品上；從五品及國公子，正九品下。」第三，任子對象擴展到官員的孫子甚至曾孫。唐朝規定，三品以上大官可以蔭及曾孫，五品以上蔭孫。可見，唐朝官員的此項福利，大大提高。一個官員在官場好好努力，連孫子的前途問題都能解決。

　　盛唐時期宰相姚崇本名姚元崇，父親姚懿曾任嶲州都督，可以受蔭直接當官。而且朝廷已經選中他當親王李弘的挽郎，官場向他敞開了大門。但姚元崇覺得靠父親的恩蔭，靠為人抬棺材當官，有傷自尊。他事後未去吏部登記，而是改名姚崇參加科舉，高中進士，當上了官，傳為佳話。無獨有偶，北宋名臣司馬光也是放棄父蔭，透過自身努力，科舉考中進士當上的官。司馬光的父親司馬池有三個兒子，鍾愛小兒子司馬光。司馬池的官不大，只能讓一個兒子恩蔭為祕書省校書郎。司馬光主動把機會讓給了大哥司馬旦。但是像姚崇、司馬光這樣的官二代還是少數。唐代恩蔭風氣很盛，人數很多。唐朝確定了科舉取士制度，後人似乎認為科舉是唐朝選錄官員的主要管道。其實不然，唐朝科舉錄取的人數很少，每次數十人，且考期不固定，遠遠不能滿足官場的需求。恩蔭

是更常見的官員選錄管道。

透過恩蔭、科舉入仕的官員群體，引爆了唐代的黨爭。中唐的「牛李黨爭」除了政見分歧外，牛僧孺一派多科舉入仕的官員，李德裕一派多官二代，雙方黨同伐異，存在濃厚的「恩蔭一科舉之爭」的味道。

李德裕出身官宦世家。其祖父李棲筠是唐代宗時期的御史大夫，使得其父李吉甫恩蔭入仕，起點就是駕部員外郎。李吉甫後來當到了宰相。李德裕很為自己的家世自豪，不喜歡和出身普通家庭的讀書人一起參加科舉考試，恩蔭為校書郎。李德裕當官之初，有個科舉出身的李姓同事，和他官職相同。一日，有個舉子行卷（讀書人向名士官員投遞自己的文章，希望得到推薦），將二李搞錯了，誤投給了李德裕。有讀書人主動行卷，李德裕挺高興。不料沒幾天，那個舉子來要回了自己的文章，說：「這是投給進士及第的李大人的，不是給您的。」李德裕頓時萬分尷尬，據說落下了心理陰影，此後一味排斥科舉出身的官員。

宋朝有讀書人的天堂美譽，文官福利異常優厚，恩蔭制度得到了畸形發展。首先是不論品級大小，是個官員就有恩蔭特權。其次是恩蔭的對象極廣，除了子孫，還可以恩蔭「期親」、「異姓親」、門客等等，相當於七大姑八大姨、家庭教師、管家門丁都可以當官，真的稱得上是「一人得道，雞犬昇天」了。第三，恩蔭的法定數量壯大，宰相可蔭十人，執政蔭八人，侍從蔭六人，中散、朝議大夫等散官可蔭三人。像司馬池那樣的州縣小官，雖然只能蔭一人，但宋朝在法定之外，常常有「特蔭」。比如遇到重大慶典，朝廷會讓所有官員增加一個恩蔭的名額，算是發放福利；又比如某個大臣去世，朝廷顧念其「勤勉王事」或者「清正廉潔」等等，臨時允許恩蔭若干親友為官。宋朝大將曹彬死，親族、門客、親校（也就是警衛員）二十餘人被蔭補為官。大將李繼隆死，兒

子全部當官，幕僚門客二十多人也全部補上官

　　西漢高級官員任子，只能做到「郎」一級的低階官員，之後的前途就要看自身的努力了。唐朝的一品高官，恩蔭子孫也只能是七品的低階官員。元朝則大大提高了各級官員任子的級別，比如正一品的官員子、孫可以授予正五品官員；從一品官員的子、孫可以授予從五品的官員。五品官已經算是中級官員了。也就是說，元朝的中高級官員可以靠「恩蔭」取得。不過，官二代當官的福利，在元朝發展到了一個顛峰，進入明朝就開始降低。

　　明清的官員選錄，完全以科舉為正途，錄取的人數也多。恩蔭入仕成了異途、支流，不再那麼拿得出去了。恩蔭制度不再像宋元那般寬鬆、優厚。比如朱元璋建立明朝之初，曾規定：「文官一品至七品皆得蔭一子以世其祿。」他把恩蔭的官員範圍限制到了七品以上，恩蔭對象限制為一人，更重要的是恩蔭不一定得官，而只是領取一份俸祿，沒有實職（世其祿）。如此嚴格的限制，顯然讓官僚集團不滿了。在官僚集團的鼓吹、運作下，明朝中期後恩蔭範圍有所擴大：「正一品子，正五品用；從一品子，從五品用，遞減至從五品子，從九品用；正六品至從七品子分蔭上、中、下三等未入流職內敘用。」這就取消了只能恩蔭一子的規定，且恢復了元朝時期的高品級。不過鑑於僧多粥少，明朝很快補充規定：第一，官二代必須通過考試，合格後才有恩蔭的資格；第二，三品之上的官員子弟，有可能獲得實職。多數官二代恩蔭得到的只是領取俸祿的資格，沒有實職。要想得到實職，還要去科舉考場上博取功名。為了方便官二代考取功名，受恩蔭者可入國子監讀書，稱為「官生」。明朝多數中下級官員的子弟，其實沒有沾到恩蔭的好處，只是能免試進入國家最高學府（國子監）讀書而已。

　　清朝在明朝基礎上，繼續縮緊恩蔭的範圍。官二代直接當官的管道進一步縮小。清朝規定，恩蔭的官員範圍為「京官四品、外官三品、武官二品以上」或者陣亡、因公殉職、因軍務病故的官員。這就把大多數官員的恩蔭特權給取消了。其次，受恩蔭者和明朝一樣，只是獲得免試入國子監讀書的資格而已，修業期滿後，等待分配官職。受蔭入仕的官二代大為減少。不過，清朝有另外一種恩蔭制度，就是紈褲子弟常掛在嘴上的「祖蔭」。祖蔭說的是祖宗流血流汗留給子孫後代的好處，除了人們熟知的「鐵桿子莊稼」，還包括恩蔭和世襲爵位等。為了照顧八旗將士，更出於少數民族統治者的自卑心理，清朝統治者為不少滿族家庭頒發了世襲爵位。大貪官和珅就是參加科舉名落孫山，轉而依靠祖蔭承襲三等輕車都尉的。他的祖輩追隨統治者入關，南征北戰，為子孫留下了三等輕車都尉的世襲爵位。有了這個小爵位，和珅就能到乾隆身邊當個低階侍衛，進而步步升遷。此外，清朝規定了官職的滿漢比例、規定特定的職位只能由滿族人擔任，便利紈褲子弟當官。所以，對於清朝的漢族官員來說，讓子弟直接當官比較困難；但紈褲子弟要想直接入仕，途徑還是很多的。

　　回顧古代的任子──恩蔭制度，必須得承認，直接當官的官二代中不乏有真才實學的人。比如唐初名臣、大書法家褚遂良，就因為父親褚亮做到了通直散騎常侍而受蔭為祕書郎入仕。著名詩人韋應物的曾祖韋待價在武則天時期任宰相、祖父韋令儀曾為宗正少卿，父親韋鑾曾任宣州司法參軍，因而他十四歲左右就受蔭為右千牛衛。官宦子弟從小耳濡目染祖父輩的行政和做派，見多識廣，他們受到的教育也更優質、更有針對性，所以比普通人家子弟更熟悉政務、視野更開闊，政治素養較高。

　　可惜，豪門並不必然出人才。很多官宦子弟因為背景硬、生活優越、前途坦蕩，放鬆了學習和修養，不思進取，貪圖享受，作威作福，甚至驕恣荒淫。這樣的官二代直接當官，產生了惡劣的政治影響。明朝大臣楊漣指出當時：「金吾之堂口皆乳臭，誥敕之館目不識丁。」官宦子弟不學無術，大量湧入官場，空費錢糧，不僅嚴重影響行政效率，還阻礙具備真才實學之士的仕途，製造官僚集團內部矛盾，最終降低的是整個體制的素質。

　　最典型的是魏晉南北朝時期，任子制惡化為「九品中正制」。官員選錄標準徹底脫離能力和品德，只看家族背景。豪門子弟不到二十歲就能身居高位，寒門子弟年過三十才有資格去競爭刀筆小吏。這就形成了既得利益集團，顯宦豪門為了把持官位，不斷強化門第觀念，相互通婚，集體排斥寒庶家庭。南朝甚至發展出了「譜學」。學習這門學問的人，一輩子鑽研各個豪門大族的家世，需要牢記各家豪門的祖宗名諱、官爵，目的是維護門閥特權利益，防範有人冒充豪門得官。九品中正制的後果是，達官顯貴們塗粉抹油、終日清談闊論，以實務為俗。當將軍的畏馬如虎，掌管錢糧的不知道庫存何在，南朝政府越來越弱，最終滅亡。其他朝代不像南朝這麼極端，但任子——恩蔭塑造的既得利益集團始終存在，只是強弱不同而已。

　　這個利益集團的強大，很多時候足以威脅皇權。兩漢外戚專權的出現，就受益於當時的任子制。西漢末，外戚王氏權傾朝野，先後有九人封侯、五人擔任大司馬。就連一個父親早死、無依無靠的王家子弟也受蔭為黃門郎。而這個人就是後來代漢自立的王莽。明朝後期，魏忠賢結黨攬權，專擅朝政。大臣楊漣彈劾魏忠賢的一大罪狀就是：「今日蔭中書，明日蔭錦衣……如魏良弼、魏良材、魏良卿、魏希孔及其甥傅應星

等，濫襲恩蔭，褻越朝常，大罪十三。」這裡指的魏良弼、魏良材等人都是魏忠賢的親戚晚輩。正是依靠恩蔭制度，魏忠賢得以迅速把大批親戚晚輩塞入朝堂，建立派系力量。魏忠賢權勢熏天，若不是太監不好當皇帝，還不知道這位「九千歲九百九十九歲」能幹出什麼大事來！

既然任子 —— 恩蔭制度弊病叢生，歷代皇帝為什麼不廢除呢？

古代官員辛苦一輩子，心裡都裝著子孫後代，希望能把榮華富貴傳之久遠。這是人之常情。皇帝們抓住臣屬的這個心理，允許他們的子孫直接當官，藉此籠絡人心。更深一層來說，皇帝此舉也「連結」了臣屬家族。任子 —— 恩蔭制度讓官員子孫後代的命運和王朝的興衰緊密連繫在一起。為了家族永保榮華富貴，官員們就要維護王朝統治的鞏固，這不僅是為自己、為現在打拚，也是為子孫、為家族的未來負責。因為一旦現存體制岌岌可危甚至王朝傾覆，子孫的福利就是一張白紙了。

任子 —— 恩蔭制不僅讓官員分享了王朝的期權收益，皇帝還可以藉此控制官僚集團。試想，子孫的命運掌握在皇帝手中，官員們敢不效忠賣力嗎？這一點在中央王朝和少數民族關係、皇帝和權臣的關係上展現得最明顯。

任子 —— 恩蔭既然是一項制度，皇帝就有權下令藩屬、大臣的兒子（往往還是嫡長子）來中央做官，把他們捏在手中。藩屬君長、實權大臣就有義務派兒子去中央做官，把自己的命根子送到皇帝手中。漢末，曹家控制了中央政權，就多次「恩蔭」割據江東的孫家子弟官職，催促孫權的兒子去許昌當官。孫權硬是不要這項福利，堅決不交出兒子。幸虧劉備遲遲沒有兒子，沒能享受到任子的福利。不然，猜想曹操也會多次催促劉備：「玄德兄，你兒子怎麼不來我這當官啊？」這樣的「任子」和「人質」沒有區別。在古代亂世，地方割據政權歸順中央的一個重要象

徵，就是向朝廷派遣「任子」。早期中央王朝，都會讓歸附的周邊少數民族政權君長向朝廷派遣「任子」。

匈奴、鮮卑、突厥等少數民族首領為了博取中央政府的信任，都派出王子到首都當官。他們被稱為「質子」：當人質的兒子。滅亡西晉的匈奴皇帝劉淵，從小就被送到洛陽當質子，先後在曹魏、西晉兩個王朝當官。後來趁西晉爆發八王之亂，才找機會逃回匈奴的。少數民族君長和地方權臣後來也學精了，接受任子——恩蔭的往往不是嫡長子或者心愛的兒子，而是不討自己喜歡的兒子，甚至是「假子」、姪子。

一旦中央王朝和少數民族或者割據勢力關係惡化，留在朝廷的任子就命運堪憂了。三國時期，割據遼東的公孫家族和曹魏王朝的關係時好時壞。公孫康時期，派遣長子公孫晃去洛陽當官，表示歸順朝廷。後來，公孫晃的弟弟公孫淵繼位，和曹魏關係惡化。公孫晃多次上表，說自己的弟弟狼子野心必叛無疑，提醒朝廷早做準備。公孫淵公開反魏後，公孫晃更是慷慨上表，要求率軍去殺死親弟弟。他的建議最終沒被朝廷採納，公孫晃顯然也不相信曹魏朝廷真會讓自己帶兵去討伐弟弟。他這麼做，無非是表忠心，和弟弟劃清界限，免得弟弟的反叛連累自己。誰讓公孫晃是「任子」，性命捏在曹魏皇帝的手裡呢？

任子——恩蔭制度可以讓皇帝更好地控制臣屬，把臣屬連結在王朝體制的戰車上，他為什麼要廢除這項制度呢？最終在官僚集團和皇帝的共同需要下，官二代當官現象得以和中國古代歷史相始終。

古代「問題官員」的復出

　　古代典籍和現代的古裝劇中，常常有官員出了問題、犯了錯誤，被免去官職，可是沒幾天又戲劇性地「官復原職」了。這些「問題官員」為什麼能夠前腳犯罪被免，後腳就能換個衙門當官？他們是如何八仙過海各顯神通的，又是怎麼成功復出的？

▶ 免職不免特權身分

　　古代問題官員被免職，說法很多，有罷官去職、掛印而去、革職除名，也有陶淵明那樣棄職而去的。不管是主動還是被動，都是被開除職務了，失業了。現代官員失業了，情況會比較糟糕，沒有了權力，沒有了一系列的相關待遇，不僅生活水準大為下降，原來人際關係圈子也會疏遠甚至輕視你，導致心理失落。但是古代官員，就不存在類似的問題。古代官制存在「官職」和「官身」的區別。官職可以調動、可以免除，官員身分相對固定，很難喪失。

　　簡單說，一個官員去年是縣太爺，今年是知府，明年可能就被彈劾罷官，但他官員的身分不會變。即使沒有官帽了，他也擁有不少特權，比如遇官不跪、應訟不跪，可以承攬本地的稅收詞訟、主持鄉間結社和公益事業，衙役官差們遇到他們恭恭敬敬，就是當地州縣長官，遇到地方錢糧盜匪文教等大事，也要找這些免職官員商量著解決。免職官員還

掌握著相當的權力，身為士紳發揮作用。

事實上，這些官員雖然因為各種問題而被免職，但他們依然是現行體制內的佼佼者，是現行遊戲規則下的「菁英玩家」。權力的天平依舊向他們傾斜。比如在隋唐之前，入仕的主要標準是血緣、門第等等，一個免職官員的職務沒了，但血緣、門第等不會消失，還會為他帶來特權利益。隋唐之後，入仕的主要標準變為了科舉功名，一個人只要獲得了最低階的功名（秀才），他就在法律上脫離了「民」的範疇，享有「官」的各種特權。秀才是不能被打板子的，更不能拘押，除非一級級地辦手續，革去他的功名。因此，隋唐之後科舉出身的官員，即使被罷免了，功名還在身，就還是官，享有各種特權。此外，官員在任期間搭建的各種關係網絡、派系資源，免職後仍然會惠及他。他就一日為官，終身享有特權，不會再跌落為草民。

所以，不必為免職官員擔心，只要他心態足夠好、看得開，免職前後的生活差距不會太大。這點在有「官員天堂」美譽的宋朝更是如此。宋朝對官員極為優待。官員除了職務、差事之外，還有爵位、品級、散、階、勛等。職務可以免，差事可以沒有，但是其他內容組成的「官身」不會輕易變動。而決定官員收入、待遇的主要是官身，而不是職務。就算是免職了，宋朝也發展出不少虛職來安排免職官員，比如安置一些免職官員掌管宮觀、去監督一些官辦工程或者文化事業。更重要的是，宋朝還為免職官員制定了復出的制度。據沈括《夢溪筆談》記載：「律云：『免官者，三載之後，降先品二等敘。免所居官及官當者，期年之後，降先品一等敘。』」意思是免職的官員，三年以後可以在原來品級上降兩等起用；免職及「官當」的官員，一年以後可以降一等起用。這樣的制度幾乎讓所有的免職都是暫時的。

　　沈括記載的「官當」也是官員的一項特權：以官抵罪。普通百姓犯罪，該怎麼判決就怎麼判決，但是宋朝的官員可以用官員身分來抵徒刑，放棄一些身分或特權來減輕判決。比如因為個人問題、道德問題犯罪（專業稱「私罪」）的官員，五品以上一官可以抵二年徒刑，九品以上一官可以抵一年徒刑。如果官員犯「公罪」（辦公事出了問題），官當可以分別提高到三年、兩年。因此，在宋朝當官是非常愜意的，只要不大逆不道自尋死路，都可以無妄無災安逸一生。

　　話說回來，還真不能輕視古代免職官員。他們的「餘熱」還能炙傷人，說不定什麼時候就復出了。明清時代，犯罪的官員、皇帝厭惡的官員，都被關押在刑部大牢。這些人都被摘掉了烏紗帽、扒去了官服，戴著枷鎖鐐銬，比免職官員還慘，連官身都沒了，就是囚犯一個。不過，除了極個別明天就要押赴菜市口斬首的人，獄卒們都不敢得罪這些前官員現囚犯，還要好吃好喝伺候著。今天他們是囚犯，說不定明天就又是老爺大人了。即使不能復出，也保不定他們出獄後當個士紳，依然是獄卒的老爺。

　　一個典型的例子發生在明朝的天牢囚犯海瑞身上。這個海瑞竟然上書痛罵嘉靖皇帝，害得嘉靖大發雷霆，下令緝捕海瑞，要把他千刀萬剮，幸虧宰輔大臣極力周旋，才把他暫時關在大牢裡。按說，海瑞幾乎沒有什麼官運可言了。但是，獄卒們也沒有為難他。嘉靖駕崩，尚未發喪時，提牢主事趕緊辦了酒菜來款待海瑞。因為海瑞痛罵嘉靖，讓他在士大夫群體中聲名鵲起，復出聲音高漲。現在換皇帝了，海瑞復出在即。果然，他很快官復原職，緊接著就是一連串的升遷。

　　所以，不要輕易得罪免職官員，不然後果可能很嚴重。

▶ 不怕罷官，就怕不努力復出

清代官員免職，專業名詞叫「革職」。革職又分革職留任、革職、革職永不敘用三種。革職留任處罰最輕，名實不符；革職是真正的免職；而革職永不敘用處罰最嚴，等於判處了官員的仕途死刑，都「永不敘用」了，還能復出嗎？

能。清朝有不少「永不敘用」的問題官員，又被敘用了，專業名詞叫「開復」。罷官免職並不可怕，怕的就是沒有運作復出的空間，怕的是不去努力運作復出。

乾隆前期的內閣大學士李侍堯，長期擔任兩廣總督，還擔任過湖廣、雲貴總督和戶部、工部、刑部的尚書，中央六個部他主管過三個。《清史稿》說他「見知高宗」。乾隆四十年，兵部因為廣東治安太亂，彈劾李侍堯「武職弛縱」。李侍堯上奏解釋，乾隆回答：「侍堯向不姑息屬僚，朕所深信。」可見君臣兩人關係相當好。

乾隆四十五年，李侍堯在雲貴總督任上，被雲南糧儲道海寧指證貪縱營私，是個隱藏很深的大貪巨惡。李侍堯供認不諱。乾隆皇帝出奇地憤怒，下詔書痛罵：「侍堯身為大學士，歷任總督，負恩婪索，朕夢想所不到！」將李侍堯革職，押赴北京治罪，和珅等人審理後，建議將李侍堯「斬立決」。乾隆念及幾十年的恩情，想網開一面，讓各省督撫商議。江蘇巡撫閔鶚元迎合乾隆意思，藉口李侍堯精明能幹、勞苦功高，為他求情。李侍堯被改判「斬監候」，挽回一命，不但住進了刑部大牢，還被抄家。一般人看來，李侍堯的官當到頭了。

奇蹟在第二年發生了。乾隆四十六年，甘肅回民起義，大學士阿桂率軍鎮壓。乾隆特旨賞給李侍堯三品頂戴，赴甘肅作戰。罪犯李侍

堯一下子恢復了官員身分。不久甘肅冒賑大案事發，總督勒爾謹得罪，乾隆讓李侍堯接任總督。第三年，李侍堯便恢復原來品級，還加太子太保。

奇蹟是怎麼發生的呢？首先得益於李侍堯和乾隆的緊密關係。李侍堯的確是大貪巨惡，但他貪汙的大半都送給了乾隆。他進貢的「禮品」，歷冠督撫之首。乾隆帝曾誇獎他與山東巡撫國泰的貢品最好（國泰是另一個大貪巨惡），因此喜歡李侍堯，誇獎他能幹得力。一遇到難題，乾隆還是會想起李侍堯這個能幹又討他喜歡的奴才。

其次，李侍堯栽大跟頭和復出，都和和珅有很大關係。之前李侍堯和和珅同為大學士，李侍堯自恃年紀大、資歷老，沒把「空降幹部」和珅放在眼裡，平日在言行上對和珅不尊重，得罪了和珅。同時，資歷淺的和珅也需要透過扳倒一兩個前輩大佬來出位，一來檢驗自己的能力，二來在朝野立威。因此，和珅總想找機會整一整他。而檢舉李侍堯的海寧就是和珅的人，要置李侍堯於死地的也是和珅。李侍堯被關入大牢，和珅的兩個目的都達成了。李侍堯也降低姿態，主動向和珅示弱。與其和李侍堯一派鬥到底，不如拉攏他到自己身邊，於是和珅得饒人處且饒人，決定放李侍堯一馬了。

於是，當第二年甘肅出亂子時，為李侍堯、乾隆、和珅三方都提供了一個和解的機會。李侍堯一努力，就奇蹟般地復出了。之後，李侍堯做官不如之前那樣風光順利，多次涉嫌貪黷大案，但乾隆都「為之曲赦」，讓他得以善終。李侍堯的例子表明，只要有一絲運作的空間，就要努力去謀求復出。同時也說明，官員的復出故事背後都有一樁複雜的權力操作，是權力鬥爭的結果。

▶ 復出是權力鬥爭的結果

在鴉片戰爭中「臭名遠颺」的琦善，上演過一幕「革職 ── 復出 ── 再革職 ── 再復出」的活劇。鴉片戰爭爆發時，琦善擔任文淵閣大學士、直隸總督，主和。戰爭一度失利，道光皇帝授琦善為欽差大臣，赴廣東主持戰爭。不想，琦善到前線後，瞞著朝廷和同僚，私自答應割讓香港給英國，私自商訂通商章程。尤其是割讓香港領土的大事，琦善透過親信私下操作，同僚們都不知曉。等到英軍占領香港，出示安民，廣東巡撫怡良大驚，趕緊向道光匯報。

琦善竟然如此大膽，喪權辱國，立刻成了人皆可殺的賣國賊。道光震怒，下詔書認定琦善「擅予香港」、「擅許通商」，革職抄家。琦善被逮捕入獄，按律當斬。惹得如此天怒人怨，別說官運，琦善的性命也該到頭了。可是沒幾天琦善就被釋放了，只是發配軍臺從軍。

西元一八四二年秋，琦善奇蹟復出，被授予四等侍衛（從五品），充任葉爾羌幫辦大臣。雖然只是個中級官員，和之前正一品的大學士不可同日而語，但是琦善能在萬夫所指之下復出，令人疑惑重重。更可疑的是，第二年（西元一八四三年），琦善被升為三品頂戴，授熱河都統，以低官任高職。這一下，清流黨不服了。御史陳慶鏞上疏，要痛打一批誤國殃民的落水狗，其中就有琦善。道光皇帝不便違背清議，再次把琦善革職。這是琦善的第二次免職。

沒幾天，琦善又被授予三等侍衛（正五品），擔任駐藏大臣，第二次復出了。這只是個過渡，西元一八四六年琦善擔任四川總督，兩年後恢復頭品頂戴，又加協辦大學士。第三年（一八四九年）調任陝甘總督兼青海辦事大臣，負責剿匪。這一下，「問題官員」琦善又把官當得風生水

起，令人好不羨慕。

這時有言官彈劾琦善在剿匪時濫殺無辜。琦善第三次被革職，咸豐二年（一八五二年）被發配吉林效力贖罪，不久釋放。當時太平天國運動爆發，太平軍進軍湖南，搞得朝廷手忙腳亂。琦善第三次復出，代理河南巡撫，不久死在了軍中。

當年，琦善去廣州替代了林則徐的工作。林則徐被革職。第二年（一八四一年）春，林則徐就閃電復出了，被授予四品卿銜，到浙江鎮海前線協防。不過到五月，道光又下詔斥責林則徐在廣東辦事不力，導致戰爭爆發於中國不利。林則徐第二次被革職，發配新疆伊犁。

林則徐復出比琦善要晚一些，但到西元一八四五年也被朝廷召還，候補了一段時間後，就代理了陝甘總督，第二年（一八四六年）實授陝西巡撫。看來，林則徐雖然復出晚，但起點相當高，很得朝廷的重視。果然在第三年（一八四七年），林則徐升任雲貴總督。咸豐皇帝繼位，對林則徐依然很重視，多次宣召。林則徐因為年老體弱，告病還鄉，途中因為太平天國起義，被咸豐任命為欽差大臣，督師進剿，並代理廣西巡撫。不料林則徐接任後不久就病逝了。

鴉片戰爭期間和林則徐並肩作戰的閩浙總督鄧廷楨因為「辦理不善，轉滋事端」，與林則徐同時被革職，一同發配伊犁。他比林則徐復出要快，但起點要低，西元一八四三年就復出為三品頂戴、甘肅布政使，一八四五年擢升陝西巡撫，代理陝甘總督，第二年死在了任上。

鴉片戰爭期間，戰和兩派被革職的重要人物，最後都復出了。他們為什麼能成功復出呢？首先還是要看他們和皇帝的鐵桿關係。比如琦善世襲一等候爵，久膺疆寄，是道光皇帝倚重的股肱之臣。而林則徐歷任江浙、湖廣，效力多年，是朝野公認的能臣幹將，深得道光器重。不

然，道光也不會把禁煙和外交的重任交給他。林則徐被革職發配途中，遇到開封黃河決堤，中途還奉命襄辦河務，直到西元一九四二年工程竣工才繼續發配伊犁。而在新疆，伊犁將軍請林則徐主持水利屯田，採納了他的不少建議。可見，琦善、林則徐等人在皇帝腦海中的印象很深、很好，這是他們復出的重要條件。

其次，鴉片戰爭的失利，是中國國事糜爛的後果，不是個人能夠挽回的，也不是短時間內能夠解決的。《清史稿》就認為，不論是和是戰，清朝都不能抵抗強大的英國的入侵，注定要喪失權益。但是當時社會已經嚴重分裂，主戰派與主和派的聲音都很強，黨同伐異，勢不兩立。鴉片戰爭中，兩派官員接替指揮，對最後的慘敗都有責任。琦善、林則徐、鄧廷楨三人，「朝廷皆不得已而罪之」。「不得已」就意味著道光和朝廷本意不是如此，困於權力鬥爭而作為，所以暫時將三人革職，兩三年後等風聲過了，「諸人卒皆復起」。

《紅樓夢》中賈雨村復出的故事，也是權力鬥爭的產物。賈雨村考中進士，因為名次靠後，分配到外地當了名縣太爺。因為貪汙殘酷，又恃才傲物，官場人緣很差，不到一年就被上司彈劾。上司彈劾的話說得很難聽，事情鬧到皇帝案頭，皇帝龍顏大怒，下令將賈雨村革職。按說，賈雨村這樣的欽定案例，翻身無望了。

遊蕩了一段日子後，賈雨村打聽到朝廷有人奏准起用舊員，就四下尋找門路。他當時在淮海鹽運使林如海家當家教，而林如海是朝廷貴戚、榮國公賈家的女婿。賈雨村就央求林如海去求榮府的賈政，讓賈政幫忙復出。賈政果然熱心幫忙，賈家在朝廷勢力盤根錯節，在他的竭力奔波和大力舉薦下，賈雨村輕鬆獲得了一個復職候缺。不到兩個月，金陵應天府出缺，賈雨村便出任了應天知府。賈雨村最先做的就是去「拜

辭了賈政」，然後才是「擇日上任」。

權力操作在暗箱中進行，結果難以控制。既然問題官員復出是權力鬥爭的結果，結果也是難以控制的，可能適得其反。比如，漢景帝即位後，免去了父皇漢文帝時期的寵臣鄧通大中大夫的職務。他以為是丞相申屠嘉從中作梗，後來申屠嘉被免，鄧通萌生了復出的希望，開始四處活動。不活動還好，一活動反而讓漢景帝記起了鄧通這個人。早年，鄧通為了得到漢文帝的寵信，不顧髒和臭，去吮吸漢文帝背部的膿瘡。漢文帝很感動，一次問還是太子的景帝：「你會不會也這麼做？」漢景帝極不情願地吮吸了一口，就忍受不了，跳開了。漢文帝搖頭說：「你還不如鄧通呢！」如今鄧通一活動，漢景帝想起了這椿陳年往事。他對鄧通的厭惡依舊，馬上下令逮捕鄧通，讓官員嚴查他有沒有問題。皇帝要嚴查，很快有人「舉報」鄧通的種種問題：私鑄錢幣、溝通外人等等。鄧通極力喊冤，官員秉承景帝的意思，嚴刑拷打。鄧通只好承認，最終復職無望，還被抄家沒產。

▶ 花錢也能復出

權力鬥爭是一椿相當高難度的事情，不是一般人能夠操作的。其實，古代存在更簡單、更受問題官員歡迎的復出方法：花錢。

清朝免職官員可以花錢復出。晚清大臣崇厚在光緒四年出使俄國。為了表示重視，朝廷為崇厚加上內大臣官銜，晉升左都御史。不想，崇厚到俄羅斯後，私自和沙皇簽訂《利伐第亞和約》，割讓大片新疆領土，開放商埠，允許沙俄勢力入侵西北。和約傳到國內，朝野譁然，翰林修撰王仁堪、太子洗馬張之洞等清流黨輪番上陣，彈劾崇厚。光緒大怒，

逮捕崇厚，判決斬監候。因為俄國人施加壓力，崇厚才免去死罪，但仍舊被羈禁在大牢。五年後，中法在西南交戰，崇厚捐出三十萬兩銀子支援國家，得以釋放。不久又逢慈禧太后五十歲生日，崇厚隨班祝嘏，討得太后歡心，得以依原官降二級，賞給職銜，算是成功復出。琦善第三次復出代理河南巡撫後，也花錢為自己買過官。他「捐餉」贊助鎮壓太平軍，被加都統銜，授欽差大臣，專辦防務。

這種捐錢復出的做法，是正式制度，稱為「捐復」。晚清財政窘迫，大開賣官鬻爵的大門。一般人花錢就能買官當，曾經當過官的人自然也可以花錢重回官員行列。捐復又分兩種：向皇帝行賄，也就是錢財充入內務府，供皇帝私人使用；向官府捐錢，也就是錢財用於政府公務。和藉助權力關係復出不同，捐復完全是看錢的多少，和官場人情比較疏遠。

正如擔心買官者品行不可靠一樣，皇帝對捐復的官員也不放心。乾隆皇帝就曾說：「從前曾有捐復之例，復經部議刪除，第念此等人員內，未嘗無可及鋒可用之人。若以微眚淹滯多年，亦覺可惜。」可見，朝廷和乾隆對捐復一事也是猶豫的，無奈人窮志短，為了籌錢應對內憂外患，不得不將官職當商品賣。

多條復出的管道暢通著，讓官員問責和免職制度的效果大打折扣。如果問題官員可以復出，那麼他犯罪的成本就大大降低，久而久之羞恥心大為降低，恬不知恥地作奸犯科。乾隆說：「（官員）若即被嚴參，於獲罪受震之後，審明復職，而靦然不以為恥，則後此之蕩檢踰閒，恐不可問。」但是，官僚體制不可能杜絕權力鬥爭、派係爭鬥，也不會杜絕賣官鬻爵等現象，也就不能阻擋問題官員復出的步伐。

「官員天堂」宋朝，乾脆設有官員復出的制度。宋律，「命官犯

罪……請以贓重及情理蠹害者授諸州參軍，餘授判司，京朝官、幕職、令錄、簿尉，等第甄敘。」連「贓重及情理蠹害」的人都可以重回仕途，那一般的問題官員還不輕鬆復出啊？

問題官員輕鬆復出，不清不楚，免職制度就形同虛設。長此以往，官場風氣趨向惡劣，上下相蒙，開始小打小鬧，漸漸地大手大腳，以貪贓瀆職為常事，巨貪大惡前赴後繼。受傷的還是老百姓和整個社會。

用人不當的領導責任

　　民國時期，之前作為官員入仕正途的科舉被廢棄了，新的人事制度不健全，推薦就成了民國官吏任用的主要途徑。古老的「薦書」重新穿梭在官場上，蔚為大觀。寫薦書的薦主都是高官顯貴、社會名流，投遞的對象則是部門首長、省縣市長。

　　不少大佬功成名就後，熱心提攜晚輩、舉薦下級，樂此不疲。有人每天都寫好幾封薦書，一年能寫幾百封。這可苦了收薦書的人！新官還沒上任就收到了一大堆薦書，不是推薦某青年才俊「可任」某項職位，就是建議某海歸菁英「可擔」某項職責。薦主自然是不能得罪的，但是又不放心任用一個不明底細的陌生人。更大的問題是僧多粥少，人才太多，職位太少，安排不過來啊！一位曾任交通部長的朋友向胡適訴苦：薦書太多了，不勝其擾！他沒法一一看，更無力一一作答，但又不能不回覆，最後只好專門聘了兩名書記員，整天就代他答覆不斷湧來的薦書。

　　辛亥革命的元勛，後來任臨時參議院副議長、眾議院院長的湯化龍在民初地位顯赫，上門求他舉薦的人踩破門檻。湯化龍來者不拒，有求必應，大筆一揮，為很多人寫過推薦信。曾任江蘇省民政長、安徽省巡按使等職的韓國鈞就收到過湯化龍的推薦信。正在韓國鈞為難的時候，湯化龍又來了一封信，說：「弟於友朋通函，向有特別印章之約，無此印章，即可置諸不理。」意思是，自己通信，如果是出於真心，都會在信上

留下特別的印章：如果沒有，就不是自己的真實意思，不必當真。看來，湯化龍自己都不把薦書當真，也告誡在位者不要當真。

民國的例子，也許帶有特殊性。但在之前的歷朝歷代，雖然有紙面上的官員考錄銓敘制度在，舉薦始終在官場人事中發揮著重要作用。有權有勢者的青睞、推薦和提攜，對官場後輩的意義重大。從本質上說，高官上司的個人好惡，左右著下僚小官的前途。人事制度往往停留在紙面上。

從理論上說，所有官員，不論大小，都是朝廷命官，只有皇帝才能決定他們的沉浮榮辱。上級並沒有下級的任免進退權。但在實踐中，官大一級壓死人。上級控制著下級的仕途命運。

皇帝不可能任免、評價所有官員，少數高官的騰挪擺布就夠他忙的了，於是絕大多數人事任免就放手給了他人，皇帝只是追認而已。上級官員決定著下級官員的考核、功績，扼住下級升遷的咽喉。提拔某個官職，朝廷一般也諮詢、採納負責官員的意見。事實上，根植於官員個人意志與好惡的「薦舉」始終是古代王朝的法定人事制度，在科舉制確定之前一度還是官員入仕的主流。薦舉名為「推薦」，實際上就是「任用」。到了清朝末年，官員升遷實職，往往需要更高層權貴的舉薦，不然常年坐冷板凳候補候任，坐個幾年十幾年的大有人在。這樣的作用，還算是間接的。直接的作用是，上級官員可以彈劾罷免下級，覺得你不行就上一道摺子把你罷免了。清朝後期，僧多粥少，官員分派地方並不指明具體職位，而由所在省分安排，督撫大員就名正言順地操持了下屬的任命。同時清末興辦新政，啟動了很多官辦工程、臨時事務，需要「委員」（該詞本意是委派某人擔任特定工作）辦理；這些委員是體制之內編制之外的官職，人事權完全在地方首長手中。凡此種種，就有了讀書

人進考場前到處行卷「求知己」，也有了落魄官吏日夜期盼伯樂的「知遇」。

上級用人的權力很大。這就產生了一個問題：上級用人不當，怎麼辦？

人事權力是衙門的核心權力之一，誰有了用人權就可以滲透到衙門運轉的各方面，進而影響政治程序。如果對官員用人沒有約束，官員就可能為所欲為，以公謀私，不僅會結幫拉票、賣官鬻爵，最終還會惡化為狹隘的圈子，用人只用自己派系乃至有血緣關係的親屬。於是乎，有志仕途者必須加入既有的派系與圈子，才有官場的入場券。後果只能是官職的世襲化、家族化，官場死水一潭。這是歷朝歷代都努力避免的結局，所以各個朝代都對官員薦舉用人加以限制。

秦朝確立大一統的政治制度時，就限制官員用人權。司馬遷在《史記‧范雎蔡澤列傳》中說：「秦之法，任人而所任不善者，各以其罪罪之。」這條法律簡單說，就是「誰薦舉誰負責」，你主張提拔誰就要對他負責到底，他的好就是你的好，他的錯也是你的錯。這條原則到漢朝進一步明確。漢墓出土的漢初《二年律令‧置吏律》詳細規定薦主的責任：「任人以為吏，其所任不廉、不勝任以免，亦任免者。」如果被推薦的人不廉潔或者不能勝任工作，不僅被推薦的人要被罷免，薦主也要承擔連帶責任被罷免。這就是「薦舉連帶制」，把薦主和被推薦者雙方的政治命運捆綁在了一起。薦舉連帶制自秦漢確立後，一直沿用到清末，兩千多年來都是官員選任的重要制度。

古代官員薦舉他人、提拔用人，要明確責任。比如南宋曾任左丞相的周必大薦舉吳概等人，特地在薦狀末尾寫道：「臣保舉吳概等人，均系保任終身。倘若所舉之人不稱職，甘願受謬舉之罰。」周必大推薦尤袤、

石塾二人，也寫明：「兩人如蒙擢用，後犯入己贓，臣甘當同坐。」這樣的話不是官話套話，而是要實實在在負責的。

　　秦昭王時期的丞相范雎提出了遠交近攻的策略，是秦國統一天下的大功臣，最後卻因為用人不當而黯然下臺。范雎本是魏國人，早年經歷坎坷，後來得到鄭安平、王稽二人幫助才入秦。他是個「一飯之德必償，睚眦之怨必報」的人，發達後向秦昭王舉薦王稽為河東太守、舉薦鄭安平為將軍。後來鄭安平在戰爭中投降了趙國，王稽因勾結諸侯被誅殺。按秦法，身為薦主的范雎要承擔同等罪責，株連三族。秦昭王明確表示要保范雎，禁止國內議論鄭安平等人的事情，還賞賜范雎表示支持。但范雎還是在強大的輿論壓力下，一蹶不振，以下臺收場。

　　西漢時，富平侯張勃薦舉陳湯，因選舉不實獲罪，除了削去封邑二百戶外，死後還被諡為「繆」，揪住他用人不當的汙點不放。南宋時，主戰派辛棄疾屢遭政治打壓，其中從鎮江知府的要職上被降職、調離北伐前線的罪名就是「薦舉不當」。他主張提拔的一個下屬犯了法，按律辛棄疾要連坐。清朝戊戌變法時，侍讀學士徐致靖保舉康有為、梁啟超、譚嗣同。變法失敗後，徐致靖被褫職關押。其中保舉過維新派的薦主，比如御史宋伯魯、湖南巡撫陳寶箴、大學士翁同龢等都被罷免，「永不敘用」，已經罷官的則被追繳其他待遇。你可以說這些人的遭遇存有政治打擊的成分，但他們觸犯薦舉連帶制也是事實。

　　連坐原則還被運用到了科舉制上。明清地方學府可以推薦優秀學子入讀國子監，稱為貢生，相當於舉人的副榜。雖然不算官吏，學官如果推薦失當也要受罰。順治二年，朝廷下命各省每年選拔貢士入京。朝廷要對各省推薦的學子進行複試，發現有「濫充」的發回原學。如果一省推薦的學子中有五名以上不合格，該省學政罰俸。康熙三十七至三十八

年間，朝廷面試各省貢生，發現山西張漢翀等六名、陝西呂爾恆等四名、廣東陳其瑋等三名被推薦的學子均「文理不堪」，「字畫舛謬」。處理結果不僅是原卷駁回，而且彈劾處理所在省分的學政。康熙更是大怒，下令停止各省選拔貢生。

正因為薦舉不當要面臨嚴厲的懲罰，秦漢時期官員不輕易薦舉他人。漢武帝時，政府權力擴張，事務繁多，需要補充官僚人數，就下令郡國官員舉薦人才當官。當初推行時，各郡國官員擔心連帶責任，對薦舉很不熱心。下令多時，漢武帝也沒得到幾個人才，不得不規定各地必須薦舉的人才數目，完成不了也要受罰。這讓郡國官員不提拔人都不行。精明的統治者意識到了這一點，發明出一個兩全其美的方法。一方面立法者規定，「應貢舉而不貢舉」依法科罪：另一方面又規定，「貢舉非其人」亦坐。迫使舉主精挑細選，恪盡職守，謹慎行事，如若不然，兩免之並嚴連坐之法，更甚者小命休矣。嚴格的薦舉連帶制，遭到了古代官僚集團的牴觸與反擊。

官僚集團既想把持用人實權，又不願意承受連帶壓力。他們指出了連帶制的許多弊端（很多弊端的確客觀存在）。比如有些提拔的候選人可能是「表演藝術家」，口是心非沽名釣譽，欺騙薦主。或者有些人在被提拔時乾乾淨淨一塵不染，一旦大權在握後就腐敗變質，難道薦主也要負責？又或者，被推薦者能力出眾，是個能臣幹將，但私德有問題，薦主也要負責任嗎？薦舉連帶制執行嚴格，不區分情況就把薦主和被推薦者捆綁在一起，強調薦主的責任，目的是保證用人的嚴肅和成效。

但是在官僚集團日積月累的攻擊下，薦舉連帶制在各個朝代都出現了鬆動。西漢末年，王莽執政，開了鬆動的口子，規定薦舉時「不以小疵妨大才」。什麼樣的缺點或錯誤才算是「小疵」，怎麼又稱得上「大

才」的標準呢？這就在實際上為連帶制鬆綁，減輕了薦主的責任。果然，濫舉之事開始發生。

金朝明確規定，被舉薦人犯了貪汙罪，舉薦人才應當承擔責任。這就使得薦主不必為被推薦者的能力負責，只要他官德沒問題就不用負連帶責任。

金朝更是規定薦主承擔連帶責任的期限是三年。超過三年，被推薦者犯錯犯罪，薦主都不用負責。薦主的責任自此大大降低。

清朝的薦舉制，重申了薦主與被推薦者的連帶責任，但留下了很大的迴旋餘地。比如清朝規定被推薦者得到提拔後犯罪出錯，薦主如果檢舉，可以免除連帶責任。這就讓薦主只要主動和被推薦者劃清界線，就能免責。此外，清朝還區分了薦主用人的「公心」與「私心」，如果是出於公心提拔錯了人，罪責要比私心用人小得多；被推薦者犯罪出錯根源產生於何時，對薦主的責任也有影響。如果一個人是得到提拔後墮落的，薦主的責任要輕得多。但在實際操作中，公心私心也好，什麼時候墮落也好，是很難區分的，也就很難真正為薦主定罪。

和許多其他制度一樣，日益廣泛的模糊空間的存在，為官僚集團上下其手、逃脫責罰提供了巨大的便利。但是，「誰用的人誰負責到底」始終是古代王朝用人的大原則，鬆動的只是具體執行的內容而已。到了民國，這個連帶責任才被脫鉤。難怪胡適要發牢騷：「民眾僱一個老媽子，還得問薦頭；店家用一個夥計，還須有鋪保；旅店僱一個茶房，還須有押櫃。國家的官吏豈不更重要，豈可不要公開的負責的薦舉嗎？」人事權是民眾授予的公權力，官員怎麼能濫用亂用呢？

怕老婆也分好壞

　　唐朝後期，中書令王鐸懼內。一次王鐸南下荊州負責抵抗黃巢起義軍，好不容易可以暫時擺脫母老虎的淫威，他帶上小妾就去了。不料正妻隨後趕來興師問罪。王鐸左右為難，對部下說：「黃巢從南打來，夫人從北壓來，如何是好？」幕僚玩笑道：「不如投降黃巢。」

　　懼內，是怕老婆的委婉說法。之所以要委婉，是因為怕老婆在古代是不大光彩的事。即便是在生活相當開放、社會相對寬容的南北朝，有些男士雖然並不諱言自己懼內的毛病，但多是自嘲。比如南朝劉峻就寫過一篇序文，說自己和馮敬通有「三同」，除了節操、機遇外，第三同就是「忌妻」，兩人的家庭都不安寧（「家道坎坷」）。唐代胡風頗重，懼內也還可以擺上臺面說。吏部尚書楊弘武提拔了一個莫名其妙的官員，唐高宗追問理由。楊弘武老老實實地回答：「臣妻性格剛強，要臣提拔此人。臣如果不提拔，回家就會有大麻煩。」唐高宗欣賞他的坦白，也沒追究。其實，唐高宗本人也有懼內的毛病，他的老婆就是大名鼎鼎的武則天。

　　到了兩宋及其以後，社會生活趨緊，男女大防，懼內的男人們連自嘲的勇氣也沒了。懼內完全成了貶義詞，受人嘲笑。蘇東坡就曾寫詩嘲笑好友陳季常懼內：

　　　龍丘居士亦可憐，談空說有夜不眠。
　　　忽聞河東獅子吼，拄杖落手心茫然。

　　第二句的「河東獅子」指的是陳妻柳氏。柳氏郡望河東，嫉妒凶悍的程度並不高，但不喜歡蘇東坡，認為蘇東坡很風流，怕他帶壞了自己老公陳季常。因此，每次蘇東坡來陳家，柳氏都不給他好臉色。所以蘇東坡才寫了上述的詩，本想開開陳季常的玩笑，不想讓柳氏成了「河東獅吼」的代表人物——據說成語「河東獅吼」的出處就是蘇東坡的這首詩。到明清時期，怕老婆成了公然的笑柄。比如傳聞康熙年間的索額圖權傾朝野，但極其怕老婆，被老婆打得躲到床底下討饒，為此誤了上朝；清末的李鴻章在外面風光，在家被老婆管得死死的，一次偶爾拈花惹草了一下，被老婆打得鼻青臉腫，臉上還被抓花了，好一段時間只好遮著臉出門。當然，這兩則都是傳聞而已，正史不載，也沒有實證，很讓人懷疑是索額圖和李鴻章的政敵編造出來的。在這裡，懼內怕老婆成了抹黑的內容。

　　社會生活中，懼內不光彩。在政壇上，怕老婆就更不光彩了。在男權社會，公權力由男性壟斷，女性不能染指，連施加影響也不行。有很多詞專門貶斥女人掌權，比如牝雞司晨、紅顏禍水等，把女人掌權和亂政畫了等號。這其中有歧視色彩。雖然我們現在能看到的古代官場懼內的例子幾乎都是負面的，但也不乏正面的例子。實際情況要具體分析。

　　唐朝趙州刺史高叡對老婆言聽計從。一年突厥來犯，高叡夫婦都當了俘虜，突厥人威脅高叡說，投降給官做，不投降就馬上處死！高叡不說話，看著老婆。他老婆說，我們夫妻倆報效國家，正在今日！高叡便不再說話，於是夫妻雙雙被殺。可見，懼內還能產生正面作用，關鍵是家裡的母老虎要發揮正能量，正確引導丈夫做人和做官。

　　隋文帝的獨孤皇后就發揮了正能量，引導丈夫開啟了「開皇盛世」。獨孤皇后喜歡讀書，通達古今，且富有政治才能。她幫助楊堅奪得了皇位，之後每天與丈夫「同輦而進」，陪他上朝，但並不與丈夫共朝聽政，

而是待在後閣觀察，看丈夫言行有什麼失當馬上遞條子建議。退朝後，獨孤皇后和楊堅一起返回寢宮，監督他處理公務，同時不讓他花天酒地。一時間，「後宮莫敢進御」，獨孤皇后和隋文帝楊堅並稱「二聖」。

不用說，楊堅在獨孤皇后的管束之下日子不好過，小心思一直蠢蠢欲動，一次逮著機會偷偷臨幸了一個小美女。獨孤皇后獲悉，鳳顏大怒，馬上殺了那名女子。楊堅極為不滿，無比悲憤，又不敢和皇后吵架，只好「離家出走」。他一個人騎馬奔出皇宮，跑了三十多里，到荒郊野外「冷靜冷靜」。大臣們追上來，攔馬苦諫。楊堅嘆息：「吾貴為天子，不得自由！」駐馬冷靜到半夜，楊堅才不得不回宮，調整好心情，第二天繼續在獨孤皇后的監督下乖乖生活和工作。獨孤皇后逝世後，楊堅頓時沒有了約束，沉迷酒色，從一個明君迅速惡化為昏君。隋朝國勢迅速下滑。「開皇盛世」結束。可見，獨孤皇后雖然是母老虎，但對楊堅的事業、對國家的大勢都是有貢獻的。對於這樣的老婆，聽她的指揮不見得是壞事。

歷史上，丈夫甘心聽從賢惠的妻子的例子不少。清末的張曜是個大老粗，認不了幾個字，卻逐步升遷為布政使、巡撫。除了他有戰功外，主要得益於才華出眾的妻子。張曜的妻子讀書識字，見識不凡，對丈夫耳提面命。張曜心甘情願地聽老婆的話、按老婆的指示辦事，非但政務沒出過錯，自身也漸漸粗通文墨。他升任山東巡撫後，一次問屬下：「你們怕老婆嗎？」下屬們面面相覷，有個人回答：「不怕！」張曜勃然大怒：「你好膽大，老婆都敢不怕？」其實，如果人人都有張曜那樣的賢內助，怕怕又何妨？

遺憾的是，正史野史中讓丈夫害怕的妻子多數是悍婦、刁婦、吃醋和短視的小女人。

　　賈充的繼室郭槐嫉妒心極強且生性潑辣。郭槐派人監視賈充的行動，每天都要丈夫向自己匯報行蹤。賈充很怕她。郭槐生過兩個兒子。第一個兒子出生，賈充很是喜愛，常常和在乳母懷裡的孩子親暱。郭槐懷疑賈充和乳母有「姦情」，竟然把乳母活活打死！兒子沒有乳母，夭折了。第二個兒子出生後，賈充吸取教訓，盡量不接觸乳母，有一次還是情不自禁地摸了乳母懷中的兒子兩下。郭槐看到了，把乳母鞭打致死，結果第二個兒子也夭折了。

　　賈充的原配李氏因政治原因和賈充分開，西晉建立後和賈充團圓。晉武帝司馬炎獎勵功臣賈充，允許他有左右夫人。家有悍婦，賈充哪敢一夫二婦，硬是不敢和李氏團圓，而把她安置在外面。賈充的母親柳老夫人臨終想見兒媳李氏一面，因為郭槐的阻攔，賈充還是不敢滿足母親的最後願望。李氏生的兩個女兒，才貌雙全，嫁入好人家。郭槐也想要女兒賈南風嫁得好。她不是努力培養賈南風的才能和品德，提升女兒的競爭力，而是發動一切社會關係、動用賈家的一切資源，最終把賈南風嫁給了太子司馬衷。賈南風就是日後臭名昭彰的賈后，凶殘自私，禍亂國家。郭槐身為母親，難辭其咎。她的無才無德、惡言醜行，禍害了家庭，還教出一個禍國殃民的壞女兒。

　　東晉開國元勛王導也怕老婆。其妻曹氏妒忌心強，不允許王導親近其他女人，連左右侍女也不讓。一旦發現侍女和王導有染，曹氏必定痛斥打罵。王導就金屋藏嬌，在外面別院養了眾妾，還有了好幾個私生子。曹氏知道後，大驚，帶著二十個奴僕，人手一把菜刀，氣勢洶洶殺向別院。王導慌忙趕過去。魏晉好清談，士人們駕牛車、甩塵尾（類似拂塵），以示清高。牛車哪能跑得快？王導心急如焚，顧不得風度了，拿起塵尾幫駕車的奴僕打牛，狼狽奔馳，搶在老婆前面趕到別院，轉移了

小妾和私生子。司徒蔡謨得知後，對王導說：「朝廷要為你加九錫，你知道嗎？」為臣下加九錫是極重的禮遇，王導又驚又喜。蔡謨接著說：「只是聽說還缺一輛牛車和一把麈尾。」王導頓時面紅耳赤。

曹氏之流是讓男人們懼怕的主流婦女形象。她們有嫉妒心、有狠心，把丈夫管得嚴嚴的，卻對丈夫的為人施政沒有正面的影響。更有一些悍婦，操控當官的丈夫，貪贓枉法，禍害一方。母老虎成了幕後父母官。

唐朝貞觀年間，桂陽縣令阮嵩的妻子閻氏是個悍婦。阮嵩在外面應酬，叫來歌姬唱歌取樂。閻氏聽說，提著刀找上門去，把客人嚇得跑個精光，阮嵩躲到床底下，歌姬們奪路逃散。長官崔邈聽說後，對阮嵩考核寫評語：「連老婆都管不好，如何治理一縣百姓呢？老婆無禮胡鬧至此，丈夫的才能在哪兒呢？考評下等。」吏部因此免了阮嵩的官。

的確，連老婆都管不好的人怎麼能保證管理好政務呢？對於那些把政治權力拱手讓給老婆的長官們，能力和品德都很可疑。公權力是朝廷和百姓授予的，怎麼能私相授受？

晚清官場的「五子登科」

「五子登科」這個成語出自《宋史·竇儀傳》：宋代竇禹鈞的五個兒子儀、儼、侃、偁、僖相繼及第，故稱「五子登科」，描述一種夢想成真的狀態。後來，不同時代的人用它來指代理想的事物，頗能反映當時的社會現實。比如舊官僚時期的「五子登科」：說話賣關子，開會擺架子，玩樂有點子，做事沒法子，每天混日子；二十一世紀最新版：妻子、孩子、房子、票子、車子；而在晚清官場，則是：賭子、門子、公子、份子、頂子。

清朝中期後，賣官鬻爵盛行，當官的人越來越多。僧多粥少，官員得到實職越來越不容易。多數官員只能「候補」，等有實缺後再競爭上任。江蘇巡撫丁日昌於同治年間承認：「即如江蘇一省言之，道員可由外補之缺，不過二、三員；府、州、縣、同、通可由外補之缺，亦不過十餘員，而候補道約有六、七十人，候補同、通、州、縣約有一千餘人。夫以千餘人補數十員之缺，固已遙遙無期，即循資格而求署事，亦非十數年不能得一年。」很多人從候補到實任遙遙無期，生活無著，只好靠借貸過日子。於是，「賭子」行業應運而生了。

這一行業專門向候補官員放貸。為什麼叫「賭」呢？因為放貸給生活無著的候補官員，對方沒有資產可以抵押，而且收益也是不明確的：誰都不能保證候補官員什麼時候能得到實缺，得到的是肥缺還是瘦缺。晚清一些官員，候補了一輩子也沒有得到實職，死於飢寒或者乾脆自盡

身亡。貸給他們的錢自然就血本無歸了。所以，賭子放貸類似於賭博。

「賭子」行業的一般程序是，先考察候補官員，探聽其候補的順序，順序靠前的就給予銀子；如果順序不靠前，但候補者有人脈關係的（比如認識某達官顯貴或者屬於得勢的某一派），也貸給銀兩。說是放貸，這筆錢是不需要還的。「賭子」會和候補官員簽訂合約，註明官員一旦得到實職後，要「聘請」自己當隨從，並且說明掌管衙門某事。他們就靠做隨從的預期收入，來彌補借貸的成本和風險。晚清賭子行業的行情是：「有放銀三、四百兩，議為稿案門上，管一縣訟獄者：議為錢漕門上，管一縣徵稅者。其次放銀一、二百兩，議為簽押門上，管一縣案卷者；議為辦差門上，管一縣雜役者。」還有一些賭子為了降低「投資」風險，寧願多花幾百兩，幫候補官員的候補順序向前挪，以求早日收回投資。

殘酷的官場競爭迫使候補官員們非借貸不可，借錢來打點關係、挪前候補順序。一旦赴任，「賭子」如約而來。如果該名官員候補時間長，借債多，則衙門中幾乎全是「賭子」。社會上將這類官員叫做「帶賭子上任」或「帶賭子老爺」。

按照現代政治學的觀點來看，「賭子」就是利益集團，官員們與賭子的親密接觸類似於被利益集團牢固控制。他們上任後，不得不照顧到賭子的利益，聽憑後者借用自己的權力謀取私利，也就是向利益集團屈服。晚清官場上就有不少官員對隨從俯首帖耳的趣聞，甚至發生過隨從控告官員主子的案子。不用說，這些奇聞中的官員都是傀儡，隨從則是他們的「金主」。事實上，官場永遠不是無菌室，不可能與世隔絕，官員們一路走來，要受到地緣、血緣、派系等等利益因素的影響，無法做到純粹地獨立。但像晚清官員這樣赤裸裸地被金錢因素直接控制，還是前所未聞頭一遭。

　　放貸最多的賭子，往往喜歡充任官員的「門子」。門子，又叫門房、門上、司閽等，就是負責看管官府大門的人。

　　古代沒有電話，更沒有網路，所有的公私檔案往來、迎來送往、公事處理乃至擊鼓鳴冤、押送人犯、官員出巡等等事情，都要從官府的大門進進出出。而負責把門的，就是門子。人們去衙門辦事，老爺在還是不在、見還是不見、什麼時候見、以什麼規格見，都是門子說了算；今天來了多少上級衙門的公文、發出多少本級衙門的公文、近期有無官差過境等等，都是門子負責登記；前天老爺去了什麼地方拜客、今天又在哪裡、昨天投宿的客人是誰、明天老爺會去什麼地方，門子都記在心裡。可見，門子不僅責任重大，而且手也伸得很長。古代官員沒有「市長信箱」、沒有手機，官場和百姓要聯繫他只能透過門子。門子就類似長官的信箱和手機，類似現代長官身邊的祕書，非心思縝密、眼明嘴快的人做不好。

　　既然位重權大，門子能獲得的灰色收入也相當可觀。幾乎所有進入衙門的公私事件和人等都得塞紅包（又名規費、使費、規禮等）。就是縣丞、主簿、典史等官員來找知縣，也得塞紅包。這是門子的主要收入。同時，書吏、屬官辦事支取銀兩，門上也照例按一定比例剋扣（稱為「例扣」），比例大約為十分一二不等。在官員隨從中，門子的收入最高。《官場現形記》中，蘄州的典史藍某因為幾兩銀子和同僚發生爭執，吵鬧到縣衙門口，被門上一頓冷嘲熱諷。他說：「我平常玩一局牌，輸贏都不止這個數。虧你還是皇上的官呢！」因為收入高，賭子們以充門子為優先選擇。

　　套用如今的時髦用語，門子就類似於古代衙門的「副長官」、「二號首長」。道光後期，安徽巡撫王植非常信任門子陳七，陳七因此在安徽

呼風喚雨，全省官員也都想方設法巴結他。池州知府仇恩榮一次請人吃飯，有個姓方的賓客來晚了，仇知府心裡不高興。方某解釋說：「王巡撫喜得貴子，我去巡撫衙門道喜去了。沒想到『門公』陳七也生了兒子，所以不得不去陳七那也道喜了一回，因此來晚了。」仇知府嚴肅地說：「巡撫大人喜得貴子是應該去祝賀，但一個門子生了兒子也去祝賀，你不怕別人在背後笑話你？」方某回答：「那麼多文武官員都去向陳七道喜，不能親自去的也派人送禮給陳七了，又不是我一個人，哪裡笑話得過來？」仇知府無言以對。正因如此，如何管好門子是晚清官員上任後的頭等大事。

配置好了門子以後，官員下一個要操心的就是「公子」了。

公子，舊稱衙內，意思是和官員一起住在衙門內的親人。他不一定是官員的兒子，還可能是外甥、姪子、女婿等等。清朝官場中有「三爺當道」的說法，這「三爺」指的就是少爺、姑爺和舅爺。因為異地為官，官員們對轄區的實情民俗缺乏了解，對原任的胥吏差役們不信任，甚至語言不通，最能依賴和差遣的就是身邊的子姪了。無奈，晚清官親不孝者居多。他們往往狐假虎威，在父親、岳父或姐夫、妹夫的轄區內作威作福。下屬、胥吏和百姓們忌憚長官，不敢得罪他們，導致「公子稱霸」。晚清有許多文人遊幕四方，靠當官員幕僚為生。這些人最顧慮的就是「公子」了。一些人接到入幕的邀請，都要探聽雇主的家庭情況，如果有「公子專政」的，無論聘金如何優厚都一概婉拒。他們怕的就是公子們胡作非為，束縛自己拳腳不說，還可能有損自身的清名。

官員們何嘗不知道子姪不孝，在外胡作非為，可是都不能痛下決心，加以懲戒。客觀上，官員確實希望子姪們提供真實的情況、監視衙門和下屬官吏。主觀上，官員們辛苦一輩子，最後還不是為了子姪後

代？公子巧取豪奪是不假，可是最後還不是落入自家的私房錢裡來。記得唐玄宗登基後，宰相李日知瞞著家人向朝廷提出辭職申請，李太太聞訊大怒，大罵丈夫：「家產空虛，兒子們都還沒當官立業，你退哪門子休啊？」父輩當官就是為了子姪有個好前途、好生活，現在子姪們自己努力了，父輩們為什麼還要去阻攔，甚至是「大義滅親」呢？更何況，晚清社會競爭越來越激烈，子姪們在衙門內外上下其手，有份事情做，也算是解決了就業問題。所以，晚清官員們對「公子」們都睜隻眼閉隻眼，盡量只去發揮他們的耳目喉舌作用。

「千里做官，為的吃穿。」晚清官員自然也關心收益，熱衷於銀子。朝廷的正常俸祿遠遠不能滿足官員們的需求，比如一縣知縣的年俸只有四十五兩銀子，還抵不上一桌上等酒席的費用。晚清官場尤其黑暗，風氣很差，要用銀子的地方多如牛毛，官員們不得不去挖掘非正常收入。這就涉及官員們必須處理的第三件事情：份子。

為什麼說份子，不說銀子呢？因為晚清官場已經將種種非正常收入「制度化」了。比如官員之間相互送禮，不叫送禮，而有「冰敬」、「炭敬」、「瓜敬」、「別敬」、「程儀」等等名目，一個「敬」字拉近了官員的感情，似乎也降低了收錢的風險；官員們辦事收取「好處費」，或者老百姓向官員行賄，也有「平規」、「鹽規」、「關規」、「漕規」、「驛規」、「棚規」等等名目，意思是這些錢都不是賄賂，而是「規矩」。《官場現形記》曾有生動描述：「向來州、縣衙門，凡遇過年、過節以及督、撫、藩、臬、道、府六重上司或有喜慶等事，做屬員的孝敬都有一定數目，什麼缺應該多少，一任任相沿下來，都不敢增減毫分。此外還有上司衙門裡的幕賓，以及什麼監印、文案、文武巡捕，或是年節，或是到任，應得應酬的地方，亦都有一定尺寸。至於門敬、跟敬，更是各種衙門所不能

免。另外府考、院考辦差,總督大閱辦差,欽差過境辦差,還有查驛站的委員,查地丁的委員,查錢糧的委員,查監獄的委員,重重疊疊,一時也說他不盡。」總之,「有一衙門即有一衙門之規禮,有一規禮即有一規禮之雜費」。因此,晚清官員不用特意去貪汙、去挪用、去索賄,只要進入了官僚網絡,自然會分得一份銀子,這就是「份子」。所謂「三年清知府,十萬雪花銀」,說的就是此種情況。

晚清官場的文化氣氛似乎挺濃,所以能將種種非法收入冠以各種似是而非、雕琢十足的名字,比後來張口閉口談「鈔票」的貪官汙吏強多了。比如南方向北京運輸漕糧、漕銀,沿途官僚、關卡和經手人都能參與分肥,每筆款子都各有名目,有「漕口」、「白規」、「蝗蟲費」、「漕館」、「南費」、「北費」等等。每筆款子是在什麼地方花的、給了什麼人、有多少錢,一看名目就一清二楚。最後押運官員還要拿走一筆「漕餘」,意思是結餘的分成。

官員們的開銷,包括老家的安家費、兒子的私塾費、妻妾的胭脂費、孝敬上司的銀子和打點關係的費用等等。因此有專門的家人幫忙官員處理這些份子銀的開支。如果開支得當,官員僅憑份子銀就能過上富裕生活。道光年間曾任陝西糧道的張集馨是個比較清廉的官員,上任的時候欠了一萬多兩外債,一年後不僅還清外債,還寄回老家一萬兩銀子。

最後一項,也是官員們最關心的,就是「頂子」了。頂子,是清代官帽——頂戴的俗稱。

一旦進入官場,官位的高低就成了衡量官場中人成功與否的關鍵標準,似乎也成了考察官員人生價值的唯一因素。於是,人人都盯著他人頭上的頂子,也時刻留意著自己的頂子。為了升官,晚清官員們探索出了形形色色的官場祕訣——可謂是集中國古代官場權謀之大成。

林同濟在《文化形態史觀》一書中，對官場祕訣有不少描述：「投桃、報李、拍馬、捧場，此手腕也；標榜、拉攏、結拜、連襟，亦手腕也；排擠、造謠、掠功、嫁禍，又手腕也。如何模稜、如何對付、如何吹牛、如何裝病，形形色色，無往而非手腕也。一切皆手腕，也就是一切皆作態，一切皆做假，便做官矣。

打官話，說假也。做官樣文章，寫假也。官場的道德，假道德也。官場的事務，假公濟私的勾當也。」《二十年目睹之怪現狀》借一個典史的口說：「至於說是做官的規矩，那不過是叩頭、請安、站班，卻都要歷練出來的。任你在家學得怎麼純熟，初出去的時候，總有點躡手躡腳的；等歷練得多了，自然純熟了。」曾國藩則指出，嘉慶道光以來，官場有四大通病：京官的兩大通病是退縮、瑣碎。退縮就是互相推諉，不肯承擔責任；瑣碎就是不顧大體，只見樹木不見森林。外官的兩大通病是敷衍、顢頇。敷衍就是裝頭蓋面，剜肉補瘡，只顧眼前，不問明天；顢頇就是外面完全，心已潰爛，章奏粉飾，語無歸宿。這四種通病加在一起，成為一種風氣，但求苟安無過，不求振作有為。當然了，曾國藩曾大人說的是批評，從反面指出了當時官吏們的精神常態。

結果，在晚清官場平步青雲的都是像曹振鏞、王文韶那樣「多磕頭少說話」、作水晶狐狸和不倒翁的老油條。有無名氏賦〈一剪梅〉加以諷刺，錄四首如下：

仕途鑽刺要精工，京信常通，炭敬常豐，
莫談時事逞英雄，一味圓融，一味謙恭。
大臣經濟要從容，莫顯奇功，莫說精忠，
萬般人事要朦朧，駁也無庸，議也無庸。

八方無事歲年豐，國運方隆，官運方通，

大家贊襄要和衷，好也彌縫，歹也彌縫。

無災無難到三公，妻受榮封，子蔭郎中，

流芳身後便無窮，不諡文恭，便諡文忠。

　　這四首詩基本概括了晚清的為官祕訣。不怕諷刺、不顧名聲的官員可以照此辦理，廝混幾十年，猜想也能平平安安升任當朝一品。

　　古代喜歡用「五子登科」來形容一個家族官運亨通。晚清官場則有新「五子登科」：賭子不得不找，門子要管好，公子要用好，份子錢收支很重要，最終是要讓頂子越戴越高。

晚清官場現形記

　　《官場現形記》是晚清的超級暢銷書，在官場上幾乎人手一本。倒不是因為它教人怎麼做官，而是因為它揭露了晚清官場的黑暗和無恥，正直者讀來洩憤，貪腐者拿來對照自己情況「查漏補缺」或者「提高業務」。

　　《官場現形記》中的許多內容非常精彩，讀來令人捧腹。比如朝廷的華中堂宣稱「最恨人家孝敬他錢」，但他喜歡收受古董。他暗中開了個古董鋪，而且只接受別人從他店裡買來孝敬的古董。一邊收古董，一邊收下後就放回店裡去賣，一件古董周而復始地不知道為華中堂帶進多少銀子。比如不學無術的毛維新被總督大人認為是「洋務中出色能員」，實際上毛維新的洋務本領只有兩樣：一是背誦過了時的《南京條約》，二是把辮子剪成了短髮。又比如，南京候補道臺田小辮子，為顯示自己的「才能」，搜腸刮肚地上了一個條陳給總督大人，提出三條「富國強兵」的建議：一，不讓兵士吃飽飯，打仗必然勇敢；二，把兵士的眉毛剃去一條，防止士兵逃亡；三，替兵士「一齊畫了花臉」，可以嚇退洋鬼子。總督賈世文也是個不學無術的昏官，竟然一本正經地向幕僚下屬們賣弄說得到了一本王羲之寫的〈前赤壁賦〉，聽說還是漢朝一個有名的石匠刻的。（〈前赤壁賦〉是北宋蘇軾寫的，王羲之是南朝人。）

　　書中令人震驚的內容看似虛構，不幸的是卻是當時中國社會的真實寫照。

　　胡適為此書作序，就說：「就大體上說，我們不能不承認這部《官場現形記》裡大部分的材料可以代表當日官場的實在情形。那些有名姓可考的，如華中堂之為榮祿，黑大叔之為李蓮英，都是歷史上的人物，不用說了。那無數無名的小官，從錢典史到黃二麻子，從那做賊的魯總爺到那把女兒獻媚上司的冒得官，也都不能說是完全虛構的人物。」據說慈禧太后也是《官場現形記》的讀者，讀後按圖索驥，查辦了部分官員。可見該書是根據當時的官場情形寫成的，緊密「連繫現實」。

　　比如書中的官員多數是「買官」上位的。這就是對晚清賣官鬻爵現象的反映。賣官鬻爵的危害，不用多說，大家都知道。晚清朝廷也三令五申要取消。八國聯軍之辱後，朝廷鑑於政治敗壞導致國家不振，明確禁止官爵買賣，嚴禁百姓「捐納」、「報效」錢財而得官。上有政策，下有對策，戶部很快奏請：「報效鉅款在數萬以上者，應請特旨給獎。僅萬餘金者，如系正途出身，應准獎給正印實官；或本系正印實官，亦准獎給正印實官升階。其非正途出身，亦非正印實官，只准給予銜封貢監等。」得到批准。這就等於為賣官鬻爵留下了一個切入點，只是需要「奏請特批」這一形式。到了宣統二年，這個形式也省略了。當年年底盛宣懷奏請，將「鉅款」的認定標準降低到五千兩，捐款五千兩即可獎勵實官，而且將「奏請特批」作為通行事例予以實施。這一變更表明，因捐款而獲實官就成了例行公事，而不再是皇帝的特許，亦無需萬兩以上這一硬性規定。

　　清朝越到晚期，朝廷賠款金額巨大，對百姓已經涸澤而漁焚林而獵，越發重視捐納收入。為了薄利多銷，中央和各地「忍痛大拋售」，出現了「打八折知縣」、「四折州同」等匪夷所思的名目。八國聯軍侵華期間，朝廷極端困難，官帽售價更是大大打折：「光緒辛丑，為賠洋款，以

二、三千金而得道府者有之，以千餘而得州縣者有之，以四、五百金而得同、通、大使、州判者有之，以二、三百金而得府經、縣孟者有之，以一、二百金而得巡檢、典史、主簿、吏目者有之，以百八十金而得教官者有之。」（《退想齋日記》）

《官場現形記》形象地描述了這「最後的瘋狂」：

藩臺大人一共是一位正太太，三位姨太太。不是前兩天有過上諭，如要捐官的，盡兩月裡頭上兌：兩月之後，就不能捐了。因此我們大人就給太太養的大少爺捐了一個道臺。大姨太太養的是二少爺，今年雖然才七歲，有他娘吵在頭裡，定要同太太一樣也捐一個道臺。二姨太太看著眼熱，自己沒有兒子，幸虧已有五個月的身孕，便要大人替他沒有養出來的兒子，亦捐一個官放在那裡。我們大人說：「將來養了下來，得知是男是女？倘若是個女怎麼樣？」二姨太太不依，說道：「固然保不定是個男孩子，然而亦拿不穩一定是個女孩子。姑且捐好一個預備著，就是頭胎養了女兒，還有二胎哩。」大人說她不過，也替她捐了，不過比道臺差了一級，只捐得一個知府。二姨太太才鬧完，三姨太太又不答應了。三姨太太更不比二姨太太，並且連著身孕也沒有，也要替兒子捐官。大人說：「你連著喜都沒有，急的哪一門？」三姨太太說：「我現在雖沒有喜，焉知道我下月不受胎呢。」因此也鬧著一定要捐一個知府。聽說昨兒亦說好了。大人被這幾位姨太太鬧了幾天幾夜，沒有好生睡，實在有點撐不住了，所以請的假。

官場現實不僅是官場小說的來源，而且現實遠比小說的描寫更加骯髒不堪，更加超乎正常人的思維。張祖翼在筆記《清代野記》中對晚清官場黑暗腐敗和大小官吏腐朽不堪多有揭露：

一日，張祖翼參加了一個飯局。首座是一個白鬚老翁，旁置一珊瑚冠，是一個滿族高級官員，只是談吐舉止很粗俗，沒有官員的樣子。席

間，老翁突然問張祖翼：「聽說十餘年南方有大亂事，真的嗎？」張祖翼就把太平天國和捻軍起義的情況說了一下。老翁大吃一驚：「如此大亂，後來怎麼平定的？」張祖翼回答：「剿平的。」他又問：「聽說南方官兵見賊即逃，誰來剿平啊？」張祖翼就說了胡林翼、曾國藩、左宗棠、李鴻章等人。老翁身為高級官員，竟然不知道這幾個人，說：「奇哉！奇哉！這幾個人果真能打仗嗎？」這回輪到張祖翼大吃一驚了：這位老人家連曾國藩、李鴻章都不知道，難道是山中隱逸高手，不聞外事？散席後，他特地去詢問主人，知道首座的老翁名叫阿勒渾，擔任黑龍江副都統三十年。這位高級官員不識漢字，也幾乎不批閱公文，就是當官混飯吃而已。

張祖翼還認識一位北京「官二代」的翰林，叫做麟趾。麟趾生於京師長於京師，出身世族，擔任國史纂修，編輯校對到咸豐年間歷史的時候，看到了羅澤南、劉蓉等人的傳記（這兩人都是鎮壓太平天國的湘軍名將），拍案大罵：「外省胡亂保舉，太泛濫、太胡鬧了！羅澤南什麼人，一個教官出身，竟保舉當了實缺道員、記名布政使，死了還要給他諡號？劉蓉更是豈有此理，一個候補知縣，就賞了三品銜、署布政使？外省真是暗無天日。」同座的翰林見他說外行話，附上去耳語道：「你小聲點。這些人都是百戰功臣。如果沒有他們湘軍，我們今天都不知道死在什麼地方了。」麟趾吃驚地說：「百戰？為什麼事打仗啊？天下太平，與誰戰者？老前輩所謂湘軍，是什麼東西，歸哪個將軍統帥？」同僚笑道：「是和太平軍作戰，南方大亂十餘年，失去大小五六百城，你難道不知道？」麟趾說：「奇怪，奇怪！為什麼北方這麼安靜？所謂太平軍，就更奇怪了！」同僚忍不住了，問他：「你不知道洪秀全造反，自稱太平天國嗎？」麟趾回答：「賊之事，我如何能知道？」一時傳為笑柄。

　　官員們無能腐朽，最高層也好不到哪裡去。大清王朝內外交困，皇親貴戚還醉心於爭奪權力的內訌。胡思敬就在《國聞備乘》中感嘆：「國統再絕而家無令子，識者早知其必有亂矣！」

　　同治皇帝的瑜妃，在宮中伺候慈禧太后四十餘年，有心計懂文墨，很討慈禧的歡心。溥儀被抱進宮來的時候，慈禧太后將小皇帝託付給隆裕。瑜妃在旁，哭訴道：「既然新皇帝入繼同治皇帝為子嗣，那麼我身為同治皇帝的妃子，怎麼能置身事外呢？況且光緒皇帝登基不久就下詔，說如果有子嗣先讓位給同治皇帝，太后難道忘記了嗎？」瑜妃在這裡抓住了一個要害問題。同治皇帝和光緒皇帝是同輩，溥儀是以同治和光緒二帝之子的身分繼承皇位的，瑜妃身為同治皇帝的妃子跳出來和隆裕爭奪權力了。慈禧太后默然良久，不得不承認：「妳的話也有道理，即以嗣皇付汝兩人，互相保護，不必執意見也。」瑜妃馬上叩頭謝恩，又遍呼宮人問：「太后的話，汝等都聽到了吧？」宮人都說：「聽到了。」溥儀登基後，隆裕成了太后，瑜妃沒有封號。瑜妃大怒，召奕劻進宮，指著他罵道：「奕劻，今日召汝非他，我死守至今，沒有跟從同治先帝赴黃泉，正為今日。太后臨崩，把新皇帝託付給了我和皇后兩個人，宮中都聽到了。今日，朝廷將置我於何地？」奕劻與載灃商量後，封瑜妃為皇貴妃。瑜妃快快不快，在慈禧太后靈柩安奉山陵的時候拉攏同治的另一位妃子珣妃守陵不歸，表示抗議。載灃遣使百般勸慰，才把兩人請回宮來。

　　瑜妃之後，宗室溥偉又跳了出來搗亂。溥偉是道光皇帝的長曾孫，恭親王奕訢的長孫，屬於皇室近親。溥偉的姑姑被慈禧當做女兒撫養，早寡後居宮中為溥偉內援；溥偉又結交載振作為外援，一度想爭奪光緒繼承人的位置。慈禧太后最終選定了溥儀，讓載灃監國。慈禧死後，溥

偉闖入軍機處，大罵軍機大臣張之洞，說慈禧太后臨終前命令他輔助載灃攝政，而張之洞擬定的遺詔中沒有提及。他要求重新撰寫光緒遺詔。溥偉說的可是大事，如果是真的就要分載灃的實權，如果是假的又沒辦法到地下找慈禧太后驗證。張之洞巧妙地回答：「凡在朝廷的臣子都應當輔助攝政王，就不需要專門在遺詔中寫入由誰誰誰輔助了。況且太后彌留之際，之洞在側，並沒有聽到太后曾經託付於您啊！」溥偉就頓足大哭，遍罵各位軍機大臣。張之洞惹不起躲得起，不與他計較。幾天以後，溥偉又闖入內務府，指手畫腳，揚言慈禧太后臨終令他總理內外喪事。內務府大臣奎俊起疑，偷偷告訴載灃。載灃連忙拉奕劻一起去見隆裕，將溥偉的所作所為一一稟明。最後由隆裕太后明確下旨，要求自皇帝以下都服從攝政王命令。溥偉這才沒有得逞。

隆裕躲在紫禁城裡，雙耳不聞窗外事，寵任太監小德張，任由小德張在外界狐假虎威頤指氣使。慶親王奕劻、載振父子本來就是一黨，現在又多了許多皇室小圈子小派系：貝勒載洵出任海軍大臣，兼辦陵工，黨羽毓朗、載搏擔任了訓練禁軍大臣，合為一黨。兄弟載濤見載洵抓起了兵權，恐怕自己失勢，纏著哥哥載灃不放，不拿到官帽子誓不罷休。載灃沒辦法，只好派載濤管理軍諮府。載濤又侵奪陸軍部實權，和滿族將軍良弼等結為一黨。溥偉自恃是道光長孫，身分特殊，同宗室諸王和貝勒都合不來。他向載灃力爭，載灃只好任命他為禁菸大臣，權力在諸王之下。肅親王善耆原本管理海軍，被載洵奪權後，占據民政部，兼管警政，為一黨。載澤全權把持財政，創設監理財政官、鹽務處，為一黨。載灃不能制止。他的福晉聯繫榮祿餘黨，收受賄賂，載灃更制止不了。朝野議論紛紛，都說慶黨貪鄙、肅黨齷齪、貝勒黨浮薄、澤公受人撥弄。宗室覺羅、八旗世家互有分歧，各有打算。載灃處於各夥人勾心

鬥角中，一會兒聽這邊的話，一會兒又信另一邊的主意，一會對兩邊全說好，過一會又全辦不了。弄得各夥人都不滿意他。

慈禧在的時候，有意不讓這些年輕人出來做事，不讓他們攬權，怕的就是這些年輕的王公貝勒們不懂事，亂辦事，招致非議。果不其然。這幫年輕人掌握實權之初也頗有做一番事業的架勢，都比較勤快，也小心謹慎，時間一長就暴露出庸碌享受的本性來。清朝過了二百六十多年，入關時叱吒風雲的龍子龍孫都退化了。政務那麼繁、問題那麼多，遠不如美味佳餚和歌舞美女有誘惑力。王公貴戚們很快沉浸在富貴溫柔鄉裡了。

名利小人見狀，紛紛投機鑽營，聚攏在猖狂躁進的年輕宗室身邊，謀取功名利祿。內閣侍讀學士張翼原本在醇親王府飼馬，是兩代醇親王奕譞、載灃信任的人。袁世凱被罷官後，屬於袁黨的楊士驤為了自保，向張翼大送賄賂。張翼大吹特吹楊士驤的功績，說服載灃對他網開一面。楊士驤保住了位置。張翼也不是好人，之前主管開平煤礦，竟將礦產變賣給英國人，輿論大嘩。朝廷也逼他去倫敦訴訟，要求贖回開平煤礦。載灃監國後，張翼仗著載灃的信任，顛倒黑白，吹噓自己「中外合辦」煤礦的功勞，還進一步將開平附近的唐山、西山、半壁店、馬家溝、無水莊、趙各莊、林西等處地脈相接的礦產以及秦皇島通商口岸附近土地，承平、建平等地金礦銀礦，都交給英國公司經營。河北士紳聯名反對，要求懲辦賣國賊張翼。載灃念舊，加上老福晉在一旁說張翼的好話，他非但沒有懲處張翼，還追認了張翼的賣國行為。清朝自辦礦務以來，開平周邊礦產獲利最多，最後竟然被英國人侵吞，有識之士莫不扼腕嘆息。

搭不上載灃這條線的人，就去拉攏其他親貴。沈幼嵐一直想透過慶

親王奕劻得以升遷，但屢次求見皆被拒。同鄉的一個御史就笑著對他說：「奕劻之門不難進，只是需要巨賄方可。」沈幼嵐大悟，拿著兩萬兩銀票上門遞給慶親王看門人，並說：「這是小意思，聊為王爺買點果品。」看門人入報，奕劻馬上出中門迎接，沈幼嵐又喜又驚。告辭時，奕劻再親自送出門外。沈幼嵐更加吃驚，對人說：「金錢的魔力竟然有這麼巨大？」沒幾天，沈幼嵐就得到了升遷。

著名洋務分子盛宣懷在李鴻章死後，多年鬱鬱不得志。如今，盛宣懷賄賂載澤六十萬兩白銀，謀得郵傳部尚書一職。載澤知道盛宣懷善於理財，將貪腐所得的百萬銀子委託他理財生利。盛宣懷大讚萍冶礦局的好處，慫恿載澤入股。載澤就用家當換來一紙股份。辛亥革命後，排滿風氣濃厚，盛宣懷將載澤的股份占為己有，載澤也不敢吱聲。

以上囉囉嗦嗦羅列了這麼多歷史的邊角料，可以證明《官場現形記》一書的確是真實社會情形的反映，更可以證明晚清官場的腐朽沒落。一個以貪腐為能事，尸位素餐又不願意改革的朝廷，就只剩下被外力推翻一條道路可走了。

晚清官員的「殉節」表現

　　疾風知勁草，板蕩見忠臣。艱難困苦，尤其是危急關頭，特別能考驗一個人對國家、對體制的忠誠。在君主專制體制下，士大夫們食君之祿就要忠君之事，既然享受了體制的種種好處，就要為君主體制流血流汗。當王朝面臨生死存亡、自己又無能為力之時，之前嚷嚷著「鞠躬盡瘁」、「精忠報國」的「奴才」們，理應追隨舊王朝、老主子而去，斷不能生活在「不共戴天」的新王朝中。不管是上吊、跳崖，還是抹脖子、喝毒藥，唯此才能表達自己一直掛在嘴邊的「忠君愛國」之情，才能言行一致。在古代，這種自盡行為有種文雅的說法：殉節。

　　站在王朝角度來看，既然你宣稱把老百姓從前一個朝代的「水深火熱」之中解救了出來，愛民如子、發展國家，因此深受愛戴，那麼當你走向覆亡的時候，就一定會有官員、百姓為你挺身而出，慷慨就義或者從容赴死。不然的話，難道全天下人都是白眼狼，都忘恩負義？因此，王朝危亡之際殉節人數的多寡，關係到王朝的臉面，甚至是成敗。這也是檢驗王朝是否得人心的試金石。

　　中國歷史上，一朝亡一朝興，有太多的朝代更替，按說會湧現出很多的「忠臣」。可惜的是，每一代王朝覆滅之時，最稀缺的恰恰是「忠臣」。明朝崇禎皇帝吊死在景山上後，據說只有太監王承恩陪著上吊。全北京有超過三萬名有正式編制的官員（超額的更多），為明朝殉節的還不到四十人——其中絕大多數還是被起義軍殺死的，嚴格來講算不上殉

節。大多數官員爭相迎接李自成入城，將之前口誅筆伐的「流寇」尊稱為「洪武（朱元璋）再世」；沒過幾天，又是這批人，抬著皇帝儀仗去迎接入關的滿人，向昨日的「蠻夷」下跪磕頭了。明朝如此，其他朝代也好不到哪裡去。南宋末期，元軍兵臨杭州城下，七十二歲的太皇太后謝道清，抱著六歲的宋恭宗趙㬎，看著一天比一天零落的上朝隊伍，淚流滿面，在朝堂上張貼出一道「前無古人後無來者」的詔諭：「我朝三百餘年，待士大夫以禮。現在皇上有難、朝廷岌岌可危，士大夫們降的降跑的跑，尚在臨安城的也在謀劃著半夜攜帶家眷、細軟逃跑。你們平日讀聖賢書，自詡如何如何忠君、如何如何報國，卻在這時做這種事，活著還有什麼面目見人，死了又如何去見列祖列宗？」平日獻忠心時，大小官吏們一個比一個會表現，恨不得「死」給上司和皇帝看，可真要他們為政權去死的時候（其實僅僅是「可能」去死），溜得一個比一個快。

　　大清王朝的最後時刻也同樣淒涼。隆裕皇太后和溥儀小皇帝這對孤兒寡母，可憐兮兮地坐在空曠的太和殿上，主持了最後一次「朝會」。內閣總理袁世凱請了「病假」沒來，由民政大臣趙秉鈞代勞，帶著屈指可數的幾個大臣上朝。朝會只有一項內容，就是趙秉鈞等人討要小皇帝的退位詔書，說它是「逼宮」可能更確切。接過退位詔書，趙秉鈞等人沒有哭，也沒有下跪磕頭，而是鞠了三躬後，不言語就輕鬆地轉身而去。只留下孤兒寡母繼續孤零零地呆坐在大殿之上，眼看著紫禁城那厚重的大門緩緩地關閉，將清王朝推入無邊的黑暗之中。

　　在紫禁城外，攝政王載灃高高興興地回家「抱孩子」去了，慶親王奕劻父子帶著搜刮的金銀財寶逃往天津享福去了，肅親王善耆幾個月前就溜到「龍興之地」遼寧「懷古」去了，其他皇親國戚紛紛躲進東交民巷。袁世凱則從容剃去髮辮，搖身成了民國的臨時大總統；幾天前還通

電誓言「保大清保皇上」的北洋將領們正忙著量體裁衣，準備換裝；至於北京城的一大幫子京官，則在關心自己在清朝的履歷和獎勵能否被民國政府承認。清王朝「恩澤廣布」兩百多年，臨了卻沒有幾個人為它殉節。

　　當然了，清朝的遺老遺少在編撰《清史稿》的時候可不這麼想，他們羅列了不少「忠臣義士」來為逝去的王朝臉上貼金。不過細細考究起來，灌水嚴重，其中不少人算不上是「殉節」。比如辛亥年間，剛剛到任、坐上轎子還沒來得及擺威風就被革命黨人的炸彈炸得粉身碎骨的廣州將軍鳳山，本質上是被暗殺的，不算殉節。又比如在起義中被亂兵打死的雲南布政使世增、新軍統制鍾麟同等人，雖然算陣亡，但也是被動的，嚴格來講還不算殉節。必須是主動與革命為敵、頑固維護清王朝的統治，失敗後被殺或者走投無路後自殺的，才算是殉節行為。由於在辛亥革命期間為清朝殉節的官員，人數極少，因此我們能夠在一篇文章中將這些人一一介紹。

　　最應該殉節的是各地的封疆大吏們，包括總督、巡撫、將軍、都統、提督、總兵等。他們受恩最重，得到的好處多，且守土有責。遺憾的是，他們中的多數人都像湖廣總督瑞澂那樣，還沒見到起義軍的影子，就帶著家眷和細軟開溜了；少數人則剪掉辮子，跳入革命陣營，「咸與維新」了。

　　地方大員中為清朝殉節的第一人是西安將軍文瑞。他是滿族人，在西安光復後固守旗城頑抗，城破後又組織滿人巷戰，戰至紈褲子弟死傷慘重。部下見敗局已定，勸文瑞逃跑。文瑞說：「吾為統兵大員，有職守不能戡亂，重負君恩，唯有死耳！」文瑞口授遺疏後從容整理衣冠，投井自殺。文瑞是清朝的世襲男爵，殉節是理所應當的。辛亥革命前後，

社會上反滿排滿情緒嚴重,一度流傳「殺盡滿人」的謠言,因此不少地方的滿人雖然早已不習鞍馬,為了身家性命依然拚命抵抗。文瑞的「殉節」可能也帶有「自衛」的功利目的,「忠君報國」的色彩沒有想像的那麼濃。如果革命黨人好言相勸,禮遇滿人,說不定文瑞也會選擇和平繳槍 —— 就像絕大多數滿族軍官做的那樣。西安左翼副都統克蒙額、右翼副都統承燕也自殺殉節。

辛亥革命中,滿人激烈頑抗的另一座城市是福州。紈褲子弟和起義新軍在城內外爆發激戰。滿人、閩浙總督松壽在清軍失敗後,吞金自殺殉節,諡「忠節」。福州將軍樸壽兵敗後被俘,企圖逃跑被即行正法,也算是殉節,諡「忠肅」。此外,珍妃的堂兄志銳在革命前夕出任伊犁將軍,別人勸他別去上任,志銳毅然決然地跑到新疆上任。他武裝滿族人和蒙古人,監視壓迫新軍官兵,結果激發矛盾,在新軍起義中被殺,也算是殉節。

在富庶的江浙地區,只有鎮江副都統愛新覺羅・載穆一個人殉節。載穆是皇族,在輩分上還是溥儀的叔叔,殉節本是應當的。其實在八國聯軍攻破北京的時候,載穆就「殉節」了一次,只是被人及時救了回來,沒死成。這一次,鎮江城內外都熱情響應革命,麾下的滿族官兵都一心開溜或者投降,就剩載穆一個人還效忠皇帝,所以當載穆自殺的時候,再也沒有人來救他了。據說,載穆死前還對左右說:「吾上負朝廷,所欠止一死耳!」他可能是革命中唯一殉節的皇族成員。

荊州左翼副都統恆齡的殉節,最熱血激昂。當湖北革命旗幟飄揚的時候,恆齡選了一個早晨,穿戴好官服,端坐在堂上,拔出手槍對著胸口就是一槍,堪稱壯烈。清朝追諡他「壯節」。他死後第三天,上司、荊州將軍連魁與同事、右翼副都統松鶴就大開城門,向革命黨人投降了。

同省的安陸知府桂蔭頑抗了很長時間，最後起義軍圍攻知府衙門、劫走了他的印信，桂蔭帶著妻子富察氏逃入文廟，夫婦倆一同縊死在文廟大殿中。以上說的都是殉節的中高級滿族官員。

第一個「殉節」的漢族地方大員是山西巡撫陸鍾琦。不過，陸鍾琦不是自盡，而是被起義軍亂槍打死的。其實，陸鍾琦在太原起義爆發時剛剛到任一個月，一直徘徊在頑抗、響應起義和掛印逃跑三個選擇之間。起義突然爆發了，陸鍾琦、妻子唐氏、兒子陸光熙和多名僕人被殺，孫子也被刺傷。陸鍾琦闔門遇難，立刻被清政府樹立為「正面典型」，說他「滿門忠烈」。陸鍾琦獲諡「文烈」，陸光熙獲諡「文節」，唐氏也得到旌表。其實，陸鍾琦的兒子陸光熙是留學日本的新派人物，贊成革命，是來山西勸說父親起義的，結果被起義同志誤殺，竟然被清政府拿來當典型用了。

江西巡撫馮汝騤是個「淡定哥」。革命爆發後，他不戰、不降、不跑，待在南昌紋絲不動。一方面，馮汝騤知道無力阻擋革命，不願意與革命為敵；另一方面，他又念及朝廷的「恩遇」，不願意響應革命，乾脆以不變應萬變。江西獨立後，各派勢力不僅沒有動馮汝騤，還要推舉他為都督。天上掉餡餅，馮汝騤卻不「淡定」了，溜出南昌向北方逃去。逃到九江，馮汝騤被起義軍扣留，軟禁在客棧。其實未必有生命之虞，馮汝騤卻杞人憂天，服毒自殺了。江西獨立時，他不在南昌殉節；起義軍要推舉他為都督，他卻自盡在逃跑的途中，實在算不上是為清朝盡忠。清廷詔諡「忠愍」。

雖然殉節的漢族官員沒有滿族官員那麼多，但在革命期間，抵抗革命軍最有力的恰恰是漢族將領。比如辛亥革命只在兩個地方爆發了大規模的戰爭，一處是武漢，一處是南京。在兩地指揮清軍頑抗的恰恰是兩

個姓張的漢族將領，武漢是張彪，南京是張勳。兩人都出身貧寒，有著悲慘的童年和少年，青年從軍，扛槍吃糧，不想在清末的亂世中平步青雲，做到了封疆大吏。社會地位的巨大躍升，反而讓這兩個漢族窮人家的孩子對清王朝感恩戴德，賣力地組織抵抗。而那些出身豪門的官僚們，沒有切身體會，對朝堂的感情也不深，該跑的跑，該降的降。在革命氣氛濃厚的廣東，就有這麼個例子。潮州總兵趙國賢是河南項城的漢人，小時候靠為別人傭耕為生，當兵吃糧後步步升至總兵。民軍圍攻潮州時，趙國賢率兵頑抗，失敗後面向北方磕頭說：「臣以一介武夫受恩深重，待罪海疆二載，於茲力盡聲嘶，外援不至。死不足惜，但苦吾民耳！」最後上吊殉節，諡號「忠壯」。

　　圍繞著「殉節」問題，清朝官吏還上演了不少滑稽戲。下面講兩個「另類」的殉節笑話，都發生在武漢，主角也都是漢人。

　　武昌首義後，湖廣總督瑞澂早就鑽狗洞，跑到軍艦上隨時準備開溜了；湖北布政使連甲也不知道躲到哪兒去了。湖北省政府的第三把手、湖北按察使馬吉樟聞變，卻動起了「殉節」的念頭。他不許家人收拾細軟開溜，自己穿戴整齊朝服，捧著大印，來到按察使司衙門大堂坐定，下令開啟衙門，就等著革命軍上門，準備「慷慨就義」。開始還有衙門的幕僚、差役陪著馬大人，很快他們就陸續開溜，只剩馬吉樟一個光桿司令了；接著就有路過的老百姓，向衙門裡探頭探腦，好奇地看著呆坐在那裡的按察使大人，可能是把馬吉樟當作唱戲的或者雜耍的了。偏偏就是革命軍沒來。按察使司是負責司法刑獄的，既不管軍械，又沒有錢糧，政府都沒有了誰還在意前政府的法律呢？起義軍壓根就沒把按察使司衙門當作目標。馬吉樟等了小半天，硬是沒等到「就義」的機會。倒是他的老婆、小妾們等不及了，湧到大堂上來，一看馬吉樟傻愣愣的樣

子，啞然失笑。幾個女流之輩七手八腳扒下馬吉樟的朝服，扔掉大印，為他換上便裝，然後帶著早就收拾好的金銀財寶，也開溜了。馬吉樟拗不過妻妾們，最終沒做成忠臣。說不定，馬大人心底叫冤：「我本欲殉節，奈何妻妾不從也！」既然能輕易被妻妾們改變主意，說明馬吉樟本就不想殉節。

不想殉節的人，藉口多了去了。除了「妻妾不從」外，還有「家有八旬老母」，或者「忍辱負重，重振朝綱」等等。殉節成仁的理由只有一條，逃避的藉口卻有千萬條。因此，變節者總比殉節者要多。

第二個「另類殉節」的人是原新編陸軍第八鎮步兵第十五協二十九標標統張景良。武昌起義後，張景良附和革命，還出任了湖北軍政府參謀部副部長。一次在軍政府會議上，張景良突然大喊大叫，用頭撞擊黎元洪。革命軍把他逮捕。不過黎元洪看好張景良，出面證明張景良只是暫時精神不正常，把他保釋出來。陽夏保衛戰打響後，張景良出人意料地表示要到前線殺敵立功，還願意以全家人作為人質。革命黨人面面相覷，最後勉強同意張景良出任前線總指揮。張景良到達前線後，故意拖延時間，不作任何作戰部署。後來，軍政府發現部隊混亂，就越級下令，代替張景良下達指令。戰鬥打響後，革命軍和清軍激烈戰鬥。張景良這個前線總指揮棄軍不管，還在相持的關鍵時刻突然放火焚燒軍需物資，造成革命軍彈藥告罄，傷亡過大，節節敗退。漢口保衛戰的失利，張景良「功不可沒」。事後，張景良在漢口找了個地方躲藏起來，被革命軍發現後抓起來，以「通敵」罪槍斃。

《清史稿·忠義傳》記載：「景良臨刑夷然，仰天大言曰：『某今日乃不負大清矣！』」《清史稿》能夠挖掘出張景良這麼好的「典型」來，著實不易。可是，張景良的行為也算不上是「殉節」，而是超越殉節，上演

了一場「無間道」。需要指出的是，殉節是官員階層的特權，而且還要是一定級別的官員。布衣之身是沒有殉節的榮耀的。普通老百姓，或者基層的小官吏，即便是對王朝感情再深，殉節行為再慷慨再激昂再壯烈，朝廷也看不到，更得不到像中高級官員那樣的哀榮。其實，普通人的為國赴難，表現出來的對王朝的感情才是真摯的、可貴的。所以，史官們在修前朝史書的時候，留意挖掘基層的殉節故事，藉此證明王朝恩澤深入民心。《清史稿》也不能免俗。遺憾的是，基層人物極少有為清朝殉節的。《清史稿》好不容易才找到一個叫做胡國瑞的人：

胡國瑞，湖南攸縣人，舉人出身。清王朝對長期考不中進士的舉人有一項「大挑」的制度，就是挑選那些能寫官樣文章、滿口官話且長得像官的人當官。光緒二十九年，胡國瑞被挑中，分配到雲南候補。之後幾年，胡國瑞在雲南當過幾個窮地方的官，都是些短期的小官。晚清，官場競爭激烈，當官不僅要拚關係、拚人脈、拚金錢，還要拚智慧、拚說話、拚表現。那些沒錢沒背景，不會說話不會表現的人，就只好在小官下僚的職位上徘徊，在窮鄉僻壤屁股還沒坐熱就被調任、閒置、候補。胡國瑞不幸就屬於這類混得不好的小官。辛亥革命爆發時，胡國瑞已經被解職了，準備「修墓歸里」，也就是混不下去要回湖南了。當地訛傳北京城破，胡國瑞就跳井自盡了。這麼好的一個案例，《清史稿》自然不會放過。書中記載，胡國瑞還在背上寫下遺書（不知道他是怎麼寫上去的），說：「京師淪陷，用以身殉。達人不取，愚者終不失為愚。」胡國瑞自認「愚者」，的確沒錯。那些聰明的「達人」、「達官」們在清朝官越當越大、缺越補越肥，賺了金山銀山，革命發生後又安然脫身，下半輩子享福去了，或者混入革命陣營繼續當官。反倒是胡國瑞這樣的「老實人」，孤獨地去為一個並沒惠及自己多少恩澤的舊王朝殉葬去了。不知

胡國瑞孤零零地走在黃泉路上，會不會感慨：知府、道臺、巡撫大人們怎麼都沒來呢？

殉節的人少，也就意味著革命的阻力小。槍聲響起，清朝各級官員望風而逃，地方政府土崩瓦解。辛亥革命之所以能夠以較小的代價完成，這場革命之所以被稱為一場「低烈度的革命」，相當程度上還要感謝那些貪生怕死、落荒而逃的清朝官吏們。

體制內部信仰缺失、口是心非、寡廉鮮恥的官僚，實際上也是政權的敵人。相比體制外的敵人，這些內部的敵人更加危險。因此，對於一個健康的體制來說，剔除內部的無恥官僚，至關重要。如何遴選出戴著面具的官員，如何真正將意識形態融入體制的血液中，考驗著每個政權的自信、智慧和能力。

諡號能替人蓋棺定論嗎？

　　一九一七年一月，晚清重要政治人物、慶親王奕劻死了。中國人講究蓋棺定論，政治人物似乎比普通人更在意自己的「身後名」。奕劻死後，遺老遺少們都關注紫禁城裡的小朝廷會給他什麼諡號。

　　奕劻是小皇帝溥儀的祖輩王爺，歷任要職，當過領銜軍機大臣和第一任內閣總理（第二任也是最後一任總理就是袁世凱了）。對於這樣的宗室重臣，大臣們按慣例，草擬了「忠」、「賢」等極好的諡號，只等皇帝圈定一個字就行了。沒想到，溥儀接到摺子後，徹底推翻大臣的意見，提筆寫了個「醜」字，送給奕劻。「醜」是極差的惡評，奕劻如果被定為「慶醜王」，注定要遺臭萬年。雖說皇上聖裁獨斷，但當時民國成立已經五年了，皇權江河日下，底下人也有了討價還價的底氣。奕劻家人不能接受「醜」的諡號，找了溥儀的生父、晚清攝政王載灃出面，勸說溥儀替奕劻換一個好諡號。

　　載灃也覺得定同族長輩為「醜」，很不合適，拿著溥儀的批覆去見兒子，說「這，這，這……」暗意是：「這不符常例。這太不正常了。這要改。」溥儀很堅持，說奕劻昏庸無能，貪贓枉法，開了一家坊間皆知的「慶記公司」受賄貪財，在位多年、禍害多年。更嚴重的是，奕劻與竊國大盜袁世凱互為盟友，對丟失祖宗的江山社稷負有不可推卸的責任。這樣的人，怎麼能給好諡號呢？

　　載灃退了一步，說，那就改個次一點的諡號吧，比如「獻」。溥儀還

231

是不肯，非要給「謬」、「醜」、「幽」、「厲」等差字。最終，大臣們擬了一個「密」字，溥儀認為是惡諡，這才同意了。奕劻成了「慶密王」，是清朝諡號最差的親王。即便如此，溥儀還是後悔了。因為他發現《諡法》中說「密」有「追補前過」的意思。他覺得奕劻沒有改過，配不上「密」字。

那麼，什麼是諡號，它有什麼樣的作用呢？

諡號，是帝王和重臣死後，用來評定其生平功過的字號。作用就是蓋棺定論、褒貶善惡。不能用好字好話亂拍馬屁，也不能用惡毒的字眼做人身攻擊。不然，諡號就在理論上失去了意義。

正是因為諡號公平、公正，一個人能獲得好諡是光宗耀祖的大事，彷彿是全社會莫大的肯定和讚譽。後人對有諡號的前輩多將諡號加在他的姓氏之後而不稱名字。比如歐陽修死後獲諡「文忠」，後人就尊稱他為「歐陽文忠公」；李鴻章死後也獲諡「文忠」，晚清和民國的人就尊稱他為「李文忠」。後人看諡號，大致能看出主人的生平和歷史地位。

正因為如此，諡號制度是古代中國一項非常嚴肅的制度，有著嚴格的程序和規定。起初是只有帝王才能獲得諡號，到了漢朝，皇帝也為大臣「賜諡」，但操作極其嚴格，只有生前封侯者才有得諡資格。到了唐朝，賜諡資格擴大到三品以上的職事官。明清兩代獲諡的級別大幅升高。清代規定只有一品大員去世後，請皇帝決定是否賜諡；一品以下官員除非特旨特辦，一概沒有諡號。所以，不少官員雖然做到了當朝一品，依然沒有獲諡。

其次，諡號的用字，極有講究。皇帝的美諡莫過於文、武，大臣的諡號之美莫過於正、忠。帝王的諡號中，像文、武、景、莊、烈、明、昭、宣等都是好字眼，比如漢文帝、漢武帝是漢朝的偉大皇帝，在中國

歷史上都有重要地位。劉備的諡號是「昭烈」，也是相當好的美諡。惠、質、沖等，則是中庸偏向昏庸的皇帝用字，比如漢惠帝、晉惠帝都沒什麼能力。厲、靈、煬等字則含有否定的意思。比如治國無方的陳後主死後，隋朝皇帝楊廣為他定的諡號就是「煬」。沒想到，楊廣自己死後，唐朝為他定的諡號也是「煬」，楊廣就是大名鼎鼎的「隋煬帝」。哀、懷、愍、思也不是好詞，但還有點同情的意味。在景山自縊的崇禎皇帝諡號就是「思」。

大臣的諡號中，正、忠等自然是好得不能再好的詞，端、襄、成、恪、敏、肅等也是常用的好詞。對於文臣來說，諡號以「文」字開頭是很榮耀的事情。明清只有出身翰林或擔任過內閣大學士的高官才能用「文」字。而「文」字諡號中，又以「文正」最為尊貴，只能由皇帝特旨頒布，群臣不能擅議。清朝二百多年，只得八人獲諡「文正」，分別是：湯斌、劉統勳、朱珪、曹振鏞、杜受田、曾國藩、李鴻藻、孫家鼐。次於「文正」的第二諡號是「文忠」，得到的人也很少。整個清朝只有約十人得諡「文忠」，如李鴻章、林則徐。再下面的諡號是「文襄」，如左宗棠；接下去有「文恭」、「文成」、「文恪」等等。晚清另一個「中興名臣」沈葆楨的諡號則是「文肅」。

漢唐時期，諡號是有褒有貶的，既肯定一個人生前的功績，也不避諱他的弱點甚至品格缺陷。比如唐代蕭瑀的諡號是「貞褊」，貞表示他端直，褊則說他多疑。不用說，批評死者的惡諡招人反感，不利於「君臣團結」和「體恤臣工」，於是北宋朝廷做出規定：不立惡諡，只作美諡、平諡。宋朝大臣的諡號都很光鮮亮麗，極少有貶斥的諡號。明清時期，諡號進一步演化為對高官評功論好的表面文章，不僅為大臣選擇好詞，而且還會不顧實際地誇大，或者根據皇帝的一人喜好隨意決定。總之是

你好我好大家好，背離了最初評判死者生平、鞭策後來者的初衷。至此，諡號異化為高級官員的「哀榮」，淪為一種政治待遇。

明清獲得諡號的大臣中，固然有曾國藩、李鴻章等支撐朝政、勞心勞力的股肱之臣，但更多的是曹振鏞、王文韶等信奉「多磕頭少說話」的庸才。平庸圓滑、鑽營仕途的人，反而能得到升遷，能在死後獲得諡號。時人諷刺這種現象是：「無災無難到三公，妻受榮封，子蔭郎中，流芳身後便無窮，不諡文恭，便諡文忠。」這些絢麗華美的詞藻，與主人的生平功過基本無關，只能表明皇帝或者現行體制對他們的認可。

按理說，賜諡很嚴肅，是一錘定音的事情。但歷史上發生過「奪諡」、「改諡」的現象。說到底，賜諡的權力在皇帝手裡，天威難測，皇帝的心思在變，大臣的諡號也就跟著變了。

所謂「奪諡」，就是剝奪已經頒布的諡號，以示對死者的追加懲罰。最典型的如明代內閣首輔張居正，死後獲諡「文忠」，但很快就遭到反攻倒算，被抄家，諡號收回。「改諡」顧名思義是修改死者的諡號。主要是將好詞改為惡詞，展現的是對死者的否定，相對「奪諡」而言懲罰更進一步。比如南宋秦檜死後，宋高宗賜諡「忠獻」，表揚他忠心耿耿、操心國事。後來政治風向變了，朝野普遍認為秦檜執行的是賣國求榮的投降路線，很多人抓住秦檜陷害忠良（主要指岳飛）和有漢奸嫌疑（主要指他從北方逃回的經歷可疑）不放。宋寧宗乾脆追奪秦檜原諡，改諡「繆醜」，痛斥他名實不符、怙威肆行。

「忠獻」兩個字本意都不錯，就因為被秦檜用過，變成了「明褒實貶」的惡諡。之後的帝王將相避尤不及。南宋後期的權臣史彌遠，對外妥協退讓，對內專權擅政，死後被一幫文官擬了「忠獻」的諡號，遺臭青史。

　　與之相對應的，還有對死去很久的人追加諡號，稱為「追諡」。最典型的就是孔子和關羽了。他二位死後很長時間都沒有諡號，唐宋之後二人地位越來越高，歷朝歷代的皇帝都追加諡號。大家蜂擁而上，一個賽一個地將二人的諡號往上「拔高」，最後一個成了「孔聖」，一個成了「關帝」。再比如岳飛冤死的時候無諡，宋孝宗時得到平反，追諡「武穆」，人稱「岳武穆」。南宋末年，朝廷為了激勵將士抗元，將岳飛改諡「忠武」，又加封為「鄂王」。追諡展現出來的評價標準的變化和政治需求的起伏，更加明顯。

　　越到晚期，諡號越成為專制體制下的政治待遇，受到的政治干預就越重，也就越偏離初衷，不能造成蓋棺定論的作用。

　　當然，這也不是絕對的。宣統皇帝退位後，小王朝給人的諡號就陡然公正起來。上述奕劻的諡號是一例。此外，只擔任過前清四五品官的王國維，自沉身亡，溥儀破例「詔」諡「忠愨」。忠是表彰王國維不忘「故國」，愨是「行見中外」、「表裡如一」的意思。小朝廷給王國維的諡號就相對公正。當時，江山社稷沒了十幾年了，小皇帝和遺老遺少們自娛自樂，約束和顧忌比坐擁江山時少得多，用詞定字也就公正了起來。

　　還有一種例外的情形是民間存在的「私諡」。它往往帶有對官方諡號的蔑視與否定。私諡一般由死者的親友、門人、故吏所立，如東晉陶淵明的私諡是「靖節」，北宋林逋的私諡為「和靖」，世稱他二人為「陶靖節」、「林和靖」。私諡的主人多為清高孤傲的文人。他們生前徘徊在廟堂之外、樂遊在江湖之中，無欲則剛，死後更不怕什麼了，一心追求名實相符、蓋棺定論。

　　我們似乎可以說，真正評價是非功過，要在事後，要看人心。

四 官府與百姓有什麼關係

　　社會風氣可以折射政治。風清氣正的社會，必定有一個清明的政府。而一個壞政府，多半會帶壞社會，腐壞人心。這是因為傳統社會中，官府集中了社會資源，有巨大的資源和能力，影響了諸多其他領域。而且，官府集中了社會的菁英分子，給予他們權力、地位與聲譽，成為民眾爭相羨慕、效仿的對象。因此，官員做派影響百姓言行，官府風氣影響社會風氣。（這還沒有考慮政府決策、稅收政策等對百姓的直接影響。）

　　官府的好壞，與每個百姓的生活息息相關。

中國古代為何多馬屁精？

　　北宋時的杭州人薛昂，附會權相蔡京做了高官。為了表示對蔡相國感恩戴德，薛昂要全家人都為蔡京避諱，絕口不提蔡京的名諱。有人不小心提到了，薛昂就毫不留情地咎責。薛昂自己口誤說了蔡京的名諱，就當場扇自己嘴巴。薛昂這樣的人，就是馬屁精。

　　翻開中國古代史，薛昂不是第一個也不是最後一個，就連「此道高手」都算不上。唐代的盧江人郭霸從縣丞被武則天提拔為侍御史。召見時，郭霸匍匐在武則天面前大表忠心，說自己「往年征徐敬業，臣願抽其筋，食其肉，飲其血，絕其髓」。武則天很高興，時人則送他一個外號「四其御史」。郭霸的頂頭上司、御史大夫魏元忠生病臥床，下屬們都去探望。看到魏元忠後，郭霸滿臉憂慮，捧起上司的糞便品嘗。魏元忠大為驚悚，郭霸則一臉寬慰地說：「病人的糞便如果味甘，病情就會加重。我品嘗大人的糞便，味苦，表明您即將痊癒了。」如此馬屁行為，令人作嘔。薛昂和郭霸比起來，猜想要甘拜下風了。

　　細細分析，但凡馬屁精都是一定程度上的「弱勢群體」。不是官卑職小，仰仗於他人提拔，就是人窮志短，要依賴他人生活。而他們又缺乏資源，沒有其他辦法攀上高枝，沒有其他「利益輸送」的管道，只能自輕自賤拍馬屁。除了付出人格和自尊，拍馬屁對他們來說成本低廉，但是競爭也激烈。要想拍出水準、拍出響聲，出奇制勝，就要比誰更無恥、更沒有道德底線。

　　郭霸之流的作嘔行為，雖然夠不要臉，但拍馬屁痕跡太重，反而效果不好。郭霸的上司魏元忠就因此疏遠了他，郭霸的名聲也很臭。因此，拍馬屁還要「潤物細無聲」，讓被拍者坦然接受、甘之如飴。這其中的「度」如何把握，真是一門藝術。

　　明清時期，官場上流行結拜。位低者拜入位高者門下做學生，或者攀親戚、擺族譜，再不行就認乾兒子。也有隨著雙方地位的變化，原來的學生變成乾兒子、義弟退步成義子，也有原來的老師悄悄退回學生帖，轉拜學生為老師的。大太監魏忠賢掌權時，就有數以十計的「乾兒」、「姪兒」。還有更多的人拜不到魏忠賢腳下，就轉拜這些乾兒、乾姪，做魏忠賢的「義孫」。拍馬屁者紛紛上表為魏忠賢歌功頌德，更有人奏請為魏忠賢建「生祠」。一時間，馬屁精群起仿效，魏忠賢的生祠竟遍布天下。魏忠賢本質上是個沒受教育的農民，對這些馬屁來者不拒。於是在天啟七年五月，國子監監生陸萬齡向朝廷建議把魏忠賢供祠於國子監，配享孔子，而把魏忠賢的父親，配享啟聖公。陸萬齡的理由是：「孔子作《春秋》，廠臣（魏忠賢）作《要典》（《三朝要典》）。孔子誅少正卯，廠臣誅了東林黨。禮宜並尊。」魏忠賢大字認不得幾個，竟然被讚譽為可以和孔子並尊！這樣的建議還有人附和、有人轉奏，肉麻吹捧魏忠賢的功績「在禹之下，孟子之上」。陸萬齡因此獲得魏忠賢的嘉賞，在國子監裡作威作福。不過等崇禎皇帝上臺、魏忠賢倒臺，陸萬齡很快就被處死了。

　　隋文帝時期，宰相楊素負責修建宮殿，土木監封倫具體主持現場業務。封倫大興土木，將宮殿修得奢華無比。結果，崇尚節儉的隋文帝看後，很不高興，罵楊素耗費民力，惡化自己和百姓的關係。楊素害怕之餘，把封倫又痛罵了一頓。封倫卻胸有成竹地安慰道：「宰相別著急，等

皇后看後，皇上必定會對你大加褒獎。」果然，獨孤皇后看了宮殿後，隋文帝態度大變，把楊素褒揚了一番。楊素很驚異，向封倫請教原因。封倫說：「皇上雖然節儉，但懼內，事事聽皇后的。皇后喜歡奢華富貴，會喜歡新宮殿的豪華。皇上自然會跟著肯定新宮殿了。」老謀深算的楊素不能不嘆服：「封倫的揣摩之才，不是我能比得上的！」「揣摩」二字，可謂道出了拍馬屁的真諦。一切以被拍者的喜好為喜好，才有可能把握好其中的度。

比封倫稍晚的宇文士及也是個馬屁精。一次，唐太宗李世民讓他割肉，宇文士及邊割邊拿起旁邊的一塊餅擦手上的肉末。李世民幾次瞪他，宇文士及都假裝沒看見。等割完肉，宇文士及不慌不忙拿起擦手的餅，放進嘴裡吃掉了。李世民馬上投以讚賞的眼神。其實，宇文士及早就發現李世民的眼神，明白他責怪自己浪費肉末，不注意節約，所以才有了最後吃餅的舉動。

又有一次，君臣散步，唐太宗停步觀看一棵大樹，讚不絕口。隨侍在側的宇文士及立刻隨聲附和，也讚不絕口。李世民皺起了眉頭，正色說：「魏徵勸我要疏遠諂佞小人，我不知道他說的諂佞小人是誰，但一直懷疑是不是說你？現在聽你這麼說，果然就是你！」宇文士及嚇得叩頭謝罪。但他說：「南衙群臣，在朝堂上與陛下當面爭議，經常弄得您抬不起頭來。如今我有幸隨侍在陛下左右，如果也不順從您的意思，陛下雖貴為天子，還有什麼樂趣呢？」李世民聽了這話，覺得有道理，怒氣頓消。是啊，如果皇帝身邊都是魏徵一類的人，剛正不阿，皇帝有一點差錯就遭到指責，那當皇帝還有什麼樂趣呢？所以，哪怕是英明勤政如李世民這樣的，身邊也少不了宇文士及之流調劑一下。

被拍者有心理需求，拍馬屁者有現實利益，於是馬屁精就層出不

窮，割了一茬又長一茬。如果要想杜絕馬屁精的產生，唯一的做法就是
制約被拍者的權力，讓個人不能決定他人的進退禍福、不能決定國家資
源的配置挪移。那時候，誰還願意拋棄人格和尊嚴，去奉承一個非親非
故、沒有利害關係的陌生人？

梁山好漢嘗到的三頓殺威棍

　　北宋的監獄裡有一條規矩：新到的犯人，須打一百殺威棒。據說這是為了鎮住那些暴徒凶犯，打掉他們的囂張氣焰；又據說當年北宋太祖皇帝趙匡胤沒有發達的時候就「享受」過殺威棍，當了皇帝以後專門定為制度，讓更多的囚犯嘗嘗其中滋味。不管來歷如何，也不管是否真的有法律依據，監獄中的官吏和差撥們將殺威棍作為一項獄政制度，非常認真地執行著。

　　殺威棍制度是如何執行的，效果又怎麼樣呢？巧了，有三位梁山好漢先後「犯事」入獄，嘗到了殺威棍的「味道」。

　　第一個品嘗殺威棍的是豹子頭林沖，地點是滄州牢房。

　　林沖一進滄州牢城營，還等著差撥領他去辦手續的時候，一旁就有好心的犯人提醒他：「這裡的管營、差撥都是害人精，只管詐人錢財。如果你有人情賄賂送給他，你就有好日子過；如果沒錢，他就整得你求生不能求死不得。單單說入門就給新犯人打的殺威棒，如果給了賄賂就能找理由不挨；如果沒有賄賂，那一百棒保管打得你七死八活。」林沖性情溫和，加上當過禁軍軍官，家裡有錢又有嬌妻，還想著好好把刑期熬完回家過好日子呢！所以，他趕緊討教塞多少錢給差撥官爺們合適。眾人說，給管營和差撥各五兩銀子差不多就能免殺威棍了。

　　在這裡，我們可以輕易算出殺威棍的價格：一百殺威棍＝十兩銀子。十兩銀子是什麼概念呢？相當於清朝縣令兩個半月的薪水，相當於一家

普通百姓一年的吃穿用度。銀子是越來越貶值的，那麼上溯到北宋，這十兩銀子猜想就能養活不止一家普通老百姓了。可見，殺威棍真是昂貴，能打掉好幾戶老百姓一年的吃穿用度。猜想一般的貧寒子弟犯了事，就只能硬著頭皮挨棍子了。

正說著，差撥過來吆喝了：「哪個是新來的犯人？」林沖趕緊應了一聲。差撥見他沒有遞錢上來，馬上變成了一條變色龍。他指著林沖便罵：「你這個賊配軍！見我如何不下拜！你這廝在東京犯了事，到這裡還大刺刺的！我看這賊配軍滿臉晦氣，一輩子也發跡不了！打不死、拷不殺的賤骨頭！你這身骨頭好歹落在我手裡，看我怎麼讓你粉骨碎身！一會就讓你見見厲害！」林沖畢竟在官場裡混了多年，有一定的應付上司和挨罵的經驗，可還是被一個小小的差撥罵得差點靈魂出竅，連頭都不敢抬。

等罵聲減弱了，林沖趕緊取出五兩銀子，陪著笑臉遞過去。差撥看了，問：「我的和管營大人的都在裡面？」林沖說：「這只是送與差撥哥哥的；另有十兩銀子，就煩差撥哥哥送給管營。」差撥馬上換了一副嘴臉，看著林沖笑道：「林教頭，我久仰你的大名。想必像您這樣的好男子，是被高太尉陷害的。你暫時在我這裡受點苦，日後必然發跡。看您的大名、瞧這一表人才，我就知道不是等閒之人，日後必做大官！」

林沖又賠著笑，取出後周皇室嫡派子孫、本朝重要招撫對象柴進柴大官人的求情書札，遞給差撥，麻煩他送給管營。差撥臉色又一次大變，對林沖說：「您有柴大官人求情，什麼都別煩惱了。這一封書值一錠金子。」他還替林沖出主意，讓他一會兒假稱自己有病在身，自己再幫林沖支吾，躲過那一百殺威棍。差撥出去後，把林沖給管營大人的十兩銀子貪為己有，把自己那五兩銀子並柴進的書信給了管營，果然為林沖

百般說好話。等到傳喚林沖點名的時候，管營和差撥都有心成全他了。

　　不過，做做樣子還是要的。一陣吆喝過後，管營對林沖宣講了一陣「政策」：「你是新到犯人，太祖皇帝留下舊制：新入犯人須吃一百殺威棒。」說完就招呼差撥用刑。林沖就說：「小人感冒風寒，未曾痊癒，懇請暫緩捱打。」差撥就說：「我看這人也有病。」管營最後拍板：「那好，今天就不打殺威棍了，記著以後再打。」注意：十兩銀子的交易（林沖是自願掏出了十五兩）換來並不是「免打」殺威棍，而是「暫緩」。可見，殺威棍是一個可以「反覆交易」的商品，日後差撥、管營心情不好或者等錢用的時候，猜想就會把寄存的殺威棍拿出來再逼犯人們交易了。這宋太祖真是好人啊！為監獄系統的後來人提供了多好的一件「商品」啊！

　　林沖的背景和馴服態度，還是獲得了額外的回報。差撥在分配犯人工作的時候，主動提議讓林沖去看守天王堂。這可是個閒差，不用賣苦力，自然也是美差。差撥還主動幫林沖去單身房裡取了行李，到天王堂辦理交接。自然，林沖又自願送上了三二兩銀子。差撥更加高興了，竟然把林沖的枷鎖也給開啟了。難怪事後，林沖對獄友們感嘆：「有錢可以通神。」

　　我們總結這第一頓殺威棍的滋味，可以用一句話概括：錢能通神。

　　第二個品嘗殺威棍的是梁山老大宋江，地點是江州牢房。

　　宋江不像林沖那樣在京城待久了，對基層情況不熟悉。他是小縣城裡的押司出身，三教九流都有交往，對底下的情況熟悉得很。他一到江州牢房，就主動塞錢給差拔、管營都，而且是人人有份，每人十兩，就連牢房看門的、打更的也都收到宋江的銀子。因此，江州牢房上上下下無一不喜歡宋江的。於是，殺威棍不用捱了，管營的還「考慮」到宋江是縣吏出

身，分配他在牢房抄事房做個文書——想想看，一個新來的犯人被監獄管理方任命為文書，那是什麼樣的待遇啊？當了文書後，宋江還經常出錢買來酒肉和差撥、囚犯們吃喝。一日，宋江正在抄事房裡和一個差撥喝酒，稱兄道弟。那差撥突然告訴宋江：「賢兄，本處節級的常例人情，你怎麼還不送給他啊？你來也有十多天了，他明天要下到監獄來視察，如果再不給，恐怕會和你過不去。」宋江滿不在乎地說：「這個不妨。那人要錢不給他。如果是差撥哥哥缺錢，只管問宋江取就是。等他下來，宋江自有話說。」差撥警告他說：「押司，那人好生利害，手腳了得！到時候出了事情，別埋怨兄弟沒告訴你啊！」宋江還是不放在心上。

果然，節級來了，在監獄大廳上大發脾氣，罵道：「新到配軍為什麼不送常例錢孝敬我！」監獄上級公開索要賄賂了，怎麼辦？「哪個是新到的囚徒？」一個差撥指指宋江。那節級衝著宋江大罵：「你這黑矮殺才（宋江形象不太好，又矮又黑），倚仗誰的勢力，竟敢不送常例錢來給我？」宋江不客氣地說：「『人情人情，在人情願。』你怎麼能逼別人給你錢財，也太小氣了！」此言一出，兩邊的差撥倒吸冷氣，都替宋江捏了兩把汗。節級大怒，罵道：「賊配軍！快，給你綁起來，打這廝一百殺威棍！」管營、差撥、衛兵等等，都是和宋江要好的，聽到節級的命令，竟然哄的一聲都跑了，只剩得那節級和宋江兩個人孤零零地留在大廳裡——看來錢的確能通神啊！

那個節級終於爆發了，操起粗粗的大棒，就向宋江揮去！他喊出了一句話，道出了監獄中管理者和犯人關係的真諦：「這是你自己找死的！我要結果你，就像殺死一隻蒼蠅！」是啊，在沒有監督、不公開透明、處在社會邊緣、被人遺忘的監獄裡，犯人的生死禍福還不任由管理者決定？

　　生死關頭，宋江只說了一句話，就把節級給鎮住了。那人聽了慌忙丟了手中大棍，慌了手腳，拖住宋江問：「你說什麼？你是誰？」宋江笑道：「小可便是山東鄆城縣宋江。」那人更是大驚，連忙作揖，又拉著宋江說：「兄長，此處不方便，我就不給你跪下參拜了。請兄長同往城裡一敘。」於是，在大庭廣眾之下，一個節級恭恭敬敬地扶著一個刺配的犯人，請他到城裡豪華酒樓吃喝起來。

　　宋江到底說了什麼，讓節級的態度有了那麼大的轉變？宋江說：「我因為不送賄賂就該死，那有人結識梁山泊軍師吳用，又該怎麼處置呢？」原來，這個節級叫做戴宗，暗地裡與梁山泊造反一派的重要頭目吳用有聯繫，涉嫌為黑社會團夥通風報信，充當保護傘。當然了，宋江揭發戴宗和梁山泊的關係並不是要代表政府處置他，宋江本人也和梁山泊有密切關係，手裡還握有吳用寫給戴宗的求情信。宋江和戴宗其實是一夥的。表面看，宋江讓戴宗態度一百八十度大轉彎是因為他和吳用的關係，因為他宋江的及時雨名號。深入分析，宋江手裡握著戴宗的把柄。他知道戴宗和梁山泊的關係，而且比戴宗和梁山泊的關係更好，所以在黑白兩道上都對戴宗有「造福」或者「造禍」的能力。

　　關係和名聲是一種隱性實力，讓戴宗不得不有所忌諱。戴宗分析自己和宋江的社會實力，不得不承認宋江比自己強大得多，自己非但不能打宋江，反而要跟在宋江後面乖乖做他的小弟——日後，戴宗就是這麼做的，他是梁山泊中宋江一派的鐵桿成員。

　　這第二頓殺威棍宋江也沒有嘗到，因為他用實力壓服了戴宗。北宋的中國，畢竟是一個靠強權和實力說話的社會。

　　第三個品嘗到殺威棍的是打虎英雄武松，地點是孟州牢房。

　　打虎英雄武松殺了西門慶，被發配到孟州牢城營，也面臨著殺威棍

的威脅。武松一到牢裡，早有十數個一般的囚徒來看武松，說道：「好漢，你新到這裡，包裹裡如果有關照的書信或者使用的銀兩，趕緊拿在手上，一會差撥就要來提你，你送給他。如果書信關係過硬或者銀兩多，可以免去殺威棍，即便免不去，打的時候差撥們也會輕些。如果沒有人情書信、銀子給他們，你就等著皮開肉綻吧。」

可是偏偏武松剛硬得很，最恨暗地裡蠅營狗苟的事情，不屑於使用什麼人情書信或者銀子，偏偏要去見識一下殺威棍的厲害。他都已經運足氣、做好準備挨一百棒的殺威棍了。不想，監牢管營的問道：「新到囚徒武松，你來的路上可曾得了什麼病？」武松回答：「我一路上什麼病也沒有，酒也吃得！肉也吃得！飯也吃得！路也走得！」管營自顧自說道：「這廝肯定是途中得病了，我看他面相不好，就不打他這頓殺威棒了。」武松一時沒明白過來，兩邊拿著木棍的差撥低聲提醒他：「你快說有病。這是大人關照你，你還不快承認。」武松恨的就是這些私底下的黑暗，聞言嚷了起來：「我沒病，我沒病！快打我殺威棍，我不要什麼照顧！」這一鬧，滿堂的差撥都笑了起來，管營也笑道：「我說你得了病，你果然是病了，而且病得還不輕，胡言亂語地發起瘋來了。來啊，把他帶下去，關在單身牢房裡。」在這裡，武松是法定制度的堅定擁護者，堅決要求「依法辦事」，強烈要求打自己一百棍子。可執法者（管營、差撥們）卻堅決不依法辦事。執法者不依法辦事，法定制度就成了一紙空文。

管營的為什麼好心不為難武松呢？難道他是活菩薩？當然不是。在場的管營其實並不是管營，而是管營的兒子，叫做施恩。施恩是個典型的「官二代」，仗著父親是孟州監牢的管營，自己又學了些三腳貓功夫，是孟州城的一號人物。孟州城外有處獅子林，「山東、河北客商都來那裡做買賣，有百十處大客店，三二十處賭坊、兌坊」。施恩「一者倚仗隨身

247

本事，二者捉著營裡有八九十個棄命囚徒，去那裡開著一個酒肉店」。以酒肉店為據點，施恩壟斷來往客商的食宿生意，向快活林的眾多店家、賭坊、兌坊收取保護費，還壟斷快活林的黃色事業，盤剝本地和過路的妓女。各種收入合起來相當可觀，施恩每月能有二三百兩銀子。如此賺錢，快活林被蔣門神看上了。蔣門神從張團練那裡調來一批正規軍，把施恩打得兩個月起不了床。快活林自然易主，蔣門神占了施恩的酒肉店，做了老大。

施恩正思索怎麼把快活林奪回來，恰好發現監獄裡來的一個新囚犯，可能是個扳回頹勢的好幫手。這名囚犯就是武松。武松的武功了得，喝醉了酒還能三拳兩腳把老虎給打死，因為為兄弟武大郎報仇殺死了當地的黑社會頭目西門慶及其同夥才被發配到孟州來的。於是，施恩對武松展開了拉攏，先是免去了武松的殺威棒，再是把他安置在單獨的雅間，天天好酒好肉招待著，又讓武松看到其他囚犯生不如死的服刑生活，讓武松產生了無功受祿、寢食不安的感覺。最後，施恩對著武松一頓恭維、跪地叩拜，一把鼻涕一把淚地把被蔣門神奪去「產業」的經歷一說，武松熱血上湧，去把蔣門神打得屁滾尿流，幫施恩奪回了快活林。看來施恩免去武松的殺威棍，得來的收益可比十兩銀子大多了！

很遺憾，一心要見識殺威棍厲害的武松也沒能捱上棍子。因為施恩要利用他做大事。

最後，林沖、宋江和武松三人都沒有捱到殺威棍，不過他們又真真實實地品嘗到了殺威棍的厲害。那是由金錢、強權和相互利用構成的厲害無比的「棍子」，打得梁山好漢們在正常社會秩序中難以立足，只能到梁山泊落草為寇了。

清朝監獄的「一串黑」

　　清朝桐城派大文豪方苞因為替一本非法出版品《南山集》寫過序，
鋃鐺入獄，於康熙五十一年被關進了刑部大牢。刑部大牢是天底下最高
級的監獄，應該是規範、透明、法制齊備的模範監獄，為天下做表率。
方苞看到的卻是一個胡為、骯髒、沒有法度的黑暗世界，每天都有三四
具屍體從監獄的後門被抬出去。獄友、曾任山西洪洞縣令的杜某見怪不
怪，對方苞說：「這有什麼值得驚奇的，現在天氣好，每天才死三四個犯
人。之前每天抬走幾十具屍體都是正常的。」

　　方苞在震驚之餘，留意獄中情形，出獄後寫了一篇堪稱奇文的「揭
祕文章」──〈獄中雜記〉。我們再結合《清稗類鈔》訟獄篇中有關監
獄內情的描寫，可以勾勒出清朝監獄的黑幕輪廓來。

　　從緝捕犯人入獄這個環節開始，黑幕鏈條就開始展開了。廣東地區
發生命案後，衙役們無不把緝捕任務當做商品來買賣，任意羅織罪名逮
捕無辜者，常常緝捕回來主犯、幫凶、脅從等等一長串人。人數少則十
數人，多則數十人（真不知道為什麼殺一個人竟然總要幾十個人參與），
其中或許有真凶在，但名列前茅的幾個人肯定都是家有巨資的富豪。衙
役們的目的很明確，就是訛錢。你想不上殺人黑名單，就交錢，而且是
大錢。交得少了，他可能只是把你的名字從主犯挪到幫凶而已。有官員
的幕僚在核對衙役報送的名單時，總是將為首的兩三名勾去，以免差役
騷擾。他能這麼做，就被文人和百姓稱為好人了。

　　有罪的人混雜在無辜者中進入監獄後，真正的噩夢開始了。先是類似《水滸傳》中的殺威棍之類的下馬威。當然了，差役們也不願意費時費力地替人上刑，目的還是訛錢。和方苞一起被捕遭遇下馬威的有三個人：其中一個塞了三十兩銀子，被打得輕微骨折，病了一個多月才好；另一個給了六十兩銀子，傷了肉沒有傷到骨頭，養了二十天就好了；第三個人拿出了一百八十兩銀子，結果當晚就像平常人一樣了。

　　有人就問監獄小吏：「犯人有貧有富，有的人給的錢多，有的人拿不出那麼多來，可也盡其所能孝敬你們了。既然你們都有所得，為什麼還一定要按照賄賂的多少來區別對待呢？」小吏回答：「不區別對待，誰願意多給錢！」這句話值得深思。監獄中的強勢群體，官吏和差役們，可不是根據犯人的態度來決定對待方法的，而純粹以能榨取的利益多少來決定犯人的命運。因此，即便一個人卑躬屈膝、逆來順受，可是因為家底貧弱拿不出和別人一樣的錢來，還是逃脫不了被嚴懲、遭迫害的噩運。這點和監獄外面不同。監獄外面的潛規則相對固定，交易標準明確。比如，差役下鄉收稅的時候，規定正稅之外再交百分之五十的孝敬，只要你交了就沒事了。可是在監獄裡面，標準是浮動的，會被犯人的恐懼心和經濟實力不斷變動。你傾家蕩產交了三十兩銀子，還是有可能被打得血肉模糊。所以，一個人從入獄那一刻開始，決定他命運的不是罪行，也不是態度，而只是他的經濟能力。多麼可怕啊！可這就是清朝監獄的「一號規矩」。

　　接下來就是關押犯人了。其中的學問就大了。

　　方苞在刑部監獄裡住的是在開闊地用木板搭建的板房，夏熱冬冷，一般人難以忍受。可是這在刑部監獄裡算是最好的條件了。方苞發現獄中設有四個「老監」。每監分五個牢房，其中正中間的是看管犯人的獄卒

住的，前面牆上開有窗戶照明，屋頂還有通風換氣的天窗。兩旁各有兩間是沒有窗戶、不見天日的屋子，常常密密麻麻擁擠著多達二百多名犯人。每到傍晚，犯人的屋子就落鎖，成了名副其實的黑屋子。犯人的吃喝拉撒睡都在裡面，臭氣熏天。三伏天也好，寒冬臘月也好，犯人們就擠在地上睡，很少有不生病的。有的人病死了也不能及時發現，活人和死人還腳挨腳、頭並頭地睡著。所以，老監常常暴發傳染病。住進了老監，就意味著半隻腳踏進了鬼門關。自然，沒有犯人願意分到老監去。

那麼，區分住板房和睡老監的標準是什麼？不是是否經過審判，不是罪行，犯人跪地求饒也沒有用，標準還是實實在在的銀子。

人一旦入獄，不問有罪無罪，不問是嫌疑犯還是證人，一律戴上手銬腳鐐，先關進老監。正常人一進去就忍受不了，差役們就勸誘他們交錢改善待遇。具體金額則根據獄官對犯人身家的判斷來定，一般中產以上的人家往往傾家蕩產才能把家人取保候審，離開監獄；普通人家即便傾家蕩產了也只能湊上幾十兩銀子，人肯定是撈不出去了，但是可以調換監區，從老監轉移到空曠的板屋去；貧寒人家的犯人，能被敲詐的錢就更少了，只能脫掉鐐銬，繼續在老監中煎熬。而那些貧困又無親無故的囚犯，就被銬得緊緊的，扔在老監中受折磨，給其他人當反面教材了。

刑部監獄不接受「永久圈禁」或者「終身服役」（類似於無期徒刑）的犯人，所有的犯人在理論上都有離開監獄的一天。釋放的釋放，流放的流放，斬首的斬首。就是在「離開」的這個環節，官吏和差役們也要從中牟利，就連死刑犯都不放過。

劊子手和獄卒早就組成了利益鏈條。還沒行刑的時候，劊子手就等候在門外，造成死囚的心理壓力，獄卒就進去當好人，企圖榨乾死囚最

後的財富，行話叫做「斯羅」。如果是有錢人，獄卒還會勒索其家人親屬。人都要死了，獄卒還能提供什麼「好處」呢？舉個例子，某犯人被判處了凌遲處死（就是千刀萬剮），獄卒就說：「你給我錢，我就讓劊子手先刺心，讓你馬上死掉，不多受苦；否則，就先剁去你的四肢，再一片片切你的肉，讓你一直疼痛到死。」對判處絞刑的，獄卒就說：「給我錢，保證你一絞就死；否則，三絞三放再加上別的刑罰，再讓你死。」就連斬首示眾的犯人，獄卒也會拿砍下的腦袋作要挾，訛詐家屬錢財。犯人家屬就算已經傾家蕩產了，為了做人最後的尊嚴，也會東挪西借、賣兒賣女，湊上數十兩、上百兩銀子賄賂。

　　每年秋審結束的時候，是差役們最忙的時候。刑部監獄裡死囚們的判決會在秋審中得到確認，奏請皇帝硃筆勾准後就可以行刑了。差役們需要把秋審確認的死囚們綁縛刑場等候命令。這又是一筆可以敲詐的買賣，如果不塞錢，差役們在捆綁的時候就故意折斷犯人的筋骨。好在皇上有「好生之德」，對秋審報上來的死囚不會全部勾准，總會留下十分之六七的犯人重新羈押。這就可憐了那些被折斷筋骨的死囚們，不得不綁回刑部監獄，再受折磨。有的人過上幾個月痊癒了，有的成了終生殘疾，還有的沒熬過去就死掉了。

　　朝廷司法制度中還有其他「好生之德」，比如規定沒有殺人的重大案件，只處置主犯一人，從犯可以在秋審中罪減一等，發配充軍。富有創造力的獄卒中也能從中牟利。方苞在獄中就見識到了：有兄弟倆把持公倉，按律應該立即處決，案件已經判決了，獄吏對兄弟倆說：「給我一千兩銀子，讓你活命。」兄弟倆不信，都已經判決了，還能活命？那小吏說：「這並不難，判決書還沒上奏呢！我把你們的名字換成從犯中沒有親屬的兩個單身漢的名字，奏報上去不就行了？」犯人問：「主審法官又

不是傻子，發現判決書有誤，指出來怎麼辦？」那獄吏笑道：「等上面把判決書發回來，主審法官發現錯誤再上奏的話，我們沒有活路，但他也會受到牽連而撤職。他不會為了你們倆的性命而放棄官位的。」兄弟倆將信將疑地這麼試了，果然兩個從犯立刻被處死。主審法官發現後果真不敢追究。而兄弟倆的命留到了秋審，在秋審前夕又花錢打點，又沒發配充軍，在監獄裡好好地待著。原來在秋審環節，監獄官吏差役也能動手腳。朝廷規定，凡是沒有預謀或無意殺人的殺人犯，經秋審歸入矜疑類，可以免死。獄吏就利用這點舞弊，竄改犯人的狀辭。有一個叫郭四的人，已經四次殺人，都以矜疑罪減一等，隨後遇到大赦出獄。他在獄中和同夥勾肩搭背、喝酒行樂、揚揚得意，對殺人往事毫不隱諱，詳細地向外人炫耀。

長久以往，清朝監獄形成了一整套完備嚴密的舞弊、敲詐和賄賂系統。一個環節的黑幕串著一個環節的黑幕，形成了「一串黑」。刑部十四司正副郎官（正副司局長）中的書吏、獄官、獄卒，無不從中牟利。監獄黑幕成了司法系統的集體腐敗。這些人都把多關押犯人視作有利可圖，所以，稍有牽連的人，就會被拘捕入獄。只有監獄爆滿才能好好地「創收」。

久而久之，坐享賄賂的監獄官吏差役們也懶了，在犯人中扶持代理人。一些常年關押在獄中的老囚犯就與胥卒表裡為奸，出面維持監獄黑暗體制，從中賺大錢。方苞在〈獄中雜記〉中記述了這麼一位「獄頭」。浙江山陰縣（今紹興）有個姓李的，殺人下獄，充當獄頭每年收入數百兩銀子。康熙四十八年，李某因大赦出獄，寂寞無聊，竟然懷念獄中生活。幾個月後，有個同鄉殺人，李某主動替此人承擔罪名，再次入獄充當獄頭。不料康熙五十一年，李某又「不幸」遭遇了大赦，減罪充軍。

等候遣送期間，李某寫了狀子再三請求對自己要「從嚴懲罰」，要求留在刑部監獄。很遺憾，他的懇求沒被批准。李某只好嘆息：「我再也不能進這監獄了！」最後失望地離開了。

無獨有偶，《清稗類鈔》中也有一個類似的獄頭。同治年間，山東人張某因殺人關押在刑部監獄十年，每年收入幾千兩銀子，比他之前做買賣的收入高多了。他還定期把錢送出監獄去，讓母親、妻子和孩子都過上了不錯的日子。很不幸，光緒皇帝登基，大赦天下，張某快快出獄，隨身攜帶數千兩銀子。出去後，張某覺得從事什麼職業都不如當獄頭來錢快，鬱鬱不樂。一年多後，街坊有人打架出了命案，案卷送到了刑部。張某大喜，花了大把的銀子央求刑部的書吏，把自己列明「從犯」，回到了刑部監獄當獄頭了。張某的運氣也實在不好，沒賺幾天銀子又遇到光緒皇帝大婚，又一次大赦天下。張某還想賴在獄中不走，可是早有其他老犯人覬覦獄頭的位置要擠他走了。《清稗類鈔》中說「計非去張，不得專利」，可見獄頭儼然是一個競爭激烈的職業。那個老犯人重金賄賂監獄管理階層，最後由監獄出了一份公函給張某山東老家的衙門，說：「貴地百姓張某，罪行累累，在敝處關押多年，如今遇到大赦返鄉，還請貴地父母官嚴加管教，別讓他出境為盼。」這一招稱得上是釜底抽薪。張某不僅被監獄掃地出門，還被差役遞解回籍。張某離京的時候，帶著女眷、孩子和上萬兩銀子的行李，浩浩蕩蕩，別人不知道還以為是哪位衣錦還鄉的退休老爺呢！不過張某心情極其黯淡，臨出獄門痛惜地說：「吾遂不得復居此耶。」

清朝監獄為什麼黑暗至此呢？其實，古代社會的監獄就像是方苞看到的「老監」牢房，牢門一關就是一個密室：沒有窗戶，密不透風，陽光照不到裡面，裡面的呼喊也傳不到外面。監獄是社會的黑暗角落。在

一個沒有外界監督，沒有權力制衡，只有管理者自上而下行使權力的地方，最後必然演化為強權暴政。在每一個密室裡面，都會重演這樣的悲劇。

最後講一件發生在光緒庚辰年（西元一八八〇年）廣東某監獄的突發群體性事件，來結束本篇文章。讀者可以當作一個笑話來看：

清朝獄政不修，監獄裡黑幕重重不是一天兩天了。交了錢的犯人不帶手銬腳鐐，在監獄中自由來往，賄賂出得多的犯人還可以享用美味佳餚、歡歌豔舞，生活品質一點都不會降低。只有在州縣典史巡獄時，獄卒才讓犯人們戴上刑具，站在監牢中表演一下。

廣東有個新上任的縣令，不知監獄深淺，想考察一下獄政。一天，他來了個突擊檢查，事先沒告訴任何人就來到了監獄。獄卒也不知情。縣令一進監獄，哇，看到了另一番市井場面：幾百個犯人自由往來，散步聊天，有高聲談笑的，有喝酒行令的，好不熱鬧。犯人們看到縣令來了，高喊：「你來得正好！」把縣令綁了起來，然後向官府提條件：「縣令大人要想出去，就得和我們幾百個人一起出去。如果有人阻攔，我們就殺了縣官。反正都是一個死字，與其束手而死，不如與官同死。」縣裡的官吏、幕僚們都傻了眼，不知道如何處置。派兵施壓吧，犯人們就折磨縣令，監獄裡傳出縣令的鬼哭狼嚎聲；斷絕犯人們的飲食吧，縣令也沒有東西吃。主管獄政的典史到門外，先是輕聲細語地勸說犯人，繼而苦苦哀求犯人釋放縣令。犯人們一概不理。

沒辦法，縣裡只好報告知府。知府親自跑到監獄外面，曉諭犯人：「縣令到任以來，並沒有虐待你們。你們入獄，都是之前的縣令判的。你們何苦為難縣令呢？你們如果把縣令弄死了，罪名更重，還想脫身嗎？不如把他放掉。我保證：有冤者申冤，重罪者也設法為你們減罪，絕不

欺騙你們。」遺憾的是官場黑暗太久，人們習慣於不相信官員的話，甚至把官員們的話反著理解了。知府這麼一保證，犯人們的態度反而更強硬了，說：「我們和縣令，出則同出，死則同死，不必多言。」知府徘徊猶豫，和犯人們僵持了十幾天都解決不了。他怕縣令死在監獄中，事情鬧大了承擔不起，不得不上報給廣東巡撫，請求發兵二營，先假裝同意犯人們的要求放他們出獄，然後再派兵圍剿。

　　廣東巡撫接到報告，心想：這種天下奇聞竟然發生在我們廣東省，得趕緊擺平了，不然有損廣東官場聲譽。省裡的官兵派到了縣裡，知府同意釋放全部犯人。犯人們就提出要挾持縣令同行五十里，到某山才能放他。知府也答應了。獄門開啟後，囚犯們簇擁著縣令就跑，官兵們尾隨其後。到指定的山頭，囚犯們釋放了縣令，然後分道逃散。無奈官兵四面圍剿，除三人逃逸外其他犯人全部被捕。知府、縣令押著犯人回城，報復懲治，加以酷刑，二十多人死於杖下，其他人都從重擬罪，全部處決。

從「黑漕糧」說起

嘉慶十四年（一八〇九年）五月，北京城裡爆發了一起「食品安全問題」。不少八旗兵丁和家屬領到朝廷發的漕糧後，發現稻米發黑發黴，沒法食用。即便一些看似完好的米粒，蒸煮後發現內部早已變質朽壞，難以下嚥。王府和衙門領取的漕糧也有同樣的問題。

清政府每年從江南魚米之鄉徵收漕糧，供應京畿地區的皇室宗親、王公大臣和紈褲子弟。要求各省解送的漕糧，必須是上等稻米。為什麼到北京，就成了黑米朽米了呢？

嘉慶皇帝下令徹查。清朝漕運和倉儲系統的腐敗案就此揭開了。

大臣和侍衛們到漕糧倉庫一查，發現各倉帳目和實際存糧不符，存在嚴重的虧空。隨便抽查的幾個倉庫，虧空都以千石（幾十萬斤）計算。而為了掩飾漕糧虧空，不法之徒無所不用其極。最常見的手法，就是以次充好，買劣米、糟米來冒充好米。比較惡劣的做法是在漕米中混雜石灰、沙礫等充數。

檢查人員還發現了一種「漲米藥」。這種藥能讓稻米膨脹，讓米袋看起來鼓鼓的，沒有缺斤短兩。但漲米藥毀壞米質。用藥後，稻米外表無恙，內部朽壞，蒸煮後沒法下嚥。檢查發現，漕糧沿大運河北上，在到達北京前一站天津時，有船隻購買漲米藥，膨脹稻米，來掩蓋短缺。官府很快在天津西沽拿獲了專門製賣漲米藥的楊秉濂。據他供稱，在嘉慶十四年三月內，有揚州二邦第十號船李姓某人、十一號船汪姓某人各買

半劑藥。官府又在天津楊柳青拿獲了藥販王文德。他供稱，同年三月，新安船李姓某人購買漲米藥。

種種惡毒做法都是為了掩飾糧食的虧空。那麼，漕糧為什麼會出現嚴重虧空呢？

清代漕糧不僅足額徵收，而且是超額徵收。原本一斤的法定額度，南方農民往往要交納好幾斤甚至是十來斤。多餘的部分就被徵收、運輸、儲存的相關官吏和差役們私分了。同樣，大運河沿途的官府也要雁過拔毛，分得一杯羹。與漕糧事務相關的各色人等，發展出了盤根錯節的潛規則，霸漕吃漕，俗稱「漕規」。比如，山東巡撫儘管在名義上和漕運事務無關，每年也能分得數千兩的漕規銀。不然，山東就會在漕糧的放行、保護等方面刁難運糧船。真正苦的，除了交糧的農民外，還有運糧的漕幫苦力們。

漕規銀的金額畢竟有限，參與漕規「分紅」的各色人等的貪壑卻是無限的。漕規銀不夠，怎麼辦？糧船只能把目光投向漕糧，於是「盜賣漕糧」就發生了。不少運糧船沿途拋售漕糧，填補潛規則的窟窿。在徹查期間，嘉慶十四年六月十七日，官府拿獲恆豐號田姓船主，他在該船行抵東昌時，盜賣了一百三十餘石（約兩萬斤）漕糧。

這些不足額的、劣質的漕糧運抵京城後，必然需要串通接收的官吏、差役舞弊，不然沒法入庫。清朝對漕糧的接收、儲存工作非常重視，戶部下面專門有一個「倉場侍郎」，統籌漕糧的驗收、入庫、儲存和發放。其下轄京東地方、運河尾端的數十個倉庫，專設監督官員。此外，倉場系統的各級郎中、員外郎、主事、筆帖式和武官等官員，和書辦、攢典、番役、庫丁、花戶、爐頭等書吏、差役一應俱全。雖然不是中央部院，但倉場系統的官吏、員工並不比六部衙門少。（當時，倉場

系統關係官民的切身生活，事情繁、油水多、叫聲響，是京城的一大顯赫衙門。至今，北京通州、朝陽地區還保留著大量漕運和倉場的遺跡。）理論上，如果倉場系統各司其職，恪盡職守，漕糧是斷不會出現虧空和食品安全問題的。

可嘆的是，清朝倉場系統黑幕重重，貪汙侵占、以公肥私成為單位文化。番役、庫丁、花戶、爐頭聯合運糧船作弊，掩蓋虧空，參與分肥，手段五花八門。除了一般的收受賄賂，違規驗收不足額、劣質的漕糧外，倉場中人還公開敲詐勒索，不然即使是足額的好米也不給驗收。驗收時，他們以多報少，多收多占；發放時，他們以次充好，欺壓領糧人。此外，他們也盜賣已經入庫的漕糧，並且私刻印章、捏造事由、冒充他人領取漕糧。一些八旗百姓，乃至王爺貝勒、將軍侍郎等，發現自己名下的漕糧遭到冒領，甚至重複領取。倉場系統的行話叫做「出黑檔」。

那麼，倉場侍郎、郎中、監督等官員，知道辦事人員的劣跡和本衙門的種種黑幕嗎？

根據此次調查，各級官員不僅了解實情，還協同書吏差役們分肥飽囊，聽任他們敲詐勒索、私出黑檔。各種不法手段聚斂的黑錢，最後消失在了倉場系統的官僚機構之中。倉場系統的官職之所以是顯赫的肥缺，原因就在於此 —— 法定俸祿大家都是相同的。

考慮到倉場是相對邊緣卻收入優裕的衙門，倉場系統變成了安插閒散官員的場所。調任倉場的官員，不是在原衙門、原系統升遷不利，來此解決級別問題的：就是年紀已老，調到倉場養老，解決待遇問題的。而且，倉場系統的大小職位幾乎全部任用滿族人，是滿族官員的專屬地。最終在倉場任職的都是平庸無能、年邁體弱的滿族官員。他們對公

務敷衍潦草，全不關心，只關心自己的灰色收入。結果只能是書吏差役們實際操縱倉場系統，官員們參與分肥，共同侵蝕皇糧國庫。

倉場官吏、差役們，簡直就是寄生在清朝軀體上的「倉鼠」。

黑幕曝光，嘉慶皇帝對發生在眼皮底下的醜惡行徑極為憤慨，施加嚴刑峻罰。多名把持倉場、中飽私囊、私出黑檔的書吏、差役被斬首，敲詐受賄達到一定數額的被絞死。多名接受賄賂、聽任舞弊的官員也被斬首，遭到革職、降級、調任的官員更多。嘉慶對前後在倉場任職的官員都沒有放過，向前追溯到嘉慶三年，之後凡是在倉場系統任職過的官員，按照在職時間的長短，分別議處。查處虧空的倉庫，現任和前任監督官員全部嚴加議處，該賠償彌補的，變賣官員家產田地也要賠償彌補。已經逝世的官員，則由子孫代替填補虧空。應該說，嘉慶皇帝對倉場官員的處罰不輕。

除了懲罰外，嘉慶還在制度方面進行了糾正。首先，針對當時的倉場官員、監督多數以「年老才庸之員充數」，沒有能力留心政務，聽憑底下人胡作非為的現狀，嘉慶規定以後倉場官員從京察一等、二等官員中選拔，必須年富力強、才具幹練才能提名。提名官員引見，由嘉慶親自考察後才能上任。嘉慶警告說，如果讓他發現被提名官員「年逾六十，才具平庸者濫行充數」，一定對負責挑選提名的官員嚴懲不貸。

其次，為了杜絕書吏、差役「掛名互充」、「勾串舞弊」、把持倉場，嘉慶要求嚴格書吏差役的管理制度。書吏並不是官，差役更只是徵發的百姓徭役而已，他們都是沒有俸祿的，且按規定應該定期輪換。但在倉場系統中，書吏、差役終身服役，冒名頂替，讓子弟接班，幾家人幾代人盤踞倉庫。為此，朝廷制定新規章，規定差役服役滿後，飭令回籍，不許以「幫辦倉務」等等名義留在倉庫，也不許接近倉庫，更不許子弟

接充；差役告退病故的，不准子弟接充；新招募的差役最好身家殷實，沒有生活困難，防止損公肥私。同時設立花名冊，填注年貌籍貫住址，定期畫卯，按名點查，防止人員混雜、冒充和其他不實情況。

經過嘉慶十四年的這番整飭，倉場的腐敗得到遏制，管理乾淨了許多。可惜好景不長，沒有幾年，倉場系統又恢復了往日的混亂與腐朽。倉場職位依然是官場爭搶的肥缺。嘉慶對倉場的有限整頓，並沒有從根本上解決漕糧的安全問題。

嘉慶整頓的僅僅是漕糧的驗收和倉儲環節，並沒有涉及徵收、運輸等環節。清代的漕糧問題關係到倉場、漕運、河道等諸多衙門，虧空和安全問題是諸多系統通同腐敗的結果。哪裡暴露了問題才整頓哪裡，類似頭痛醫頭腳痛醫腳，並不解決系統問題，結果就是內在越來越腐朽，終於不治。到道光年間，漕糧各系統愈加腐敗，至光緒年間是公認的病入膏肓。朝野官民一提「漕糧」二字就直搖頭。無數底層百姓不堪重負，恨得咬牙切齒。

從根本上說，漕糧安全問題出在清政府對供應北京官糧的制式管理。為了保障京畿糧食供應，將此獨立管理，是完全必要的。但有必要設立多個衙門，配置一群群的官吏，規定重重規章制度，月月強調年年強調嗎？這恰好暴露出了清政府管理水準的低下和不自信。

從乾隆年間開始，中國人口大爆炸。人口規模從一億出頭增長到三億以上。大江南北出現了諸多人口數以百萬計的特大城市。這些大城市的居民並沒有漕糧供應，他們非但吃得飽飽的，而且吃得安全，不用吃黑米黴米。其中的奧祕就是市場。市場的力量，從產糧區源源不斷地運輸糧食到大城市，不僅暢通，而且安全健康。北京城裡那些沒有資格吃漕糧的漢族百姓，人數比王公大臣和紈褲子弟們要多，不也活得好好的嗎？

　　清政府對活躍的市場活動視而不見，對大城市的成功案例聽而不聞，在兩百多年中緊緊抓住漏洞百出、臭名昭彰的漕糧制度不放，是思想認知的問題？是既得利益集團的阻攔？還是頑固保守、抗拒改革呢？

　　結果，北京的王公大臣和紈褲子弟們只能吃實際成本不知比市場價格高出多少倍、品質卻讓人直皺眉的黑漕糧了。

段光清辦漕

道光二十八年（一八四八年）年底，段光清奉委出任浙江海鹽知縣。赴任前，撫臺大人專門把段光清叫過去，語重心長地說：「我亦知海鹽缺苦，收漕在即，宜速去，先收民心。」原來，省裡面是為了解決迫在眉睫的漕糧徵運難題，讓段光清去當消防隊員。

海鹽縣政務的一大要點，也是難點，就是「辦漕」。全國漕糧年定額為四百萬石，海鹽一個縣就超過了五萬，可謂是一個漕務大縣。段光清自述：「餘昔坐書房時亦聞有漕規之說，不知海鹽漕規之弊乃有如此之甚也！」新縣太爺到了任所後，才真正領教了傳說中的「漕規」。那麼，海鹽漕務有什麼弊端呢？

海鹽縣的百姓，分三六九等，有紳戶、衿戶、訟戶等名目。紳戶，就是在任或者卸任的官宦人家。紳戶繳納漕糧，每石並不交足一石，缺斤少兩，習以為常；衿戶，是有科舉功名在身、但沒有做官的士人家庭，每石交足一石，依法辦事，不能缺斤少兩，官府也不多收濫取；訟戶，則是正在縣衙打官司的百姓人家，都是那些久拖不決的案件的當事人家庭。或許是迫於當事人反覆上訴、越級上訪等壓力，海鹽縣默許「訟戶交米，或一石加一斗，或一石加二斗不等」。也就是要多收他們一兩成的漕糧。而對於一般老百姓，「漕糧非一石收至兩石以外，不能運到京師」。也就是說，「三戶」以外的布衣平民，法定的一石漕糧的義務，至少要繳納兩石以上才能過關。所以，每到臨近收漕的時節，海鹽縣衙就

263

擠滿了報案的、上訪的人，大家都來爭當「訟戶」。

在「三戶」之外，還有更厲害的「包戶」。一些強者，仗勢包攬他人的納糧，收取好處。比如，強者向平民每石按照一石五斗來徵收漕糧，只繳納官府一石，賺取五斗好處。而一般小戶，樂於接受包戶的「公道標準」，紛紛投靠他們，請他們代交漕糧，以避免官吏的敲詐，避免更大的損失。

這還僅僅是徵稅對象群體中的漕規，與之相對的收稅群體中的弊端更多。除了正常的地方官吏、差役外，段光清發現，「自糧道、幫官、旗丁、委員及各衙門所薦收糧朋友，皆有漕規」。相關部門的官吏，都想從中分一杯羹。清朝有專門的漕運、河道系統，兩大衙門實行「條塊結合」的管理模式。他們自然要從漕糧徵收中自肥，雁過拔毛。省、道、府等上級官府的長官們又「推薦」了不少「朋友」，幫忙海鹽縣徵收、起運漕糧。如此美意，段光清是不敢拂的。

漕糧由專門的船隊沿大運河北運。期間，驗收官吏尺度的寬窄、押運兵丁看管糧食的鬆緊、販運船伕裝運糧食的快慢，甚至是船老大心情的好壞，都能影響海鹽漕務的成敗。自然，他們每個群體都發展出了潛規則，能從中得到實惠。此外，身為「統治民族」的浙江紈褲子弟（旗丁），藉口漕糧供應京畿，主要是為了滿足京師八旗的生活需求，也自告奮勇，前來幫忙。對這些爺，段光清即便打心底裡覺得就是群紈褲子弟、痞子流氓，表面上也不敢得罪。最終，「旗丁又於每年收縣幫費之外，又收民間折色米三四千石。」段光清問前任：「這些人已經收了我們海鹽縣的幫費，為什麼還要收折色米？」前任回答：「此亦明知而不能解者也。」向來如此，誰又有辦法改變呢？

這些看似無權的群體手段很多，「唯起運本色每正糧一石，加耗三

斗、四斗不等。此外有補潤、加贈、淋尖、飯食等米，又有踢斛、穩跳、倒籮、艙墊等銀，在旗丁則有行月，在船隻則需修理、打造，在起納則多輕賚、席板，而衙役之需詐與糧里之藉端科擾，水次之挑盤腳價，猶不與焉。」（光緒《戶部漕運全書》卷二《漕糧原額·歷年成案》）。這裡面提到了很多官家盤剝百姓的手段。比如，「淋尖」、「踢斛」，說的是明清時期，老百姓繳納官糧，官府用扁平的大斛做盛器，讓老百姓把糧食放進斛裡。這本來也沒什麼，但是經辦的差役要求穀米按照尖形堆得高高的，稱為「淋尖」。原本一石的盛器，因為有淋尖的要求，往往要倒入兩石糧食才能達標。在百姓淋尖的過程中，差役還不時地踢著大斛，穀米不斷溢位斛外。溢位的糧食，不允許納糧的百姓掃回去。這叫做「踢斛」。「飯食」，說的是收糧的官吏、差役們的夥食費用，要由百姓承擔。百姓承擔的，可不是粗茶淡飯，而是好酒好肉，臨走還要送禮。

有些不良的剝船船主，在運輸時私造燥烈藥末，摻和熱水浸泡，讓稻米漲大，運到京畿濫竽充數。自己則在沿途盜賣漕糧，或者賣優買劣，把優質漕糧更換成粗劣穀物。千里販運，官府不能時時處處監控，經手的底層人物有太多動手腳的機會了。有機會，就會想出辦法來。

起初，漕糧徵收穀米實物，後來因為運費、勒索等額外開支都強迫縣裡支付，海鹽就開始徵收「折色」。也就是徵收銀兩。至於漕糧按照什麼標準折算銀兩？銀子又怎麼個收法？這就又大有文章可做啦！

紳戶、衿戶、訟戶、包戶、漕口、河道、上司的朋友、旗丁、押運兵丁、船伕等等群體層層篩過後，學者猜想，清代每運一石漕糧到北京，老百姓實際繳納的糧食在三石以上。這還沒算上時間成本和人力成本。如果按照綜合成本來算的話，一石漕糧的成本逼近四十兩白銀。（李

作棟：《新輯實務匯通》卷六十七）這是一個什麼概念呢？段光清一年的俸祿是四十五兩白銀。一石漕糧幾乎可抵一個知縣的年俸。北京官民吃的是天價稻米！

綜上前述，前任知縣向段光清感嘆：「海鹽之漕，所以不可辦也。」（段光清：《鏡湖自撰年譜》）這差事，簡直沒法辦！

沒法辦，也得辦！

段光清發現，海鹽的風俗是，官府徵收漕糧之前，先代本縣地主催佃戶交租。屆時，知縣鳴鑼下鄉，召集佃戶，說明開倉在即，地主繳納的漕糧，租米出自佃戶，催督佃戶們按時交租，不可違抗。段光清在寒冬臘月就下鄉催糧，向百姓說明情況，可謂是「高度重視」、「提前部署」。第二年春天收漕，段光清自述「海鹽收漕，尚可敷衍，未至大累」，算是比較圓滿地完成了任務。那麼，他是怎麼辦到的呢？

段光清辦漕成功的祕訣，主要有兩點。第一點，上級的高調支持。浙江巡撫在赴任談話時，對段光清表示「爾到任，將地方情形詳悉稟明，有可代爾為力之處，我必行之，速去！」段光清到任視事後，將地方情形稟明巡撫。巡撫回信：「上不掣爾肘，爾可放膽以辦事。」為了做好漕務，巡撫明確支持段光清，激勵段光清勇敢去做。這讓他有了底氣，也讓可能阻礙海鹽漕務的潛在勢力受到震懾。

第二點，段光清不尋求改變漕規，在承認既定現實的前提下做有限的改良。這就避免了與既得利益群體的實質衝突。

海鹽漕務糟得很，水深得很。推波助瀾的每個群體，都有些實權在手，能對漕務施加影響。現存的漕規，是各方面群體長年累月博弈之後的結果。大家都接受了現實。比如，老百姓接受了「三戶」的存在，默認了不平等，忍受盤剝。他們的反抗，最多是爭當「訟戶」。而且，一

些百姓還歡迎「包戶」的出現。這可看作不同群體在權力因素下的現實
選擇。

以段光清為首的地方官吏，接受了規則、允許各級衙門插手分肥。
清帝國體制下的相關衙門和群體，都有公權力在手，段光清身為體制內
的人，誰都得罪不起，他能做的只是維護現有漕規的平穩執行：大家
都按「規矩」辦事，該拿多少就拿多少，不能多貪多占。旗丁在幫費之
外，可以拿走三四千石糧食；海鹽縣的「包戶」包攬漕糧的規模也是有
「規定」的，「舉人包米一百六十石，副榜八十石」。

但是，完全認可現狀、不做絲毫改變，顯然是完成不了任務的。段
光清就召集地主紳士，說明「交米不略加增，地方官斷無力解運」。也就
是說，他一開始就明確了要增收「陋規」。自然，面臨的阻力不小。段
光清「或面議，或寫信」，一個個地說服，具體分析情況，不同人不同對
待，「有每石加斗餘，有加至二斗，有只加三、四升者」。最後，海鹽漕
糧較常年共多收米數百石。多收就是勝利！為了應付旗丁的需索，段光
清付洋錢數千元，造成了當年最大的虧空。但總體來說，漕務辦得基本
成功，「未至大累」。

段光清成功的兩大祕訣，是不可分割的。正是因為有上級的高調支
持，在增收漕糧時，相關群體不至於激烈反對。多收的漕糧，最終出自
無權無勢的貧苦百姓身上，有權群體也不會強硬反對。段光清雖然感覺
貧寒人家「益苦」，但為了辦漕「大局」，也只能如此。反之，正因為知
道段光清是在維護現有權力格局的前提下改良，所以巡撫大人才放心地
支持他施展拳腳。

交糧的時候，人聲鼎沸，常常發生糾紛官司。海鹽出了一位狀元，
狀元家的家丁赴倉交米，與別家交米的傭人發生口角。家丁在言語上吃

了虧，仗著主人的身分，喧嚷公堂，吵著要段光清「驗傷」、「主持公道」。段光清坐堂開審。那家丁卻面朝堂外而跪。差役去問，家丁回答：「非吾主人，豈可向而跪之。」差役們大笑。段光清就為家丁戴高帽：「此忠義之士也，其志不事二主。」既然你不搭理我，我也不管你的事，段光清讓差役傳話給家丁：「你本無傷，即便或許有傷，也必須要你家主人驗視。」於是，段光清下令退堂。那仗勢的家丁自討無趣，也灰溜溜地走了。

　　辦漕完畢，段光清去杭州拜見布政使。布政使說：「段大人的官聲，沒有以前好了。」段光清回答說：「想必是因為本年收漕，多要了富人的幾顆米。」布政使聞之，一笑而過。

紈褲子弟是怎麼廢掉的？

　　有一個笑話，說的是幾個八旗軍官的孩子在比誰的父親厲害。一個孩子說：「我爸有隻白雀，叫得可響、可脆了！」一個孩子說：「我爸會唱戲，他登臺唱戲，下面叫的彩排山倒海！」第三個孩子對第一個孩子說：「你家養白雀的鳥籠子，是我爸紮的。」又對第二個孩子說：「你爸登臺那回，是我爸帶人去捧的場。」三個孩子問第四個孩子：「你爸會幹嘛？」第四個孩子高聲說：「我爸會騎馬！」前三個孩子一齊豎起大拇指說：「你爸最威風！」

　　請注意，這四個孩子的父親，都是軍官。不管這四個爹哪個最厲害，都是莫大的諷刺，對大清王朝來說都不是什麼好事。

　　這笑話說的是晚清的事，反映了八旗軍隊腐朽沒落的事實 —— 當時杭州上萬紈褲子弟，還真只有一個人會騎馬。一九一一年，革命青年溫生才單槍匹馬刺殺廣州將軍孚琦，上演了一場現實版的「笑話」。光天化日之下的廣州街頭，溫生才手持槍械，衝到重重護衛的孚琦的轎子前，開了第一槍。孚琦並沒有被射中要害，大喊救命。周圍的八旗親兵、護衛竟然「相顧錯愕」，茫然不知所措。溫生才對準孚琦頭部，開了第二槍，孚琦這才斃命。溫生才不放心，又補了兩槍。等他確認孚琦已死再環顧左右的時候，驚喜地發現：數十名親兵、護衛早已經逃散一空了！最後，溫生才從容地走過大街小巷，逃出城去。

　　事後，孚琦的夫人要追究衛隊官兵的責任。他們護衛將軍有責，竟

然聽任刺客連開四槍，又逃散一空，不算臨陣脫逃，也算是失職吧？負責的一名標統（相當於團長），也是紈褲子弟，為此憂慮得昏厥倒地，家人好不容易才把他灌救過來，鬧出了第二個笑話。孚琦夫人見此，不得不大事化小，不再追究。

　　孚琦遇刺後，滿族官吏閉門謝客，不輕易上街，偶爾上街也加強戒備，攜帶重兵護衛。那些當兵的旗人，很不願意護衛長官出巡，擔心連累自己死於革命黨人槍下。一次，福州將軍樸壽外出，那場面搞得像軍事演習一樣。一大群荷槍實彈的八旗官兵，團團圍住樸壽的轎子，在福州街頭前進。突然，一聲槍響！樸壽嚇得七魂出竅，摸摸身上沒事後大喊「救命」；護衛旗兵不是臥倒在地，就是跑到街邊躲避。這場鬧劇的起因只是一個護衛士兵精神過於緊張，手槍不小心走了火。一聲槍響，讓官兵們紙老虎的本質暴露無遺。不知道能征善戰的八旗祖先們看到子孫這沒出息的樣子，會作何感想？

　　紈褲子弟崛起於白山黑水之間，由弱變強，以幾萬之眾，最後蛇吞象一般占領了大江南北，建立了大清王朝。時人誇耀說，「滿洲兵至萬，橫行天下無可敵」。怎麼才過了兩百多年，當年的鐵騎就變成草包了呢？

　　這都是旗人咎由自取。當年，清朝靠八旗鐵騎南征北戰，才奪得江山，王朝建立後還得依靠八旗軍隊控制天下。入關後，清朝規定紈褲子弟專事武裝，不得從事其他行業。八旗武裝除了守衛北京城（京師八旗）外，扼守天下重鎮、要害，稱駐防八旗。駐防八旗的「戶口」、「編制」都在北京，本質上算是中央外派地方工作人員，還會調回北京或者調防他處。這套駐防制度的本意，是保持紈褲子弟的武力，依賴精幹的八旗武裝鞏固統治。

　　為此，清朝給予八旗官兵穩定、豐厚的待遇，免除他們的後顧之

憂，專心當兵。一個有編制的八旗士兵，一個月能拿到三四兩銀子的俸祿，和縣官同等。此外他們還有很好的福利，比如廣州駐防八旗兵還有紅白事賞銀、蔬菜、劈柴、食鹽等等。這些待遇是終身的，只要當過兵一生都能領取錢糧。八旗兵死後，妻子幼兒的生活也由部隊負責。只要有一人當兵，就可以保證一家人生活無憂。此外，紈褲子弟還有大量「當差」的機會，比如押送、工程、慶典等等，除了能拿補貼，還有不菲的「灰色收入」。海關的關丁、漕運的漕丁和鹽運的鹽丁等差使，規定只能由紈褲子弟擔任。這些可都是肥得流油的好差使。可以說，紈褲子弟在理論上根本不愁生計。每個旗人家庭都能從體制中獲得一份穩定、豐厚的收入。

以上還只是一般的工作，或者說是留給底層旗人的基層職位，就已經讓為生計奔波的漢族人羨慕了。旗人但凡有點能力，能寫幾個字，更有大把升遷的機會。比如漢人和旗人的科舉是分開的，滿族科舉的競爭大大小於漢族科舉。考不上，旗人還可以去各個衙門抄抄寫寫，稱為筆帖式，給編制給品級，有大把大把升遷的機會，成為封疆大吏的不在少數。不認字的，可以參選紫禁城、各王府和達官顯貴的侍衛，那也是有品級的，而且還不低。

清朝官制中特別有「缺」的內容，即對很多職位有血統要求。比如六部尚書必須滿漢各一人，侍郎滿漢各兩人，這自然對人少的旗人有利。很多職位乾脆就專供旗人，比如內務府系統。

在清朝，旗人一出生，就捧上了鐵飯碗。用他們的話說是「鐵桿子莊稼」。稍微像樣一點，就能混上知府、知縣、主事什麼的；即便一輩子當兵，退休前也能落個一官半職。

這套制度在執行的時候，很快就走了樣。什麼都不做，就有體制保

障，能一輩子衣食無憂，那誰還去學習、去做事啊！紈褲子弟迅速懶惰下來，悠遊無事，進而養尊處優，每月等朝廷發一份錢糧來花銷。反正大家都一樣，做好做差，做與不做，人人都領一份「月錢」，結果誰都不去操練，也不去關心時事了。八旗戰鬥力迅速下降。入關的時候，八旗軍隊衝鋒在先，戰績輝煌；二三十年後吳三桂造反，八旗軍隊就要拉綠營（漢族軍隊）共同行動了，八旗為主，綠營為輔；等洋人打進來的時候，八旗軍已經打不動了，不得不以綠營為主，八旗為輔；太平天國造反的時候，八旗軍徹底不行了，先是綠營為主，後來又讓位於地方武裝團練。湘軍、淮軍就是在此時興起的。之後，八旗軍在軍事上就徹底邊緣化了。

與此形成鮮明對比的是，八旗軍隊的開銷越來越大。比如各地駐防八旗最初核定編制都是幾千人，超過五千的極少。到近代，每一地的駐防八旗都超過了萬人。打仗不行，隊伍卻飛速膨脹。旗人拖家帶口，把當兵、當差變為一份職業，一個生存的保障。朝廷規定，駐防官兵不准於當地置產，死後不准於當地設立墳塋。在現實中成了一紙空文，紈褲子弟該安家的安家，該娶小妾的娶小妾。他們連操練都不當一回事了，還會在乎軍紀嗎？

不做事，旗人們都幹嘛去了？人家忙著呢！泡茶館、養寵物、玩票、賭博、鬥蟋蟀、放風箏、玩樂器、紮風箏，漢人吃喝玩樂、休閒遊戲的事情都學會了，還自創了許多娛樂形式 —— 對中國民間文化來說，旗人立下了大功。圍繞駐地，旗人聚居，形成「旗城」，自成體系，有別於其他城區。

慢慢地，不少旗人還是變窮了。一方面是家族繁衍，人口越來越多，但是這個體制能夠提供的鐵飯碗是有限的，不能吸納快速增長的

旗人人口，注定有很多人補不了缺、當不了差，「閒散」下來。更主要的是旗人只會享受，不會理財。發的「月錢」和其他收入，如果好好計劃，完全可以保證一家人的正常生活，卻經不住天天吃喝玩樂。由儉入奢易，由奢入儉難，旗人一旦養尊處優慣了，花銷越來越大，又不事生產，自然入不敷出，開支窘迫了。不過，他們普遍不在乎。只要清朝不亡，鐵桿子莊稼就在，月錢還得發。旗人們仗著特權身分，到處賒帳，竟然變成一項時尚。明明口袋裡有錢，也要賒帳：明明揭不開鍋了，還是下館子逛戲院，似乎唯此才能彰顯身分。

滿族出身、父親在紫禁城當兵的老舍先生，寫有自傳性質的小說《正紅旗下》，生動地描述了清末北京城旗人的生活狀態。老舍大姐的公公和婆婆，就是一對「活寶」。

大姐的公公「除了他也愛花錢，幾乎沒有任何缺點。我首先記住了他的咳嗽，一種清亮而有腔有調的咳嗽，叫人一聽便能猜到他至小是四品官兒。他的衣服非常整潔，而且帶著樟腦的香味，有人說這是因為剛由當鋪拿出來，不知正確與否。」「無論冬夏，他總提著四個鳥籠子，裡面是兩隻紅頦，兩隻藍靛頦兒。他不養別的鳥，紅、藍頦兒雅俗共賞，恰合佐領的身分。只有一次，他用半年的俸祿換了一隻雪白的麻雀。」

「親家爹雖是武職，四品頂戴的佐領，卻不大愛談怎麼帶兵與打仗。我曾問過他是否會騎馬射箭，他的回答是咳嗽了一陣，而後馬上又說起養鳥的技術來。這可也的確值得說，甚至值得寫一本書！看，不要說紅、藍頦兒們怎麼養，怎麼蹓，怎麼『押』，在換羽毛的季節怎麼加意飼養，就是那四個鳥籠子的製造方法，也夠講半天的。不要說鳥籠子，就連籠裡的小磁食罐，小磁水池，以及清除鳥糞的小竹鏟，都是那麼考究，誰也不敢說它們不是藝術作品！是的，他似乎已經忘了自己是個武

官，而把畢生的精力都花費在如何使小罐小鏟、咳嗽與發笑都含有高度的藝術性，從而隨時沉醉在小刺激與小趣味裡。」

大姐婆婆「口口聲聲地說：父親是子爵，丈夫是佐領，兒子是驍騎校。這都不假；可是，她的箱子底兒上並沒有什麼沉重的東西。有她的胖臉為證，她愛吃。這並不是說，她有錢才要吃好的。不！沒錢，她會以子爵女兒、佐領太太的名義去賒。她不但自己愛賒，而且頗看不起不敢賒、不喜歡賒的親友。雖然沒有明說，她大概可是這麼想：不賒東西，白作旗人！」

「對債主子們，她的眼瞪得特別圓，特別大：嗓音也特別洪亮，激昂慷慨地交代：『聽著！我是子爵的女兒，佐領的太太，娘家婆家都有鐵桿兒莊稼！俸銀俸米到時候就放下來，欠了日子欠不了錢，你著什麼急喲！這幾句豪邁有力的話語，不難令人想起二百多年前清兵入關時候的威風，因而往往足以把債主子打退四十里。不幸，有時候這些話並沒有發生預期的效果，她也會瞪著眼笑那麼一兩下，叫債主子嚇一跳；她的笑，說實話，並不比哭更體面一些。」

近代外國人觀察八旗軍隊，描述他們是一群穿著五顏六色的綾羅綢緞，提著菸槍、鳥籠，哼著曲子，嘻嘻哈哈的老百姓。他們的馬僱人牽著，槍僱人扛著，做個樣子罷了。就是當差的關丁、鹽丁，也不自己做了，早就僱了下人去頂包。不得不操練或者「幹部選拔」考核的時候，旗人也僱槍手。鐵桿子莊稼是拔不了的，多少人靠形式主義混飯吃，於是考場上大家都睜隻眼閉隻眼，你好我好大家好。羅鍋、瘸子、聾子，都擠入軍隊。加上腐敗，坐吃空餉，揮霍浪費。八旗軍隊成了養老院、福利院。

最可怕的是，旗人們坐吃山空，還理直氣壯，覺得被人養著就是理

所應當的。「以大姐的公公來說吧，他為官如何，和會不會衝鋒陷陣，倒似乎都是次要的。他和他的親友彷彿一致認為他應當食王祿，唱快書，和養四隻靛頦兒。一些有識之士，也覺得遊手好閒，坐吃山空不是辦法，也有去學習手藝的。但是這樣的人，反而受旗籍人的冷眼，認為他們沒有出息。」少數旗人，也想拋棄鐵飯碗，自立自強，或者生活難以為繼，想學門手藝，做個小買賣，養家餬口。不過，他們都偷偷摸摸的，像在做見不得人的事。一旦擔著貨擔撞到熟人，他們得說：「嗨，閒著沒事，來玩玩！」「這不是買賣，就是個玩意。要不，您也來吆喝兩聲？」

供養紈褲子弟成了清朝的沉重負擔。各部八旗長官，最擔心的不是軍隊戰鬥力，不是軍紀，而是如何養活那麼多張口。開支越來越大，朝廷的撥款是一定的，只能出現虧空，整個部隊、整個體制都拆東牆補西牆，不堪重負。每當發錢糧的時候，就是長官們最頭疼的時候。錢糧發得遲了，或者分不好，就有旗人找上門來鬧，吹鬍子瞪眼，大喊「祖宗把血和汗都流盡了，我們就該拿份鐵桿子莊稼」，大叫「貪官無道，侵害良民」。官府還得好言相勸，不敢得罪。日子長了，賒帳多了，透支重了，高低貴賤的旗人都牽涉其中，一致要求「解決生活困難」。朝廷或者地方政府就得出面，接下旗人們的爛帳，拿公款補貼旗人的私債。

清政府在後期徵收很重的稅，相當一部分用來養活遊手好閒的旗人了。然而，大清王朝供養紈褲子弟，維持他們高標準的生活是有條件的，就是指望他們在危難時刻保衛朝廷。晚清內憂外患，就需要紈褲子弟出來「還債」，保衛朝廷了。清政府也很重視八旗軍隊的改良，引進先進武器，希望訓練出近代化的八旗軍隊。退膛炮代替了舊式大炮，嶄新的步槍代替了大刀，最新出廠的馬克沁機槍代替了長矛，清政府把最好的武器撥給了紈褲子弟。結果怎樣呢？照樣是形式主義，槍是領了，但

被旗人鎖在櫃子裡，看都沒看；等到欽差大臣來閱操的時候，不得不杵著槍，站一會兒。建制是新的，訓練是新的，辦的差事也是新的，但旗人還是僱人去出操出工。辛亥革命爆發時，很多旗人連射擊都不會，談何抵抗？

一些長官也想有所作為。在革命前夜，他們多少感覺到了危險臨近，不得不整頓軍隊，預作準備。在革命風起雲湧的廣州，駐防八旗編練了三個營的新軍，將近兩千人。練了兩年，廣州將軍訓練實彈射擊，嚴格下令，要求必須是旗人親自射擊。結果場面亂成一團，多數人僱人來裝填彈藥，只有少數人會開槍，至於能射中靶子的人，屈指可數。

不過，不知情的革命黨人對裝備先進的旗人還是很忌憚的，在戰術上很重視旗人軍隊。畢竟旗人占著要害重鎮，那黑洞洞的炮口、明晃晃的鋼槍，都在那擺著呢！弄不好，要犧牲好多革命同志。結果，他們發現旗人壓根不足為慮。多數旗人在槍響後，都乖乖待在家裡，靜候新政權來收編。少數旗人跑出家門，一鬨而散。只有個別地區的旗人武裝，擔心反清排滿風潮，害怕漢人也來個「揚州十日」、「嘉興三屠」，所以拿槍頑抗。革命軍發現，對付頑抗旗人最好的辦法，就是找掩體藏好，聽旗人劈哩啪啦地放槍。等旗人子彈打完後，他們就會豎起白旗投降。旗人射擊根本沒有準確率可言，只要不被流彈擊中，革命軍可以保證零傷亡。如果等不及聽完「槍炮交響曲」，只消用猛烈的火力壓制一下，旗人也會投降。害得個別想抵抗的軍官，無兵無將，無法「殺敵報國」。鎮江的載穆就有心抵抗，奈何部下旗人全都要求投降，他只好一個人孤單地上吊殉節去了。

京師八旗的兵額最多，裝備也好。尤其是禁衛軍，在各支八旗隊伍中算是先進的。皇室用它來貼身護衛。南北和談達成，禁衛軍兵心不

穩。他們倒不是要挽救清王朝，而是擔心清朝沒了，自己當不了禁衛軍，沒了月錢和待遇。身為統領的馮國璋只好拿著〈優待清室條件〉，集合全體禁衛軍官兵訓話。他詳細說明皇室和紈褲子弟的待遇不變，禁衛軍照常當差，不會有變動。官兵還是出現騷動，哭泣聲、叫罵聲不絕，甚至有人持槍拔刀，大聲鼓譟起來。馮國璋以性命擔保，承諾與禁衛軍進退一致。官兵們不相信，騷動愈演愈烈。最後，馮國璋登臺高呼，如果大家不信任，可以推舉兩個人持槍日夜守在我身邊，如果發現有違背諾言之處可以立刻將我擊斃。禁衛軍這才慢慢安靜下來，平靜接受了王朝覆滅的事實。之後，禁衛軍被改編為陸軍第十六師，馮國璋守信用，一直保證這群老爺兵的「待遇不變」。結果，由京師八旗改編而來的第十六師，上陣不行，鬧餉在行，成了直系軍閥的一大負擔。

辛亥革命能夠以很小的代價，相對和平地成功結束，旗人們也有一份功勞。革命黨人如果事先減少一下排滿的宣傳，強調一下「五族共和」，申明保護旗人生命和財產安全，猜想連那一小部分抵抗的旗人也會靜靜待在家裡，等待新政權來收編。旗人對革命的「功勞」也會更大。

清朝的覆亡自然有多方面的原因，紈褲子弟的顢頇糊塗、懦弱無用，不能不說是重要原因。

紈褲子弟是被王朝體制廢掉的一群人。一個人不是憑真才實學，憑艱苦奮鬥，而是憑血緣關係獲得穩定的收入，躺在一個體制上閒逸度生，坐享其成，換作你，人生也會被廢掉。紈褲子弟荒廢的悲劇，為後世的制度設計、人事激勵等等都提供了寶貴的教訓。

清末朝廷為何管不住輿論？

　　一九一一年（宣統三年）十月十日，武昌起義槍聲響起，震驚清廷。北京城陷入一片恐慌，官府倉皇在京城戒嚴，其中一項重要措施就是箝制輿論。

　　十月十二日，清政府民政部發文給內外城巡警總廳：「準陸軍部諮開，查鄂省近有匪徒聚眾滋事，意圖倡亂，現已派兵剿辦，京師五方雜處，誠恐無知愚民散布謠言，希冀煽惑，應即嚴加防範，以鎮人心。相應諮行查照預為防範，並希傳知在京各報館，關於此次鄂省匪徒倡亂情事，暫緩登載。」鎮壓起義，是陸軍部的分內之事。但陸軍部顯然對五方雜處的北京城的人心安定，也很在意，於是就發函給民政部，要求「配合工作」。民政部簡單地下令：不許刊登武漢起義的新聞！

　　一場有關武昌起義的新聞戰，就此打響。

　　清末，近代新聞業發展迅速，北京、上海、廣州等地報刊如雨後春筍般湧現。媒體從業者普遍「革命化」，自覺或不自覺地把目光投向官府的陰暗面，巴望著政府出醜。革命黨人辦的報紙、雜誌自然如此，就是租界和使館區內的外國媒體，也混在革命浪潮中瞎起鬨。批評官府、鼓吹革命儼然成了時尚潮流。

　　而當權者的疏忽與無能，客觀上也助長了這股潮流。攝政王載灃等滿族親貴上臺後，對輿論控制的重要性認知不足（他們對許多東西的認知都不足，難怪體制內外的人都批評他們「年少輕浮」），放鬆了對媒體

的控制。晚清新政運動搞得轟轟烈烈，轄區內辦了多少家報館、每天出幾份報紙，成了考核地方官的一項指標。之前對近代媒體幾乎一無所知的清朝官員們，為了通過考核，紛紛禮賢下士、海納百川，支持開報館出報紙，對過火的言行也睜隻眼閉隻眼。所以在清朝的最後幾年，新興媒體的生存環境大為改善，媒體記者和編輯們，還真找到點「無冕之王」的感覺，時不時破口大罵也能平安無事。

一九〇八年，清政府頒布了中國第一部新聞法《大清報律》。報律規定，凡是年滿二十歲的正常人，都可以成立媒體，只要在發行前二十天向衙門申報即可。除了少數幾條法律限制報導內容外，官府對報刊內容幾乎沒有限制。即便從業者違反了報律，也不會像以前那樣流配充軍甚至砍腦袋了，大不了就是罰款，最重的懲罰也就是查封報館。等到官差衙役去查封的時候，早就人去樓空了。查封後，原班人馬換個名字、租間房子又重操舊業，繼續罵官府。

比如，當時武漢的《大江報》就是革命黨的「機關報」，激烈抨擊清朝的內政外交，挖苦清朝官吏，毫不留情。一九一一年的七月，《大江報》發表短評〈亡中國者和平也〉、〈大亂者救中國之妙藥也〉，赤裸裸地鼓動暴力革命，號召推翻清政府。《大江報》太高調太過火了，湖北官府不得不出面干涉，以「宗旨不純，立意囂張」和「淆亂政體，擾亂治安」的罪名查封報社，逮捕主持人詹大悲。作者何海鳴聞訊「自首」。按說，湖北官府是根據報律「依法辦事」，結果引起全國輿論譁然，一邊倒地支持《大江報》，各地革命報紙遙相呼應，一天好幾篇文章聲援。詹何二人最後被判處罰金八百元。兩人都無錢繳納，被改判有期徒刑十八個月。坐了兩個多月牢後，武昌起義爆發，兩人就出來做「革命元勛」了。

對於輕微的處罰，各家報刊都遵照執行，不過繳了罰款就發表〈抗

議宣告〉，然後繼續罵政府。對於觸犯政治紅線的內容，記者編輯們就說反話、用曲筆，拐著彎地繞開限制。比如，《神州日報》一字一句地抄錄官府審訊革命黨人的供詞，變相闡述革命道理；平時大量釋出各級官府釋出的有關革命黨活動的通報、緝捕令等，變相宣傳革命形勢。

　　當十二日民政部下令禁止北京城媒體刊登武昌起義新聞時，各家報館大多嗤之以鼻。之前，革命黨人的起義屢戰屢敗，尤其是四月分的廣州起義讓同盟會傷了元氣，傾心革命的記者編輯們大受打擊，提不起精神來。武昌的槍聲讓他們士氣大振，正想大展拳腳，哪裡會理會民政部的禁令。好在之前和官府的鬥爭，讓各家報館累積了充分的經驗，於是八仙過海各顯神通，大家都思索著怎麼突破民政部禁令。

　　《國風日報》是同盟會在北京辦的報紙。當初，革命黨人白逾恆化名「烏有氏」到衙門註冊，竟然通過了！得知起義軍占領武昌後，《國風日報》馬上用二號大字排版，準備推出號外。警察趕緊過來干涉，重申不准刊登起義消息。《國風日報》也不爭論。第二天，該報頭版開了大天窗，只有一行字：「本報得到武昌方面消息甚多，因警察干涉，一律削去，閱者恕之。」這下可不得了了，讀者很自然浮想聯翩：警察禁止刊登的是什麼新聞呢？是不是清軍一敗塗地了，不讓刊登呢？這天窗開得，還不如不開呢！警察又一次跑到報社，請求編輯們：有什麼新聞您就照常刊登吧！只要不是胡編亂造的就行。於是，《國風日報》有恃無恐，卯足了勁刊登武漢前線的消息。民政部的禁令形同虛設了。

　　官辦的和外國報紙，則尋求透過正常途徑突破禁令。十月十四日，外城巡警總廳回了一個申文給民政部，說禁令下達後，十二日夜間《京師公報》等就來稟報，說接到禁令時，報紙已經排印，懇請照常發行。巡警總廳予以拒絕。但是十三日、十四日市面上發行的各家報紙，如

《帝國日報》、《政報》等，還是登載了武昌起義的消息。《憲報》等八家報紙更是去函給巡警總廳，指出「現在京師人心皇皇，若本國報紙一律停載此事，則民間謠諑紛出，益屬可慮」。「報館等公同決議」，「所有關係軍事祕密不敢登載並由同業確實調查情形，凡確系謠傳不為刊登外，所有確切消息，似應一律照登為便。所以息浮言而維大局者，亦即在此。」總之，各家體制內的報紙也都要求刊登起義消息。巡警總廳搬出〈大清報律〉來，查報律第十二條：「外交、海陸軍事件，凡經該管衙門傳諭禁止登載者，報紙不得揭載。」該條款專指軍事，而陸軍部關於「暫緩登載」的範圍太廣，總廳專門詢問民政部：「是否專禁記載軍事抑系全禁關於鄂省亂事之處？」

不等民政部回函，外城巡警總廳廳丞在十月十五日又去函給民政部，說當天《帝京新聞報》來函稱：十四日《北京報》報社的朱淇面見了陸軍部副大臣壽勛，直接詢問為什麼要禁止刊登起義消息。當時陸軍部大臣蔭昌去武漢前線了，壽勛就是陸軍部的最高長官了。面對媒體人士的詢問，壽勛否決要禁止媒體刊登武漢的消息，而是為了「禁止謠言而已」。為此，壽勛當即派司員赴民政部說明情況，要求「變通辦理」，「並不一律禁止登載」。得到壽勛的回答後，《北京報》十四日開始刊登起義新聞。如此一來，巡警總廳夾在媒體和陸軍部之間，裡外不是人。總廳廳丞大為惱怒，特意去函民政部，「尚乞速示」，要求盡快給個解釋。

民政部也覺得詫異，當天就去函陸軍部詢問：到底怎麼回事？不是你們讓我下令禁登的嘛！怎麼又反悔了呢？這讓民政部的工作很難做。

十六日陸軍部回文說：「此次鄂省匪亂事起倉猝，不免謠言紛起，本部為鎮定人心起見，是以諮請貴部將關於此次鄂省匪徒倡亂情事傳諭各該報館暫緩登載在案。」但這並非禁止一切前線新聞，陸軍部認為如果

消息確實，能夠制止謠言傳播、維持大局，「原可准其登載」。至於具體如何變通、如何加以制限，「應由貴部酌核辦理」。陸軍部把自己裝扮成寬容大度的模樣，把責任和工作都推給了民政部。

民政部也不是吃素的，在十八日覆文陸軍部：「貴部既准變通辦理，其辦法限制，許可權攸關，自應仍由貴部酌核見復，以便轉飭遵辦。」一記猛射，民政部把球踢回給了陸軍部。這種既負責任又得罪人的事，陸軍部的老滑頭們自然不會真的去做。之後，陸軍部始終沒有商量出如何刊登起義新聞的具體標準、具體方法來，沒有回文給民政部。民政部樂得一個清閒，對此不聞不問。武昌起義的新聞禁令，就消失於無形之中了。

在各家媒體的陽奉陰違、軟磨硬泡之下，在各個衙門的相互扯皮、推脫搪塞之下，北京城內的新聞戰，以各家媒體全勝、官府夾著尾巴退卻而告終。事實上，起義發生後，革命的消息在京城就不曾被封鎖住，越傳越廣，造成了很好的革命宣傳作用。老百姓們追蹤起義消息，莫名地興奮；達官貴人們則倉皇失措，紛紛準備跑路。

州縣之失：晚清「新政」啟示錄

　　一九一一年武昌起義爆發，湖南最先響應。省會長沙被革命軍占領，全省震動。清朝的湖南衡永郴桂道道臺通令各縣籌款上繳，預作鎮壓革命的準備。下屬的嘉禾縣知縣鍾麟接到命令，大哭一場後，召集士紳說：「我到任好幾年了，無德於民。如今造反紛起、朝廷危急，請在位諸位殺了我，向百姓謝罪。這樣如能讓縣城免於兵禍，我死無所恨！」

　　身為清朝兩千名基層知縣中的一員，鍾麟很清楚此時此刻縣裡的困境。他籌不了幾塊錢，也募不了幾個兵，拿什麼去鎮壓革命？鍾麟能做的，就是以退為進，打悲情牌逼士紳們表態支持官府鎮壓起義。他知道士紳們不會殺了他，也不希望士紳們真的響應革命。

　　然而，士紳們的態度並不像鍾麟希望的那般。

　　在場的士紳「皆相顧錯愕」。他們雖然沒有贊同革命，但也沒有支持官府，更沒有答應出錢出人，而是「好語慰之」。士紳們大致勸鍾麟不必尋死覓活的、不要擔心之類的，然後就散了。面對突如其來的革命，他們選擇了觀望。對鍾麟來說，這是可怕的觀望：觀望意味著不效忠，說明士紳們對朝廷的失望。

　　何永清是該縣的典史，宦海沉浮多年，縣裡的胥吏、差役們都敬畏他，算是本縣的實權人物。士紳們認為他能穩定住局勢。更重要的是，知縣鍾麟是旗人，何永清是漢人，符合當時「排滿」的革命標準。於是，有士紳就來遊說他：「知縣大人是旗人，革命軍恐怕容不下他。如果

革命蔓延到本縣，我們願意擁戴你主持新政府。」但是，何永清決心效忠清王朝，謝絕了士紳們的好意，發誓與鍾麟一起死守嘉禾，抵抗革命。

革命之火迅速燃燒。嘉禾縣眼看不能倖免。何永清無計可施，痛哭之後，把官印掛在身上，上吊自殺了。十一月十一日，距離武昌起義爆發整整一個月後，嘉禾也爆發了起義。革命軍圍攻縣署，鍾麟端坐堂上，服下金屑自盡。嘉禾縣「光復」，士紳們咸與維新去了。

鍾麟、何永清的事蹟，被收入《清史稿・忠義十》之中，成為傳統的忠臣義士的典範。清亡民興的變亂中，為清朝殉節的官吏並不多。但清史稿的修撰者還是蒐羅了數以百計的殉節者，全都記載在這一卷中。細讀此卷，發現多數殉節者是陣亡、自盡的紈褲子弟。他們的死難，能否稱為「殉節」是存疑的。同一卷中出現了革命過程中，旗人被「剖心臠割死」、「縛於樹，支解死」、「剁屍如泥」等記載，「旗人皆自危，頗有無故被殺者」。因此，很多死難旗人是被動遇害，或者是在民族矛盾極端激化的大環境中因恐懼而自殺的。

死難官員的事蹟，才是真正的殉節。《清史稿》的記載也更詳細。但在死難官員中，文官按察使（三品）以上、武官參將（三品）或者協統（旅長）以上的屈指可數，就是道臺、標統也少見，多數是鍾麟、何永清那樣的州縣官員。

這些州縣殉節者，是帝王政治體制下的失敗者。他們幾乎有著相同的仕途特點：起點低、級別低、關係差，長期得不到提升，很多人注定要在小官下僚的職位上退休終老。比如何永青是四川新津的普通漢人，沒有家庭背景，沒有科舉功名，花錢買了一個典史的官職，被分配到湖南任職，代理過州同知、吏目等小官，始終沒有升遷；殉節的山西同知陸敘釗，順天大興的漢人，沒有功名，從小從軍西北，因功被保薦為知

縣，分配山西當了二十二年州縣官。《清史稿》一再說他治官「有聲」、「得民」，治理得「縣境晏然」，但就是得不到提升：殉節的浙江蘭溪知縣黃為熊，是江西德化的漢人，有舉人功名，但沒考上進士。清朝每六年在長期考不上進士的舉人中，挑選一批人當官，稱之為「大挑」。黃為熊就被挑中出任知縣，分配到浙江後代理過於潛、東陽、蘭溪等縣知縣。清史稿說他政績斐然，處理了成百上千的積案、清剿乾淨了蘭溪縣的盜匪，還興學重農，廣受褒獎，但就是一直沒有實授官職。

晚清吏治不好，孔方兄當道，賢能失勢。加上僧多粥少，一個官位之後排著一串候補之人，一般官吏如果沒有關係沒有金錢，很難晉升。州縣官員本來升遷的空間不大，如此一來，晚清州縣官職更是雞肋，如不出意外永無出頭之日。

然而，王政之基在州縣。晚清各項政令最終都要基層的州縣官員去落實。州縣官員承擔了越來越大的工作量，支撐著清王朝跟跟蹌蹌地繼續前行。一個負責的州縣官員必然是異常忙碌的。除了傳統的錢糧、刑名、文教和迎來送往外，他們還是晚清「新政」的貫徹者、落實者。遠在北京朝廷的袞袞諸公，號召富國強兵，要練新軍辦實業學習西方，每一個口號每一項政策都夠地方官員忙的。比如朝廷要求各省編練新軍，每省預定兩個鎮（師）。為了編練兩個鎮的新軍，就要創辦軍校、輜重後勤，還要裁撤舊軍安置舊人，哪一筆都是不菲的開支。但朝廷只給任務，沒撥資金，要各州縣自籌。又比如朝廷廢科舉辦新學，原本是好事，但同樣只考核各縣要完成的「辦學目標」，卻不告知如何汰舊立新，更沒有撥款，一味把壓力和包袱甩給基層官員。再比如創辦近代工業，學西方辦圖書館、博物館和慈善機構等，朝廷也都「有章可循」，考核標準歷歷在目，卻不問新事物如何與基層的舊結構、舊事物銜接……晚清

政策顯得相當浮躁，急於與傳統劃清界限，像是中國社會上浮著的一層油脂。一九○一年後的新政和一九○六年的立憲等改革，更像是王朝上層的一場自娛自樂。

雖然執行的是「新政」，清史稿中殉節的諸位州縣官員卻都是「舊人」，沒有一個新式學生，沒有一個留洋的海歸。很多人走的是「讀書──當官」的老路。新政甫起，他們的擔子日益沉重。中央集權的思路沒有變，歷代朝廷對州縣權力的限制越來越大，州縣官員「自選動作」的空間其實很小。晚清的朝廷更是集權，凡是有利可圖的，比如鹽政、比如路權，都收歸國有，凡是繁瑣的、無利的則甩給州縣。但是要完成改革任務、達到考核要求，州縣官員必須擁有更大的財權、事權。遺憾的是什麼也沒有。這就意味著他們必須戴著枷鎖起舞，各顯神通，甚至走旁門左道來完成自己都不甚理解的任務。

上層的種種政策，對基層社會也有巨大的影響。士紳階層千百年來，在官府和百姓之間發揮著中轉調劑作用。改革讓他們眼花撩亂，讓他們利益受損。他們看到的是，種種利權被官府收走，自己卻沒分沾改革成果。清王朝讓百姓承擔改革成本，卻任由一小撮人霸占了改革的成果。也許，清末改革最大的成果就是提高了百姓的權利意識。接觸的新事物雖然有限，卻讓他們知道了「權利」二字，增加了抗爭意識和技巧。我們會發現，在革命爆發前的幾年，各地爆發的百姓維權抗爭日益增多。自然，維穩的壓力也落在了州縣官員頭上。他們一邊要推行激發維權抗爭的政策，一邊不得不降低姿態來與士紳階層對話。如此反覆，結果往往是士紳階層不僅對朝廷失去了信心，對原本親近的父母官也疏遠了。

州縣官員就在上下壓力之間的夾縫中，艱難維持著地方的運作。而

這夾縫越來越小，官越來越不好當。我傾向於相信，是傳統知識分子入世濟民的信念和古老的「父母官」心態，推動著晚清州縣官員肩負著不相稱的重擔跟蹌前行。

同樣，他們在革命變亂中付出生命代價的舉動，與其說是「殉節」，更像是在恪守州縣長官保境安民的職責——儘管他們對安定、對百姓利益的認知可能有問題。

四川是蒙受革命破壞較大的省分。革命爆發時，亂軍湧入石堤厘局（抽取商稅的機關），逼索稅款。負責厘局的曹銘拒絕交錢，被亂軍扎了十餘刀，也沒有洩漏錢在哪裡。亂軍走後，鄉紳們來看他，曹銘指出稅金埋藏的地窖所在，看著鄉紳們點驗完畢才閉上眼睛。曹銘的「殉節」，未必是對清王朝的愚忠，更像是忠於職守。清史稿說曹銘是浙江上虞人，讀書出身，但沒有功名，從替他人當幕僚開始，憑著苦勞一步步升遷。他負責的厘局地處川、黔、楚三省要道，收入頗豐。前任都貪汙中飽，曹銘卻絲毫不染。

變亂一起，各種利益集團都想維權擴張，想當豪強霸主的人也不在少數。基層亂象難以避免。基層官員就成了變亂的目標。州縣官員們往往要以一己之力應付亂局。辛亥革命中，福建泰寧知縣李秉鈞就說了一句很有代表性的話：「縣治無官，民將失所。」他召集地方士紳商議保家衛縣的措施，商定後再服藥自殺。李知縣顯然是一個開明且責任感極強的人。浙江蘭溪知縣黃為熊則遭遇亂民來奪大印。他「正色諭之」，無奈秀才遇見兵，無理可講，抱著官印上吊自盡。天津武清的曹彬孫，是四川開縣知縣，在革命爆發時尚未赴任，逗留在夔府（奉節）。川鄂一帶革命烈焰高漲，很多在任官員都棄官而逃，曹知縣尚未到任，原本沒有他什麼事情，他卻協助夔府本地官員防衛。一次在率團勇出巡時，遭遇亂

軍，團勇一鬨而散，曹彬孫被捕，腦袋被割下來放在縣衙公案上示眾。

　　貴州貴築人楊調元，光緒二年進士，以戶部主事起步，起點不低，但外放陝西後，歷任紫陽、長安、華陰、華州、咸陽、富平、渭南等縣知縣，資歷越熬越深，官位卻原地踏步，甚至在華州任上「以獄事忤上官，解任」。清史稿說他「緝捕有名」，還「疏濬河渠」，「復民田五萬畝」，無疑是傳統意義上的能臣幹吏，就是沒留下什麼「新政」的功績。

　　恰恰是楊調元，在辛亥革命中幾乎成了清朝在陝西南部的擎天一柱。陝西新軍起義，西安光復，「諸守令多委印去」，楊調元正代理著渭南知縣，沒有逃跑，而是「與城存亡，亟召紳民議守禦」。他成功招募了陝西社會特有的「刀客」，編成武裝力量。清史稿說楊調元招募了上萬名刀客，猜想是誇張（如果是真的，楊調元都可以去「收復」西安了），但這支隊伍實力不容小覷卻是真的。當時陝西南部一帶盜匪蜂起，亂得很，渭南縣因為守禦嚴密，保得平安。後來，軍政府派人來接收渭南政權。楊調元不讓新軍入城，說「吏所職，保民耳」，要求接收者單身入城，如敢侵犯百姓「當與決生死」。在辦理交接時，新人語氣凌厲，讓楊調元接受不了。他躑躅走到衙門後園，嘆道：「吾宜應死，所以委曲遷就，欲脫吾民兵禍而後歸死耳。詭辱至此，尚可一息偷生乎？」投井自殺。

　　楊調元的遺言值得揣摩。他還是把「脫吾民兵禍」放在了「歸死」前面。父母官的責任感很重，也採取了實際行動；報效君王的念頭也有，但他沒有採取實質行動。楊調元已然對清王朝的延續失去了信心，坐等接收。

　　同是州縣官員，宋亡有文天祥、陸秀夫，元亡有王保保，明亡有鄭成功、張煌言，清亡又有誰負隅頑抗呢？一來，州縣無死忠報效之官，

二來，地方無感恩捍衛之民。就在不久前，清王朝還今日辦一事，明日興一政，後日又在謀劃某某新策，看來頗有一番作為，不時收穫光鮮錚亮的政績，其實削弱了基層州縣的執政能力，疏遠了州縣官紳，最終失去了天下。

辛亥革命實際上是一場「城市革命」，或者說是「上層革命」。革命爆發於大城市，主力是知識分子和城市菁英，並沒有深入廣大的鄉鎮和農村地區。那麼，這麼一場範圍有限的革命，為什麼迅速、和平地成功了呢？因為，廣袤的鄉村、數以千計的小縣城，是中國的主要部分。它們的傾向決定著政治運動的命運。槍聲在大城市響起後，縣城裡的士紳、鄉間地頭的百姓對清王朝的危亡漠然無視，部分人還湧起響應起義。最後，統治者被百姓拋棄了，清王朝輕易地就被基層「解除安裝」了。

只是苦了那些埋頭苦幹、臨了恪盡職守的「殉節」小官了。

後記

感謝閱讀本書。

整編自己的文集，是一件既欣喜又繁瑣的事。把散落各處的文章，分門別類，整合成一部書稿，難度不小：要抽出一本書的線索，提綱挈領；要提煉一個響亮的書名，兼顧文章內容：要細分篇章，把不同出處、不同要求下的文章安插到不同的篇章，事情多且雜。呈現在讀者面前的這本有關中國古代政治的小集子，就是上述工作的結晶。從二○一○年年中到二○一三年年末，我圍繞古代官制和官場規則，寫作了不少文章，有的深入官制的具體領域，有的討論政治體制對官員和百姓的影響，有的探討了人、社會和官場的關係。整編的過程，一邊是對自己過去三四年思考和寫作的回顧，一邊是對自己對於古代政治制度的認知的梳理。這就彷彿是牽著一根線，把自己挖掘的珍珠一一串起來，免得它們繼續失散零落。

本書的多數文章，發表在雜誌和專欄等處。其中〈州縣之失：晚清「新政」啟示錄〉、〈大清國是怎麼亡的？〉、〈不受待見的「政治遺產」〉、〈雍正為什麼討厭浙江人〉等文章在網上被冠以各種標題轉載、流傳，點選量數以萬計甚至十萬計。這些已發表的文章，在編入本書的時候採用的是初稿，並非編輯後的發表稿或網上版本。在整編過程中，我根據合作編輯的意見，增寫了導言。本書的導言，是筆者對中國古代政治概況的粗略總結。建議讀者先通覽導言，有一個全面的印象，再切入正文具體章節閱讀。如果本書讓讀者對中國古代政治產生以偏概全的印象，我深表歉意 —— 那也是我希望避免的。

　　有讀者可能覺得第一部分有關皇帝的文章，似乎與「衙門」無關。我認為，中國古代政治制度的核心就是君主專制，官職是由此而生，也是為了捍衛它而存在的。皇帝是「大衙門」的一分子，也是受害者之一。皇帝的瘋狂與荒唐，何嘗不是整個政治體制的瘋狂與荒唐？

　　需要重申的是，和任何事物一樣，中國古代政治具有兩面性，其中既有光芒四射的財富，也有令人皺眉的糟粕和缺陷，紛繁複雜。不吸收其中的政治智慧和優秀遺產，我們就辜負了先人的付出，浪費了歷史的賜予；不正視其中的糟粕和消極內容，我們就不能全面地看待歷史，也不能客觀地觀察現實。本書的觀點和史料，難免有不嚴謹的地方甚至是錯誤，敬請方家和讀者指正。

　　謝謝大家！

張程

參考文獻

[01] 艾永明：《清朝文官制度》，商務印書館 2003 年 12 月。

[02] 北京市檔案館編：《辛亥革命後的北京》，新華出版社 2011 年 9 月。

[03] 陳茂同著：《中國歷代職官沿革史》，百花文藝出版社 2005 年 1 月。

[04] 段光清：《鏡湖自撰年譜》，中華書局 1960 年 2 月。

[05] 李伯元著：《官場現形記》，新華出版社 2012 年 1 月。

[06] 李喬著：《清代官場圖記》，中華書局 2005 年 4 月。

[07] 錢穆著：《國史新論》，生活·讀書·新知三聯書店 2001 年 6 月。

[08] 錢穆著：《中國歷代政治得失》，生活·讀書·新知三聯書店 2002 年 6 月。

[09] 汪崇屏口述：《汪崇屏先生口述歷史》，九州出版社 2012 年 3 月。

[10] 韋慶遠主編：《中國政治制度史》，人民大學出版社 2003 年 4 月。

[11] 完顏紹元著：《天下衙門》，中國檔案出版社 2006 年 1 月。

[12] 肖劍、滄浪編著：《歷史的鏡子：中國人的文化性格基因譜》，中國婦女出版社 2009 年 1 月。

[13] 蕭志華主編：《湖北社會大觀》，上海書店出版社 2000 年 1 月。

[14] 葉林生等著：《中國封建官僚政治研究》，南京大學出版社 2009 年 7 月。

[15] 楊念群著：《引蛇出洞早有先例：乾隆下詔收書大興文字獄》，鳳凰網歷史頻道。

參考文獻

[16] 張程著：《泛權力》，浙江大學出版社 2010 年 10 月。

[17] 張宏傑著：《坐天下很累：中國式權力的九種滋味》，吉林出版集團 2012 年 10 月。

[18] 趙爾巽等撰：《清史稿·忠義傳》，中華書局 1998 年 6 月。

從「牙門」到「衙門」，官場制度的歷代演變：

官員待遇、官二代捷徑、死後諡號……解析權力如何塑造官僚體系與政治運作

作　　　者：張程
發　行　人：黃振庭
出　版　者：崧燁文化事業有限公司
發　行　者：崧燁文化事業有限公司
E - m a i l：sonbookservice@gmail.
　　　　　　com
粉　絲　頁：https://www.facebook.
　　　　　　com/sonbookss/
網　　　址：https://sonbook.net/
地　　　址：台北市中正區重慶南路一段
　　　　　　61 號 8 樓
8F., No.61, Sec. 1, Chongqing S. Rd.,
Zhongzheng Dist., Taipei City 100, Taiwan

電　　　話：(02)2370-3310
傳　　　真：(02)2388-1990
印　　　刷：京峯數位服務有限公司
律 師 顧 問：廣華律師事務所 張珮琦律師

定　　　價：399 元
發 行 日 期：2024 年 06 月第一版
◎本書以 POD 印製
Design Assets from Freepik.com

國家圖書館出版品預行編目資料

從「牙門」到「衙門」，官場制度的
歷代演變：官員待遇、官二代捷徑、
死後諡號……解析權力如何塑造官
僚體系與政治運作 / 張程 著 . -- 第
一版 . -- 臺北市：崧燁文化事業有限
公司 , 2024.06
面；　公分
POD 版
ISBN 978-626-394-423-7(平裝)
1.CST: 官制 2.CST: 中國政治制度
3.CST: 中國史
573.41　113008175

電子書購買

爽讀 APP

臉書